阅读成就思想……

Read to Achieve

育心树人

中小学心理健康教育理论与实践

徐凯文 段 旭 贾丽宇 ◎ 主 编

Theory and Practice of Mental Health Education for Elementary and Middle Schools

中国人民大学出版社
·北京·

图书在版编目（CIP）数据

育心树人：中小学心理健康教育理论与实践 / 徐凯文，段旭，贾丽宇主编. -- 北京：中国人民大学出版社，2022.5
ISBN 978-7-300-30495-3

Ⅰ. ①育… Ⅱ. ①徐… ②段… ③贾… Ⅲ. ①中小学生－心理健康－健康教育－研究 Ⅳ. ①G444

中国版本图书馆CIP数据核字(2022)第054312号

育心树人：中小学心理健康教育理论与实践

徐凯文　段　旭　贾丽宇　主　编

Yuxin Shuren: Zhongxiaoxue Xinli Jiankang Jiaoyu Lilun yu Shijian

出版发行	中国人民大学出版社		
社　　址	北京中关村大街31号	邮政编码	100080
电　　话	010-62511242（总编室）		010-62511770（质管部）
	010-82501766（邮购部）		010-62514148（门市部）
	010-62515195（发行公司）		010-62515275（盗版举报）
网　　址	http://www.crup.com.cn		
经　　销	新华书店		
印　　刷	天津中印联印务有限公司		
规　　格	170mm×230mm　16开本	版　次	2022年5月第1版
印　　张	17　插页1	印　次	2024年8月第4次印刷
字　　数	300 000	定　价	69.00元

版权所有　　侵权必究　　印装差错　　负责调换

主　编：徐凯文　段　旭　贾丽宇
参　编：孙　璐　徐博兰　陈香莲　王文娟　宋　洋
　　　　孙慧清　牟惊雷　徐凤花　梁冠琼　陈　杰
　　　　申玲晓　倪　锐　侯　静　康　成

序　言

做中国式的心灵捕手，守护青少年的美好青春

2020年春，人类经历了千年不遇的全球性新型冠状病毒肺炎疫情。与2003年非典型肺炎疫情的遭遇战不同，这场疫情变成了持久战，彻底改变了人类生活。随着疫情的迁延，人类的心理健康越来越成为凸显的问题和危机。

这些心理健康问题在儿童青少年中尤为突出，2021年的一系列研究数据也显示出儿童青少年的心理健康面临重大挑战。

习近平总书记非常关心未成年人健康成长，他强调："孩子们成长得更好，是我们最大的心愿。"2017年，教育部研究制定了《中小学德育工作指南》，确定心理健康教育为五项德育内容之一。中共中央、国务院《关于深化教育改革全面推进素质教育的决定》明确指出，要"加强学生的心理健康教育，培养学生坚韧不拔的意志、艰苦奋斗的精神，增强青少年适应社会生活的能力"。国家在持续颁布了一系列有关开展心理健康教育工作的指导性文件之后，2021年7月，教育部办公厅又印发了《关于加强学生心理健康管理工作的通知》，要求进一步提高学生心理健康工作的针对性和有效性，切实加强专业支撑和科学管理，着力提升学生心理健康素养。

调查显示，我国儿童青少年的精神健康面临严峻挑战，整体精神障碍的流行率为17.5%。注意缺陷/多动障碍、对立违抗障碍和重性抑郁障碍是儿童青少年中流行率最高的精神障碍。

其他调查数据还包括：

- 国民心理健康调查（2021）显示，青少年抑郁的筛出率为24.6%；
- 国家卫健委（2021）调查显示，青少年心理障碍的时点患病率为17.5%；
- 南京脑科医院（2021）调查显示，全球儿童青少年的非自杀性自伤的发生率

约为 19.5%，其中我国中学生群体的发生率为 27.4%；非自杀性自伤行为在我国精神科就诊的患者中总发生率为 6.8%（门诊）和 6.5%（病房），其中 13~17 岁发生率最高（15.9%），18~22 岁次之（13.6%），其他年龄段较少。

与当下的世界一样，心理学在我国也正在经历前所未有之大变局。作为西方舶来品的心理学，进入我国已有百余年的历史，从改革开放后重开心理学系开始，也经历了 40 多年。现在，我国在实现广大人民群众对美好生活的向往的伟大历史性发展目标中，党和国家第一次提出了社会心理服务体系建设的任务。我从 2018 年开始，作为国家卫健委精神卫生与心理健康专家委员会的委员有幸参与社会心理服务体系建设的试点工作，主要是在黑龙江省牡丹江市和云南省临沧市的试点工作，也参加了其他部分省市的督导工作。

这对我来说也是一个难得的机会，深入到全国各地去了解如何将心理学、心理健康送到基层，并服务于最广大的人民群众，实现全民心理健康的目标。社会心理服务体系的总体建设要想蓬勃发展，需要大量人才参与基层心理服务。尤其是在广大中小学，与大量的需求相比，当下的心理健康服务可以说是杯水车薪，捉襟见肘。

那么，怎么解决这个问题呢？在调研过程中，我想起在 20 世纪五六十年代，中国同样经历了缺医少药的情况。当时毛主席忧国忧民，关心人民疾苦，尤其是当时最广大的学生、农民的疾苦。他在阅读《三国志·张鲁传》时，注意到东汉末年军阀张鲁曾经在汉中实现了全民免费医疗。这样一个史实对毛主席深有启发，他在此基础上建立了创造性的制度——中国特色的赤脚医生制度。

毛主席领导下的党和政府创立的这种医疗制度对广大人民的身体健康起到了关键的作用。生活在农民身边的赤脚医生 24 小时提供服务，且患者不需要挂号。那些不是特别严重的常见病在村里就能够得到及时的医治。解放初期，中国人和印度人的平均寿命差不多，都只有 35 岁。而在实施赤脚医生制度之后，中国人的平均寿命迅速和印度人拉开了差距，很快达到了 65 岁。也就是说，这样一个伟大的创举，大大提高了中国人的身体健康水平，延长了中国人的平均寿命。可谓造福万民，也得到了世界卫生组织的高度赞誉。

由此，我深受启发：依照毛主席为人民服务的伟大思想，我们能否将舶来品心理学取其精华、去其糟粕，接入地气，为最广泛多数的儿童青少年服务呢？

如果能通过一本书和培训，帮助中小学教师掌握基本的心理知识，帮助儿童青少年疗愈心灵，促进师生关系改善，提升中小学教师的自我照顾意识，避免职业耗竭，不失为一桩三全其美的善事。

2021年，在长春教育学院段旭老师、长春市教育局贾丽宇老师的支持下，我们合力推动本书的编撰。2021年12月由我拟定大纲后，邀请大儒心理团队和长春市教育局诸多心理专家共同参与确认，按照不同章节分头撰写。编写人员中既有心理学方面的专家，又有在一线工作、最熟悉和了解学生情况的心理老师。本书最大的特色与挑战之一就在于如何选取简单易学、容易操作的知识，并尽量用简明、易读的语言阐释。目前，市面上已有很多探讨丰富多元的心理学知识和助人技巧的心理类图书，但鲜有足够通俗、明了，切中基层教师需求的内容。我希望本书可以减少心理学专业词汇，以真正做到在基层学校普及。

经过约半年的紧凑工作后，我们终于集众人之火焰，撰写出了这本我们希望能为实践所参考的教材。这本书为基层中小学教师提供了心理助人服务所需的基本知识点及技巧，还有许多实践经验沉淀得来的归纳与意见。

学校心理咨询在我国仍在蓬勃发展，相关的伦理守则尚未形成。本书附录中提供了由我起草的《学校心理咨询伦理守则（草案）》，对学校心理工作可能会有些参考作用。何赛老师、牟惊雷老师对这项工作也做出了积极贡献，希望相关内容对各位读者也能有所帮助。

感谢所有在其中为之付出的专业人员，他们竭尽所能的努力，对本书的品质有着莫大的贡献。

探索最适合中国国情和社会心理服务体系建设的道路，将心理学知识更好地惠及儿童青少年，发展中国特色的心理学，做好儿童青少年的心灵捕手、幸福守门人，这本小册子是我们初步的尝试和努力，也是第一版。接下来，我们还需要在实践运用中反复修改、迭代，恳请各位领导、同行指正。

徐凯文
临床心理学博士，精神科医师
大儒心理创始人
2022年初春
于北大肖家河教师小区

目　录

第 1 章　国家有关中小学心理健康教育的文件解读　/ 001

—— 贾丽宇　段　旭

第 2 章　学校心理健康教育概论　/ 015

—— 孙　璐

第 3 章　发展心理学理论　/ 027

—— 徐博兰

第 4 章　学校心理咨询中的伦理问题　/ 044

—— 徐凯文

第 5 章　常见的儿童青少年心理障碍　/ 058

—— 陈香莲

第 6 章　心理教师常用的会谈技术　/ 072

—— 王文娟

第 7 章　针对不同性格和心理状态的学生的应对方式　/ 091

—— 宋　洋

第 8 章　儿童青少年常见心理问题的处理　/ 102

—— 孙慧清

第 9 章　校园心理危机的预防与干预　　/ 115

—— 牟惊雷

第 10 章　学校心理健康课程的设计与实施　　/ 128

—— 徐凤花

第 11 章　心理健康测评与心理成长档案的建立与应用　　/ 145

—— 梁冠琼

第 12 章　家校共建：如何与家长合作交流　　/ 155

—— 陈　杰

第 13 章　学校团体辅导　　/ 166

—— 申玲晓

第 14 章　家庭心理辅导　　/ 190

—— 申玲晓

第 15 章　积极心理学在中小学心理健康教育中的有效实施　　/ 208

—— 倪　锐

第 16 章　教师的心理健康与维护　　/ 220

—— 侯　静

第 17 章　心理教师的自我成长　　/ 233

—— 康　成

参考文献　　/ 246

附　录　　/ 251

第 1 章

国家有关中小学心理健康教育的文件解读

贾丽宇　段　旭

习近平总书记高度重视心理健康教育工作，强调指出，要培育理性平和的健康心态，加强人文关怀和心理疏导。在党的十九大报告中，总书记明确提出要"加强社会心理服务体系建设，培育自尊自信、理性平和、积极向上的社会心态"。加强心理健康教育服务体系建设，是学习贯彻落实习近平新时代中国特色社会主义思想的重要举措。

国家对中小学生的心理健康教育工作一直十分重视，教育部等部门多次出台了一系列国家针对中小学生心理健康教育工作的指导性文件，对心理健康教育的原则、思路、方法及开设的课程、组织实施等都进行了指导说明。

一、《关于加强中小学心理健康教育的若干意见》文件解读

1999 年 8 月，教育部颁发了《关于加强中小学心理健康教育的若干意见》（教基〔1999〕13 号），这是教育部颁发的较早的有关中小学心理健康教育的指导性文件，对加强中小学生心理健康教育的重要性、开展心理健康教育的原则、主要任务和实施途径、师资队伍和保障条件、组织领导等方面都进行了详细的说明。

文件阐述了以下几个方面的内容。

(一)开展心理健康教育的基本原则

要根据学生心理发展特点和身心发展的规律,有针对性地实施教育;面向全体学生;关注个别差异;以学生为主体,充分启发和调动学生的积极性。要把教师在心理健康教育中的科学辅导与学生对心理健康教育的主动参与有机结合起来。

(二)心理健康教育的主要任务和实施途径

中小学心理健康教育的主要任务,首先是对全体学生开展心理健康教育,使学生不断正确认识自我,增强调控自我、承受挫折、适应环境的能力;培养学生健全的人格和良好的个性心理品质。其次是对少数有心理困扰或心理障碍的学生,给予科学有效的心理咨询和辅导,使他们尽快摆脱障碍,调节自我,提高心理健康水平,增强发展自我的能力。实施心理健康教育可通过以下一些途径:全面渗透在学校教育的全过程中;开展心理咨询;建立学校和家庭心理健康教育沟通的渠道,优化家庭教育环境。

(三)心理健康教育的师资队伍和条件保障

积极开展对从事心理健康教育教师的专业培训,通过培训取得证书的教师,还要有从事专职心理咨询(辅导)的教师资格认证;学校要逐步建立在校长的领导下,以思想品德课和思想政治课教师、班主任和团、队(专职共青团、少先队)干部为主体、专兼职心理辅导教师为骨干,全体教师共同参与的心理健康教育工作体制;各级教育行政部门和学校要积极为心理健康教育创造必要的条件,大中城市具备条件的中学要逐步建立和完善心理咨询室(或心理辅导室),加强心理健康教育的辅导,同时要加强心理健康教育的研究与科学管理。特别要注重心理健康教育课题研究,研究心理健康教育与德育、人的全面发展和各类学科教育的关系。

(四)心理健康教育的组织领导

中小学心理健康教育工作,由省、自治区、直辖市教育行政部门的德育处或基(普)教处负责。各级教育行政部门都应有专人负责或分管中小学心理健康教育工作。各级教研部门要积极配合、支持搞好心理健康教育;从2000年秋季开学起,大中城市有条件的中小学要逐步开展心理健康教育。小城镇及农村的中小学也要从实际出发,逐步创造条件开展心理健康教育;教育部将制定中小学心理健康教育指导纲要，设立中小学心理健康教育咨询委员会，委托部分地区和高校开展心理健康教育课题的全面研究与实验，以加强对心理健康教育的指导。

二、《中小学心理健康教育指导纲要（2012年修订）》文件解读

为深入贯彻党的十八大精神，落实《中共中央国务院关于进一步加强和改进未成年人思想道德建设的若干意见》和《国家中长期教育改革和发展规划纲要（2010—2020年）》的要求，进一步科学地指导和规范中小学心理健康教育工作，在认真总结全国各地心理健康教育工作经验的基础上，2012年12月，教育部制定本纲要。纲要主要论述了以下内容。

（一）心理健康教育的指导思想和基本原则

1. 开展中小学心理健康教育工作，学习贯彻党的教育方针，坚持立德树人、育人为本，注重学生心理和谐健康，加强人文关怀和心理疏导；根据中小学生生理、心理发展特点和规律，把握不同年龄阶段学生的心理发展任务，运用心理健康教育的知识理论和方法技能，培养中小学生良好的心理素质，促进其身心全面和谐发展。

2. 开展中小学心理健康教育，要以学生发展为根本，遵循学生身心发展规律，必须坚持以下基本原则：坚持科学性与实效性相结合；坚持发展、预防和危机干预相结合。

（二）心理健康教育的目标与任务

1. 心理健康教育的总目标是：提高全体学生的心理素质，培养他们积极乐观、健康向上的心理品质，充分开发他们的心理潜能，促进学生身心和谐可持续发展，为他们健康成长和幸福生活奠定基础。

2. 心理健康教育的具体目标是：使学生学会学习和生活，正确认识自我，提高自主自助和自我教育能力，增强调控情绪、承受挫折、适应环境的能力，培养学生健全的人格和良好的个性心理品质；对有心理困扰或心理问题的学生，进行科学有效的心理辅导，及时给予必要的危机干预，提高其心理健康水平。

3. 心理健康教育的主要任务是：全面推进素质教育，增强学校德育工作的针对

性、实效性和吸引力，开发学生的心理潜能，提高学生的心理健康水平，促进学生形成健康的心理素质，减少和避免各种不利因素对学生心理健康的影响，培养身心健康、具有社会责任感、创新精神和实践能力的德智体美全面发展的社会主义建设者和接班人。

（三）心理健康教育的主要内容

1.心理健康教育的主要内容包括：普及心理健康知识，树立心理健康意识，了解心理调节方法，认识心理异常现象，掌握心理保健常识和技能。其重点是认识自我、学会学习、人际交往、情绪调适、升学择业以及生活和社会适应等方面的内容。

2.心理健康教育应从不同地区的实际和不同年龄阶段学生的身心发展特点出发，做到循序渐进，设置分阶段的具体教育内容。

同时，纲要还对小学（低、中、高年级）、初中和高中的主要任务都做了详细具体的规定。

（四）心理健康教育的途径和方法

1.学校应将心理健康教育始终贯穿于教育教学全过程。

2.开展心理健康专题教育。

3.建立心理辅导室。

4.密切联系家长，共同实施心理健康教育。

5.充分利用校外教育资源开展心理健康教育。

（五）心理健康教育的组织实施

1.中小学心理健康教育工作的领导和管理。各级教育行政部门要切实加强对心理健康教育工作的领导，制定规章制度，明确责任部门和负责人，支持和指导中小学开展心理健康教育工作。

2.心理健康教育教师队伍建设。各地各校要制定规划，逐步配齐心理健康教育专职教师，专职教师原则上须具备心理学或相关专业本科学历。每所学校至少配备一名专职或兼职心理健康教育教师，并逐步增大专职人员配比，其编制从学校总编制中统筹解决。地方教育行政部门要健全中小学心理健康教育教师职务（职称）评聘办法，制定相应的专业技术职务（职称）评价标准，落实好心理健康教育教师职务（职称）评聘工作。心理健康教育教师享受班主任同等待遇。

3. 大力开展心理健康教育教师培训。教育部将组织专家制订教师培训课程标准，分期分批对中小学心理健康教育教研员和骨干教师进行国家级培训。

4. 重视教师的心理健康教育工作。各级教育行政部门和学校要关心教师的工作、学习和生活，从实际出发，采取切实可行的措施，减轻教师的精神紧张和心理压力。

5. 加强心理健康教育材料的管理。各种有关心理健康教育的教育材料的编写、审查和选用要根据本指导纲要的统一要求进行。自2013年春季开学起，凡进入中小学的心理健康教育材料必须经省级以上教育行政部门组织专家审定后方可使用。

6. 加强心理健康教育的科学研究。各级教育行政部门要加强指导，增加经费投入，将心理健康教育纳入教育科学研究规划，积极组织相关课题申报和优秀成果评选。

三、《教育部办公厅关于实施中小学心理健康教育特色学校争创计划的通知》文件解读

为深入贯彻党的十八大和十八届三中全会精神，落实《国家中长期教育改革和发展规划纲要（2010—2020年）》，根据教育部《中小学心理健康教育指导纲要（2012年修订）》和教育部2014年工作要点的要求，教育部决定启动实施中小学心理健康教育特色学校争创计划。具体内容包括以下几个方面。

（一）目标任务

通过特色学校争创计划，树立一批心理健康教育工作先进典型，推动广大中小学全面普及心理健康教育，落实心理健康教育指导纲要的各项要求，明确学校在促进学生身心健康发展方面的义务和责任，规范学校心理健康教育工作，保证心理健康教育时间和必要的活动场地，丰富课程内容，建立稳定的专业化教师队伍，形成全体教师关心关爱每一个学生心灵成长的良好氛围，切实提高中小学生的心理素质和健康水平。

（二）创建范围

全日制普通中小学校。

（三）组织实施

教育部从 2014 年起，每两年在全国创建一批心理健康教育特色学校，并且对启动阶段、争创阶段及认定阶段的具体任务都做了详细的规定。文件同时还对各级教育行政部门的主要工作及文件报送问题等提出了明确的要求，并提供了《中小学心理健康教育特色学校标准（试行）》。

四、《中小学心理辅导室建设指南》文件解读

根据《中小学心理健康教育指导纲要（2012 年修订）》，为进一步加强和规范中小学心理辅导室建设，切实发挥心理辅导室在提高全体学生心理素质，预防和解决学生心理行为问题中的重要作用，教育部研究制定了《中小学心理辅导室建设指南》，其中主要对心理辅导室的功能定位、基本设置等做了详细具体的规定，具体内容如下。

（一）功能定位

1. 开展团体心理辅导；2. 进行个别心理辅导；3. 监测心理健康状况；4. 营造心理健康环境。

（二）基本设置

1. 位置选择。心理辅导室应选择建在相对安静又方便进出的地方，尽量避开热闹、嘈杂区域。楼层不宜太高。

2. 环境要求。心理辅导室环境布置应充分考虑心理健康教育工作的特殊性和青少年身心发展特征，体现人性化设计和人文关怀，富于生机。

3. 基本配置。心理辅导室应设置个别辅导室、团体活动室和办公接待区等基本功能区域，有条件的学校也可单独设置心理测量区、放松室、自主自助活动区等心

理健康教育拓展区域（详见表1-1）。心理辅导室的使用面积要与在校生人数相匹配。学校可结合心理健康教育工作的实际需要与学校其他场所共建共享，在不影响心理辅导各功能区基本功能的情况下，心理辅导室各功能区域也可以相互兼容。心理辅导室外应设有心理信箱。

表1-1　　　　　　　　　　　心理辅导室的基本配置

区域	基本配置	
个别辅导室	面积要求	10~15平方米/间
	基本设施	配有咨询椅或沙发，教师咨询椅或沙发与学生咨询椅或沙发成90度或60度摆放。可根据条件配备放松音乐、心理健康知识挂图、录音设备等
团体活动室	面积要求	20平方米以上/间
	基本设施	配有可移动桌椅、坐垫、多媒体设备。可根据条件配备团体心理辅导箱、游戏心理辅导包等
办公接待区	面积要求	15平方米以上
	基本设施	配有电脑、打印机、电话、档案柜、期刊架、心理书籍等
其他拓展区域（依需要和条件建设）	配备学生心理测评系统和心理健康自助系统等工具，沙盘类、绘画类辅助辅导器材，放松类、自助类器材等	

（三）管理规范

1. 开放时间。心理辅导室定期对学生开放，可视学生数量和学校心理健康教育实际情况确定具体开放时间。原则上，学生在校期间每天均应开放，课间、课后等非上课时间应有一定时间向学生开放，并安排专人值班。

2. 人员配备。心理辅导室至少应配备一名专职或兼职心理健康教育教师，并逐步增大专职人员配比。专兼职教师原则上须具备心理学或相关专业本科学历，取得相关资格证书。

3. 经费投入。学校应设立心理健康教育专项经费，纳入年度经费预算。

4. 成长记录。心理辅导室应为学生建立成长信息记录。一般包括学生的基本情况、家庭情况、心理状况、辅导记录等。辅导记录一般包括学生的心理状况、辅导的主要问题及问题的评估和鉴定，并有相应的分析、对策与辅导效果评价。

5. 辅导伦理。在辅导过程中严格遵循保密原则，保护学生隐私，但在学生可能出现自伤、他伤等极端行为时，应突破保密原则，及时告知班主任及其监护人，并记录在案；谨慎使用心理测评量表或其他测试手段，并在学生及其监护人知情自愿基础上进行，禁止强迫学生接受心理测试，禁止给学生贴上"心理疾病"标签，禁止使用任何可能损害学生身心健康的仪器设备。

6. 危机干预。心理辅导室应建立心理危机干预机制。明确心理危机干预工作流程，出现危机事件时能够做到发现及时、处理得当，给予师生适当的心理干预，预防因心理危机引发的自伤、他伤等极端事件的发生。

7. 及时转介。心理辅导室应与相关心理诊治部门建立畅通、快速的转介渠道，对个别有严重心理疾病的学生，或发现其他需要转介的情况，能够识别并及时转介到相关心理诊治部门。转介过程记录翔实，并建立跟踪反馈制度。

8. 加强研究。心理辅导室应定期组织教研活动，不断提高心理辅导的科学性与实效性。

五、《健康中国行动——儿童青少年心理健康行动方案（2019—2022年）》文件解读

为贯彻落实《国务院关于实施健康中国行动的意见》，推进《健康中国行动（2019—2030年）》心理健康促进行动、中小学健康促进行动实施，进一步加强儿童青少年心理健康工作，促进儿童青少年心理健康和素质全面发展，国家卫健委等13个部门联合制定了《健康中国行动——儿童青少年心理健康行动方案（2019—2022年）》，其中有关中小学心理健康教育的内容如下。

（一）行动目标

各级各类学校建立心理服务平台或依托校医等人员开展学生心理健康服务，学前教育、特殊教育机构要配备专兼职心理健康教育教师。50%的家长学校或家庭教育指导服务站点开展心理健康教育。60%的二级以上精神专科医院设立儿童青少年心理门诊，30%的儿童专科医院、妇幼保健院、二级以上综合医院开设精神（心理）

门诊。各地市设立或接入心理援助热线。儿童青少年心理健康核心知识知晓率达到80%。

（二）具体行动

1. 要加强心理健康宣教行动。各类媒体要对儿童青少年及家长、学校教师等加强心理健康宣传，传播心理健康知识，帮助全社会进一步树立"身心同健康"意识，掌握应对心理行为问题的方法和途径。

2. 开展心理健康环境营造行动。各级卫生健康部门要会同教育等部门，倡导实施"心理滋养1000天"行动，共同营造心理健康从娃娃抓起的社会环境。要密切关注儿童青少年成长环境，建立完善教师或家长暴力行为、学生欺凌行为、儿童青少年受虐待问题的举报渠道，发现相关问题或可疑情况时，及时采取措施，向有关部门报告，并注重保护儿童青少年隐私。

3. 开展心理健康促进行动。各级各类学校要实施倾听一刻钟、运动一小时"两个一"行动。对学生开展职业生涯规划教育，组织开展"绿书签"系列宣传教育活动，督促学校完善心理健康教育机制。

4. 开展心理健康关爱行动。学校要对面临升学压力的初三、高三学生及家长开展心理辅导。对贫困、留守、流动、单亲、残疾、遭遇校园欺凌、丧亲等处境不利学生给予重点关爱，必要时开展心理干预。

5. 开展心理健康服务能力提升行动。各地教育部门要将心理健康教育内容纳入"国培计划"和地方各级教师培训计划。已建有热线的精神卫生医疗机构及12320公共卫生热线、共青团12355青少年服务热线等，要对工作人员开展儿童青少年心理健康知识培训，针对儿童青少年特点制定完善相关方案，有效开展心理抚慰、疏导和心理危机干预工作。

6. 开展心理健康服务体系完善行动。各级各类学校要设立心理服务平台（如心理辅导室等），或通过培训校医、引入心理学专业教师、购买专业社工服务等形式开展学生心理健康服务。

六、《关于加强学生心理健康管理工作的通知》文件解读

2021年，教育部办公厅印发《关于加强学生心理健康管理工作的通知》，要求进一步提高学生心理健康工作的针对性和有效性，切实加强专业支撑和科学管理，着力提升学生心理健康素养。《通知》明确规定了以下方面。

（一）加强源头管理，全方位提升学生心理健康素养

1. 加强心理健康课程建设。发挥课堂教学主渠道作用，帮助学生掌握心理健康知识和技能，树立自助互助求助意识，学会理性面对挫折和困难。中小学要将心理健康教育课纳入校本课程，同时注重安排形式多样的生命教育、挫折教育等。

2. 大力培育学生积极心理品质。充分发挥体育、美育、劳动教育以及校园文化的重要作用，全方位促进学生心理健康发展。

3. 及早分类疏导各种压力。针对学生在学习、生活、人际关系和自我意识等方面可能遇到的心理失衡问题，主动采取举措，避免因压力无法缓解而造成心理危机。

4. 增强学校、家庭和社会教育合力。学校及时了解学生是否存在早期心理创伤、家庭重大变故、亲子关系紧张等情况，积极寻求学生家庭成员及相关人员的有效支持。

（二）加强过程管理，提升及早发现能力和日常咨询辅导水平

5. 做好心理健康测评工作。积极借助专业工具和手段，加快研制更符合中国学生特点的心理测评量表，定期开展学生心理健康测评工作，健全筛查预警机制，及早实施精准干预。

6. 强化日常预警防控。针对中小学生出现的异常情况，中小学教师要与家长进行密切沟通，共同加强心理疏导，帮助孩子渡过难关。

7. 加强心理咨询辅导服务。县级教育部门要建立区域性的中小学生心理辅导中心，积极开展线上线下多种形式咨询辅导服务，定期面向所在区域中小学提供业务指导、技能培训。

（三）加强结果管理，提高心理危机事件干预处置能力

8. 大力构建家校协同干预机制。对于入学时就确定有抑郁症等心理障碍的学生，学校组织校内外相关专业人员进行研判，及时将干预方案告知家长，与家长共同商定任务分工。

9. 积极争取专业机构协作支持。持续强化教育部门和各级学校与精神卫生医疗机构的协同合作。

10. 妥善做好学生突发事件善后工作。加快提升学校应急处置能力。

（四）加强保障管理，加大综合支撑力度

11. 配齐建强骨干队伍。每所中小学至少要配备 1 名专职心理健康教育教师，县级教研机构要配备心理教研员。中小学要在班主任及各学科教师岗前培训、业务进修、日常培训等各类培训中，将心理健康教育作为必修内容予以重点安排。

12. 落实场地和经费保障。县级教育部门要为区域性中小学生心理辅导中心配备专门场地空间及软硬件设备，各地教育部门要进一步推动中小学建立健全心理辅导室。

七、《关于全面加强和改进新时代学校卫生与健康教育工作的意见》文件解读

该文件对新时代学校卫生与健康教育工作的指导思想、基本原则、工作目标等都做了具体说明，其中与中小学心理健康教育密切相关的要求主要有以下几个方面。

（一）工作目标

2025 年，政府主导、部门协作、学校实施、社会参与的新时代学校卫生与健康教育工作格局更加完善。学校健康教育时间切实保证，健康教育教学效果明显提升。办学条件达到国家学校卫生基本标准。学校应对突发公共卫生事件预测研判、精准管控、应急处置等能力显著增强。学生健康素养普遍提高，防病意识和健康管理能力显著增强，体质健康水平明显提升。2035 年，学校卫生条件、体育设施、健康教

育和健康素养水平基本实现现代化,达到建成教育强国和健康中国要求,形成高质量的新时代学校卫生与健康教育体系。

(二)深化教育教学改革

1. 提升学生健康素养。聚焦以健康观念、健康知识、健康方法、健康管理能力等为主要内涵的学生健康素养,以中小学为重点,注重大中小幼相衔接,完善以课堂教学为主渠道、以主题教育为重要载体、以日常教育为基础的学校健康教育推进机制,健全学生健康素养评价机制,纳入教育评价改革,形成学校全员促进、学生人人健康的良好氛围。

2. 落实课程课时要求。完善课程安排,系统设计教学标准、师资配备、评价体系、制度保障,确保各级各类学校将健康教育贯穿教育全过程。

3. 拓展健康教育渠道。构建学科教学与实践活动相结合、课内教育与课外教育相结合、经常性宣传教育与集中式宣传教育相结合的健康教育模式。依托"师生健康 中国健康"主题健康教育、"中国学生营养日"等重要活动和时间节点,多渠道、多形式向学生、教师和家长开展健康教育。广泛开展传染病防治法、突发公共卫生事件应急条例等卫生防疫法律法规教育。鼓励学校建设健康教育体验室、健康教育校长(名师)工作室。支持学生社团、志愿者开展卫生健康知识宣传教育。

4. 保障食品营养健康。倡导营养均衡、膳食平衡。

5. 增加体育锻炼时间。按照教会、勤练、常赛要求,开齐开足体育与健康课,强化学校体育教学、训练,健全体育竞赛和人才培养体系。推广中华传统体育项目,开展全员运动会、亲子运动会。严格落实眼保健操、课间操制度,提倡中小学生到校后先进行20分钟左右的身体活动。保障学生每天校内、校外各一个小时体育活动时间。

6. 强化心理健康教育。开展生命教育、亲情教育,增强学生尊重生命、珍爱生命意识。培育学生积极心理品质,保持乐观向上心态,引导学生树立健康理念,自觉维护心理健康,掌握正确应对学业、人际关系等方面不良情绪和心理压力的技能,提高心理适应能力,做到自尊自信、理性平和。加强重大疫情、重大灾害等特殊时期心理危机干预,强化人文关怀和心理疏导。加大学校心理健康人才队伍建设,2022年配备专(兼)职心理健康工作人员的中小学校比例达到80%,2030年达到90%。

7. 养成健康行为习惯。保持勤洗手、常通风、分餐制、使用公勺公筷、科学就医用药、不滥食野生动物等日常健康行为和习惯，生活中做好自我防护、保持手卫生。保持规律作息和充足睡眠。健康足量饮水，减少饮料摄入。践行绿色环保理念，减少污染和浪费。

（三）夯实卫生工作基础

8. 开展爱国卫生运动。弘扬爱国卫生运动精神和伟大抗疫精神，推动新时代校园爱国卫生运动从环境卫生治理向师生健康管理转变。

9. 健全疾病预防体系。巩固深化拓展教育系统新冠肺炎疫情防控成果与经验，全面提升应对突发公共卫生事件能力、应急管理能力、健康管理能力。

10. 实施体质健康监测。每年开展学生体质健康测试，每三年开展一次国家义务教育阶段学生体质健康监测，每五年开展一次全国学生体质健康监测与调研。

11. 加强学校急救教育。实施青少年急救教育行动计划，完善学校急救教育标准，加强学校急救设施建设和师生急救教育培训，纳入教育"十四五"规划，从人、财、物等方面予以保障。

12. 推进卫生设施建设。按照国家学校体育卫生条件试行基本标准，加强质量认证管理，高水平推进教学卫生、生活设施建设，高质量改善学校办学条件。新建学校的饮水、教室采光和照明、通风换气、采暖、厕所和其他卫生设备，应严格执行最新国家标准。制定高校校医院、中小学卫生室（保健室）配备标准。

13. 优化组织机构设置。鼓励学校成立健康教育中心，整合校内外资源提升健康教育能力，提供高质量健康教育服务。加强疾控机构学校卫生科所、区域性中小学卫生保健机构、高校校医院和中小学卫生室（保健室）建设，配齐卫生专业技术人员。拓展现有疾控机构、区域性中小学卫生保健机构职能，加强业务指导和技术培训。2022年，中小学配备专职卫生技术人员、专（兼）职保健教师或卫生专业技术人员比例达到70%，2030年达到90%。

14. 加大人才培养力度。鼓励具备条件的高校开设健康教育等相关专业，支持高校设立健康教育学院，培养健康教育师资。实施学校健康教育教师培训计划，加强健康教育师资培训，建立定期轮训制度。把健康教育作为教师继续教育培训重要内容，纳入"国培计划"。

15. 完善激励保障机制。各地和高校要坚持成果、贡献、业绩导向，完善职称评审制度，实行分类评价，中小学和高校健康教育教师、校医和保健教师按规定参加职称评审。完善校医等学校卫生专业技术人员培养、准入、职称晋升、待遇、评价和激励机制。校医参与学校健康教育、传染病防控、值班值守等计入工作量，依标准核发薪酬。

16. 建设专业研究平台。切实发挥全国中小学和高校健康教育教学指导委员会等智库作用。

（四）加强组织实施

17. 强化组织领导。实施中国青少年健康教育行动计划（2021—2025年）和儿童青少年近视防控光明行动（2021—2025年）。各地要把新时代学校卫生与健康教育工作纳入规划，加强统筹协调，落实工作责任，制定本地区实施方案和五年行动计划。各校要建立校长负总责、分管校领导牵头抓、相关部门保障落实的新时代学校卫生与健康教育工作机制。

18. 健全协作机制。构建各级教育、卫生健康等部门密切协作的新时代学校卫生与健康教育工作机制，疾病预防控制机构、区域性中小学卫生保健机构等要为学校提供专业指导和技术支持，鼓励选聘医务工作者担任健康副校长。将具备医疗机构执业许可证的中小学校医室建设纳入政府公共卫生体系。推广医务托管、医校协同等经验做法，或通过政府购买服务提供学校医务服务。

19. 优化发展环境。持续推进健康中国行动中小学健康促进专项行动，实施健康学校建设计划，大力宣传地方和学校加强学校卫生与健康教育工作典型经验做法，健全学校、家庭、社会协同健康促进机制，营造健康教育环境，培育健康促进文化。

20. 完善投入机制。加强新时代学校卫生与健康教育工作经费保障，纳入学校年度预算。鼓励社会资金、公益机构支持学校卫生与健康教育，多渠道增加投入。

21. 纳入评价体系。各地要强化考核，把新时代学校卫生与健康教育工作列入政府政绩考核指标、教育部门和学校负责人业绩考核评价指标，纳入学校督导评价体系，加强督导检查。

第 2 章

学校心理健康教育概论

孙 璐

一、学校心理健康教育发展趋势

近 20 年来，国家、省、市颁布了各级各类文件，从战略高度上强调了加强学校心理健康教育的重要性，科学指导和规范中小学心理健康教育工作。特别是 2012 年 12 月教育部颁布的《中小学心理健康教育指导纲要（2012 年修订）》，提出"全面推进、突出重点、分类指导、协调发展"的心理健康教育工作方针，进一步完善了心理健康教育的目标与任务、主要内容、途径和方法、组织实施等内容。2015 年 7 月，教育部印发《中小学心理辅导室建设指南》，首次明确中小学心理辅导室建设的要求与规范。学校心理健康教育经过几十年的不断探索，正逐渐呈现以下深入实践和全面推进的发展趋势。

（一）普遍性开展

随着社会的进步和教育改革的不断深化，心理健康将为越来越多的人所重视，学校心理健康教育的普遍化程度持续提高，由大中城市、沿海经济发达地区逐步扩展到农村和中西部地区。目前，很多学校都已开展了不同程度的心理健康教育工作，并逐步完善工作机制，建立成熟的心理健康教育服务体系。

（二）专业化执教

学校心理健康教育作为一项专业性很强的工作，需要一支理论知识深厚、专业技能过硬、实践经验丰富的师资队伍，以推动这项工作向科学化、规范化方向发展。心理健康教师的队伍建设力度将进一步加大，各地将制定执教（从业）人员的专业标准，提高对心理健康教师的学历要求，逐步增大专职人员配比，开展心理健康教育专业培训，以及通过考核等方式颁发资格证书，以保证执教（从业）人员的专业水平。

（三）发展性视角

学校心理健康教育的侧重点在于教育，并将发展放在首位，注重培养学生积极心理品质，挖掘其心理潜能。因此，这项工作的开展是以学生的成长发展为中心，着眼于解决绝大多数学生在成长过程中需要面对的共同话题。发展性辅导与积极取向已经成为各级学校心理健康教育工作的主流理念和实践主线，多数教育工作者逐渐认识到积极心理学的发展为学校心理健康教育带来了新的思考和更多可能性。

（四）现代化支撑

信息技术的高速发展，为学校心理健康教育提供了技术保证，将进一步大幅提高工作的实效性。专业的心理测评软件、心理档案管理系统、心理辅导专业器材，以及心理健康自助系统等的合理运用，促使学校心理健康教育科学化管理水平逐渐得到提高。心理健康线上直播课程、心理微课堂的设计开发，扩大了心理健康教育的辐射范围，普及了心理健康知识，学生能够根据自己的个性化问题寻求专业辅导。多媒体心理辅导网络平台的搭建开通，逐渐形成师生之间、师师之间以及与专家督导之间的有效联结渠道。

（五）全方位整合

建立不同学段心理健康教育的有机衔接，不再"各自为战"。从不同年龄阶段学生的身心发展特点出发，以循序渐进、持续发展的整合视角设置分阶段的具体教育内容。

建立多学科之间的渗透融合、学校全员参与的教育策略。心理健康教育与学校教育是相互紧密联系的有机整体，不再局限于形式上的联系，而专注于理念与内涵上的融合。心理教师会走出"单打独斗"的模式，与班主任工作、班团队活动、校园文体活动、社会实践活动等进行有机结合，心理健康教育将始终贯穿于教育教学全过程。

学校、家庭、社会共同实施心理健康教育，形成教育合力。学校帮助家长树立正确的教育观念，了解和掌握孩子成长的特点、规律以及心理健康教育的方法，为家长提供促进孩子发展的指导意见。同时，充分利用校外教育资源，组织开展各种有益于中小学生身心健康的文体娱乐活动和心理素质拓展活动，拓宽心理健康教育的途径，逐步构建完善的全方位心理健康教育体系。

二、学校心理健康教育体系的建立

（一）学校心理健康教育的基本内涵

学校心理健康教育是提高学生心理素质、促进其身心健康和谐发展的教育，是面向全体学生开展的、预防性和发展性的心理健康教育活动，是全员参与贯彻在学校教育教学工作中的渗透性教育。学校的一切教育教学活动都具有心理健康教育性，学校心理健康教育既是一种教育理念，又是由一系列具体的教育活动构成的教育工作，承担着其独特的教育功能，有着自己丰富的教学内容、教学形式和特有的教学方法。

学校心理健康教育活动的实质在于培养学生的实践智慧，这也是其他教育教学活动所无法单独完成的任务。从教育教学活动层面上讲，学校心理健康教育是以心理学的理论和技术为主要依托，结合学校日常教育教学工作，根据学生生理、心理发展特点，有目的有计划地促进学生实践智慧生成的教育活动。在最终的目标上，学校心理健康教育将通过与其他各种教育教学活动的协同工作，培养学生良好的心理素质，开发其心理潜能，进而实现学生身心和谐发展与素质的全面提高。

（二）学校心理健康教育的基本原则

根据教育部颁布的《中小学心理健康教育指导纲要（2012年修订）》文件精神，开展学校心理健康教育要以学生发展为根本，遵循学生身心发展规律，必须坚持以下基本原则。

1. 坚持科学性与实效性相结合的原则

首先，根据学生身心发展的规律和特点开展学校心理健康教育。学校心理健康教育是一项专业要求很高的工作，它关系到学生的个性发展、身心健康、学业规划乃至生命安全等问题。因此，需要接受科学的理论指导，依据学生个体发展的阶段性规律，循序渐进地在关键阶段实施有针对性的专业辅导，尊重学生心理的客观事实，帮助学生主动认识、调节、发展自我心理，促进学生形成良好的心理素质。

其次，注重学校心理健康教育的实践性和实效性。当前，学校心理健康教育逐渐步入内涵发展的阶段，从最初的理念普及已经走向追求实效的阶段。其中，达到学校心理健康教育目标的重要途径就是开展教育实践。学校应当树立全员育人的理念，将心理健康教育与学校教育管理有机结合，在心理健康教育及教学活动中深化，在学科教学中渗透，这一切都与学校的各项教育实践息息相关。在实践过程中，应注重收集学校师生的反馈信息，及时评估心理健康教育实践的效果，以更好地调整、完善工作来满足师生及学校的现存需要。

学校心理健康教育的有效性应体现在以下几个方面：

- 对学生在学习和生活中的各种心理矛盾的处理与化解效果上；
- 是否从学生成长的实际需求出发来设计、开展心理健康教育活动，注重学生的心理成长；
- 是否从整体的角度思考学生，将影响学生的外部条件与学生自我发展的内部条件相结合，注重知、情、意、行的统一，以整合的思想来看待学生的心理发展。

2. 坚持发展、预防和危机干预相结合的原则

学校心理健康教育不同于社会上的心理咨询，更不同于医疗机构的心理治疗，其侧重点不是矫正和治疗，而是教育和辅导。这要求学校心理健康教育应立足于教育和发展，培养学生积极心理品质，开发学生心理潜能，注重预防和解决发展中的问题，在应急和突发性事件中及时进行心理危机干预。

每一名学校心理健康教育工作者都应认识到，要做好学校心理健康教育工作，

就要处理好发展、预防和危机干预三者之间的关系。学校心理健康教育应当重在预防。"治未病""预防胜于治疗"绝不是等到学生出现心理问题或面临心理危机了才施以援助，而是要在日常教育教学中培养学生健康的心态、健全的人格，引导学生处理发展中遇到的心理困扰或问题，对严重的心理问题尽可能做到早发现、早干预，构建发展、预防和危机干预相结合的学校心理健康教育工作机制，从三个层面分阶段、分对象、分层次地开展工作，使心理健康教育更具有针对性。

3. 坚持面向全体学生和关注个别差异相结合的原则

面向全体学生是学校心理健康教育的基本要求，教师着眼于全体学生的共同发展，以绝大多数学生的心理健康水平和心理素养的提升为立足点，实现教育公平，促进教育的均衡发展。

这要求教师要做到以下几点：

- 了解和掌握全体学生的共同需求及普遍存在的心理现象和困惑；
- 平等地看待每位学生，让尽可能多的学生参与到心育活动中来，关注全体学生的身心健康与可持续发展；
- 树立学生全面发展的观点，时刻关注学生人格的健全与身心素养的全面提高。

学校心理健康教育工作者在关注全体学生教育公平的同时，还需要尊重个体差异，根据不同学生的个性化需要灵活开展多种形式的教育与辅导，因材施教，在集体教育的基础上对学生进行有针对性的个性化指导，切实落实"育人为本"的教育思想。

4. 坚持教师的主导性与学生的主体性相结合的原则

首先，教师要充分发挥主导作用。教师的主导作用体现在明确教育目标，针对学生个性特长、兴趣爱好设计课程与教育教学活动，指导学生健康、和谐、积极地发展。这要求教师要努力夯实心理健康教育专业基础，提升心理健康教育技能与素养，通过自己的言行举止对学生的人格发展产生潜移默化的影响。

其次，强调学生的主体地位。心理健康教育不是简单的教授活动，而是师生共同合作、共同学习的过程，本质上是让学生学会助人、学会自助的过程，最终培养学生获得信息的能力、思考与分析的能力、沟通的能力、合作的能力、决策的能力与资源调动的能力等等。

强调学生的主体地位，对教师提出了很高的要求，具体如下。

- 秉持正确的学生观，把学生看作认识自己、成长和发展的主体。激发和调动学生自我发展的积极性、主动性与自觉性。通过自我探索、自我体验、自我实践、自我教育与反思让学生成为"自我发展的主人"，成长为自我完善、自主发展的独立个体。
- 采取鼓励、引导、帮助的教育手段，不替代学生去发现、思考和解决其自身发展的问题，而是在互动过程中鼓励学生表达观点，抒发情感，合作探索，掌握解决问题的方法。
- 准确定位师生互动的关系，既尊重学生的自我价值，同时又为学生的人格成长提供心理援助，处理好教师主导与学生主体的辩证关系，创造积极、主动的师生互动关系。

（三）学校心理健康教育的主要内容

1. 普及心理健康知识

学校心理健康教育首先要向学校师生普及心理健康基本知识，使其掌握心理健康基本概念，认识到健康包含身体健康、心理健康和社会适应良好。掌握心理健康具有的特点，知道心理异常的划分标准，了解焦虑、抑郁、恐惧、注意力缺陷障碍、攻击性行为等常见的心理问题的表现及调整策略，掌握心理问题的求助渠道，让师生对心理健康与心理异常有科学、准确的认识，掌握一定的心理问题识别与判断的基本技巧，能迅速发现问题，并帮助他人和自己寻求专业心理援助。

2. 学习辅导

学习辅导旨在帮助学生提升学业成就，提高其学习心理品质与技能，并对学生遇到的各种学习心理问题进行辅导，提升学生的学习技能，改进其学习方法和学习习惯，对其学习动机与学习态度进行积极辅导，甚至对他们学习中产生的一些障碍进行矫正，如帮助学生克服厌学心理、注意力不集中、自卑、自暴自弃、学校恐惧等问题。

3. 人格与人际关系辅导

中小学生处于人格成长的敏感期,学校应进行系统的、有计划的、分阶段的人格教育,帮助学生形成健全的人格,适应社会。这包括正确地认识自己,认识环境(人际环境、物理环境、社会组织、社会文化等),并实现个体与环境的良性互动与协调发展;认识情绪并合理地表达情绪,掌握调适情绪的方法;建立良好的人际关系,正确地认识青春期及处理青春期的困扰,培养抗挫折能力与合作品质;等等。

4. 生活辅导

生活辅导包括两方面内容:一方面通过丰富日常的休闲活动,培养学生健康的生活情趣;另一方面帮助学生学会积极应对负性生活事件,培养乐观的生活态度。这对于提高学生在生活中的主观幸福感具有潜在的影响,同时对于他们的个性发展、学习效率的提高也具有积极的促进作用。

对中小学生而言,在闲暇时间里,如果能以积极健康的方式取代消极的混日子,能够让生活充实丰富,既能消除学习的疲劳,缓解因学习紧张带来的心理压力,又能陶冶情操,培养健全人格,发展特长。如果学生经历了丧失、痛苦、挫折等心理应激创伤性事件,如失去亲近的亲人、朋友,希望破灭,自尊受挫,以及身体的损害等,不仅影响他们当下的生活与学习,甚至会留下终生的阴影。因此,学校心理健康教育要帮助学生积极、有效地应对各种生活的创伤性事件,培养心理弹性及抗挫折能力。

近年来,随着互联网、手机自媒体的迅速发展与普及,网络已成为学生获取知识、联系世界的重要途径。如何帮助学生合理利用网络、合理使用手机、避免网络沉迷和不良信息的影响、树立网络安全意识等,已成为学生成长中的重要问题,这些都是生活辅导的重要内容。

5. 升学与择业辅导

随着全国新高考综合改革及育人方式变革的推进,学校教育愈发重视学生的升学与择业辅导,生涯发展辅导也是学校心理健康教育非常重要的内容。生涯辅导要为学生未来的生活做准备,旨在帮助学生在了解自己的能力、特长、兴趣和社会就业条件的基础之上,确立自己的人生目标、职业意向,为高中进行选科选考,未来进行职业选择做好准备,为今后顺利地踏入社会打下良好的基础。心理教师可以通过生涯唤醒、自我探索、环境探索、生涯抉择等一系列分步骤、系统的辅导活动，逐步帮助学生实现生涯成熟。这类辅导主要包含以下几点内容。

- **自我认识指导**。指导学生正确认识自我，了解自己的性格特征、兴趣爱好和能力特长，认识并发现自身优势与价值，准确定位自身角色，发展积极的自我概念，提升自我调控、人际交往和社会适应能力，唤醒自我生涯发展意识，树立正确的人生理想和价值信念，形成和发展健全的人格。
- **学业发展指导**。指导学生了解不同学段的课程设计、学科知识体系和核心素养等要求，明确个人学习目标，科学合理地进行课程选修，确定选考科目，积极主动地完成各科学业任务；采用科学方法，对自身学业与能力水平做出正确评估，做好未来专业选择与职业发展的必要准备。
- **生涯规划指导**。指导学生在充分认识自我的基础上，掌握学业规划与职业规划的主要方法，结合个人发展和社会发展的需求，制定适合自己学业和职业发展的目标和计划，初步设计合理的职业和人生发展路径，并考虑实现每一个目标的相关措施，引导学生循序渐进地朝着自己的职业理想迈进。
- **职业探索引导**。指导学生了解社会角色、社会分工的发展动态以及不同职业的专业素养要求，让学生获得对职业生活的真切理解，从而提高学生对未来学习专业与社会职业的探索能力，拓宽生涯发展视野，培养职业兴趣，形成正确的劳动观念和人生志向，增强社会意识、社会理解。

（四）学校心理健康教育的基本途径和方法

学校心理健康教育作为"以人为本"的教育服务，除了要从目标与内容上讨论其构架，还需要明确具体服务的途径与载体才能得以实现。学校心理健康教育的基本途径通常包括课程与活动、心理辅导、心理测评与评估、预警干预与转介，以及家校合作与支持。

1. 课程与活动

（1）心理健康课程

心理健康课程是学校实施心理健康教育最重要的途径，也是核心组成部分。心理健康课程是以团体辅导及相关的理论与技术为指导，以解决学生成长中的问题为目标，以班级为单位的集体心理辅导活动形式。它不同于一般的主题班队活动，也不同于一般的小团体辅导。因此，心理健康课程的主要目标并非像其他学科课程一样让学生掌握心理学理论或相关知识，而是在于提升其心理素养，掌握实用的心理调适技巧，获得助人自助的能力。

心理健康课程主要以活动为主，可以采取多种多样的形式，包括团体辅导、心理训练、问题辨析、情景设计、角色扮演、游戏辅导、心理情景剧、专题讲座等等，注重引导学生心理、人格积极健康发展，最大限度地预防学生发展过程中可能出现的心理行为问题。

（2）校园心理活动

校园心理活动形式多样，没有固定的要求。近年来，各地各校经过不断地实践探索，逐步形成了丰富多彩、富有特色的心理辅导系列活动。例如，心理健康教育活动月或活动周、学生心理社团、心理主题班会、校园心理剧、心理主题沙龙、经典心理电影赏析、心理征文比赛、笑脸墙、成长记录照片展等等，颇受师生欢迎。

2. 心理辅导

心理辅导是达到学校心理健康教育整体目标的重要途径之一，学校通过设立心理辅导室、心理健康教育指导中心、心理信箱、热线电话等形式，为有需要的学生提供多种求助通道，使其能够宣泄和调节情绪，解决心理困扰，排除心理障碍，进而提高学生的心理素质。心理辅导主要包括个别心理辅导和团体心理辅导两种形式。

（1）个别心理辅导

个别心理辅导是一种通过鉴别、诊断分析和干预，解决学生个别的心理困惑或心理问题的辅导形式，为学生提供有针对性的心理支持。学生的心理问题有共性的一面，但更多的则表现为个性化的一面。相比之下，个别心理辅导对心理教师所掌握的专业知识和技能要求更高，它是衡量心理教师专业水平的重要标志。因此，个别心理辅导的理论、方法和技能，应该是每一位学校心理工作者必须要掌握的内容。

从中小学心理辅导的实践情况看，小学、初中和高中对个别心理辅导的需求和形式是不同的，这与学生的年龄特点密切相关。随着网络技术的高速发展，学生越来越喜欢使用QQ、微信等社交平台向心理教师寻求帮助，因此，个别心理辅导的方式正在趋于多样化、信息化。

（2）团体心理辅导

个别心理辅导侧重服务于个别学生的成长需求，而团体心理辅导则侧重解决部分学生共同的成长需求。值得注意的是，一对一的个别心理辅导占据心理教师大量的时间和精力，目前，大多数的学校仅配备1~2位专职心理教师，难以满足成百上千学生的需求，时常显得力不从心。因此，开展团体心理辅导可以提供更为高效的心理健康服务。团体心理辅导是指对有相同辅导需求的学生，在辅导教师的带领下，围绕某一辅导主题，通过一定的活动形式与人际互动，相互启发、诱导，形成团体共识和目标，进而改变学生的错误观念、态度、情绪和行为。

团体心理辅导与心理健康课程的区别在于成员结构的不同，心理健康课程以班级为单位，一般为异质群体，而团体心理辅导打破了班级的界限，可以是异质群体，也可以是同质群体。团体心理辅导能够提供安全的氛围，使成员获得信赖和接纳，相互影响，彼此理解和支持，并在活动过程中学会助人，从而增强自己的自信心和自我实现感。

3. 心理测评与评估

学校心理辅导人员运用心理测评工具来评估学生的需求、兴趣、智力发展以及学业成就等，是学校心理辅导的基本服务之一。建立科学的学生心理测评系统，能够发现与鉴别学生的心理问题，客观评价学校开展心理健康教育工作的成效，以及促进学校进行心理健康教育的实验课题研究。在运用心理测评工具建立学生心理档案时，心理教师要特别注意结果解释的科学性和内容的保密性。如何运用学生心理档案开展发展性心理辅导，是一个值得继续探讨的课题。除此之外，还可以对校园氛围、班级风气、同伴群体以及家庭环境等因素进行评估，从而为学生提供个性化的心理辅导。

4. 预警干预与转介

以上三个心理健康教育的途径主要是面向全体学生的发展性心理辅导，少数心理障碍及超越学校心理辅导人员能力之外的个案，则需要转介到医院或者高一层次的心理专业机构。因此，心理教师要能够根据学生情况及时将其转介到相关专业心理咨询机构或心理诊治部门，同时做好协同合作和学生返校的后续心理支持工作。对个别学生心理危机的预警、干预和转介是学校心理服务必不可少的环节。目前，对于如何形成一个有效的能够提供专业服务的转介系统，尚有待更为深入细致的实践探索。

5. 家校合作与支持

家庭对儿童及青少年的影响至关重要，从某种意义上来看，要比学校更为持久、深远，师生关系、同伴关系无法替代以血缘为纽带的亲子关系。开展家庭教育指导，可以进一步优化学生的社会支持系统，运用心理健康教育的理念和方法给家长提供辅导建议，协助他们共同解决孩子在发展过程中遇到的各种问题。内容包括：向家长普及心理健康常识，使其了解儿童、青少年心理发展特点；改进家庭教育生态环境，提高亲子沟通质量；建立和谐的家庭人际关系，传递正确的教养观念和教养方式；等等。

三、学校心理健康教育与德育

（一）心理健康教育是德育的重要内容之一

根据 2017 年教育部关于印发《中小学德育工作指南》的通知，德育工作的主要内容包括理想信念教育、社会主义核心价值观教育、中华优秀传统文化教育、生态文明教育、心理健康教育。心理健康教育作为德育工作的重要内容之一，也是不断增强中小学德育工作时代性、科学性和实效性的前提保证。

心理健康教育的总目标是：提高全体学生的心理素质，培养他们积极乐观、健康向上的心理品质，充分开发他们的心理潜能，促进学生身心和谐可持续发展，为他们健康成长和幸福生活奠定基础。心理健康教育与德育目标包含着相同的要素，与德育目标相互衔接，具有同向教育效果的特点，这种任务和目标的交叉重叠，反映出二者之间极为密切的关系。

（二）心理健康教育是德育工作的心理基础

从个体发展的角度来说，中小学生的心理正处在一个由不成熟走向成熟的关键时期，一个健康稳定的心理状态是形成良好道德品质的基础，是培养学生全面发展的基石。因此，心理健康教育能够增强德育工作的实效性，促进德育目标的达成。

在实际工作中，一部分中小学教育工作者不能充分认识心理健康教育与德育之间的关系，不能正确区分心理健康问题与思想品德问题。例如，有些教师不够了解学生的内心世界，平时不大关注性格内向、情绪失调的学生，容易认为这些学生不融入班集体，把焦虑情绪说成患得患失，把由心理障碍引起的不稳定情绪看成故意破坏课堂纪律，等等。有的学生其行为虽然从表面上看是品行道德的问题，但究其根源，基本都与其心理息息相关。这种不恰当的评价会挫伤学生的积极性，使其产生逆反心理，从而难以开展德育工作，在某些情况下，甚至会导致意外事件的发生。

（三）心理健康教育拓宽了德育的工作方式

心理健康教育作为德育的重要组成部分，既是一项具体的教育活动，又是一种基本的教育理念。心理健康教育的融入会使德育工作发生深刻的变化，能够真正体现"以学生发展为本"的先进教育思想，尊重理解学生，发挥学生的主体性，激发学生学习的内部动机。同时，心理健康教育能够提供有效的教育方法和应对策略，支持和保障德育工作的深入开展。例如，在班主任工作中的班级管理、班级文化建设、学生品行养成、师生沟通艺术、偶发事件处理等方面给予合理的心理学建议。

第 3 章

发展心理学理论

徐博兰

一、关于人的发展理论具有遥远的历史

发展心理学的前身是儿童心理学，儿童心理学诞生之前经历了理论和研究实践的准备阶段。

17 世纪启蒙运动的哲学思想强调人的尊严和对人的尊重，英国哲学家洛克认为，儿童天生就像一块白板（白板说），他们的性格均由经验塑造。洛克的白板说是 20 世纪行为主义产生的基础。

18 世纪法国哲学家让－雅克·卢梭持一种儿童中心论的观点，把儿童看作高尚的自然人，有天赋的是非感和天生的按部就班健康成长的计划，认为成人都应该接纳儿童的需求，并首次提出阶段和成熟的概念。

英国博物学家查尔斯·达尔文是儿童科学研究的先驱，《一个婴儿的传略》被认为是儿童心理学早期的专题研究成果之一。他提出的著名的进化论强调两条基本原理：自然选择和适者生存，强调了生理特征和行为适应的价值。

1882 年，科学儿童心理学奠基人威廉·普莱尔的代表作《儿童心理学》问世，是儿童心理学最早的经典著作。

19 世纪末至 20 世纪初，是儿童心理学的形成和发展时期。

20世纪中叶，各种心理学理论流派纷纷涌现，如皮亚杰的儿童认知发展理论、行为主义的学习理论、精神分析学派的性心理发展理论，等等。在发展心理学这个大观园中，我们可以看到各色各样的学术观点和研究力量。

二、精神分析的心理发展观

精神分析是西方现代心理学的主要流派之一。在发展心理学方面有代表性观点的是弗洛伊德和埃里克森。

弗洛伊德在对病态人格进行的研究和治疗中发现，大多数病人的症结在于童年早期的创伤性经历，他认为人主要受潜意识的动机和冲突所驱动。力比多愿望或攻击愿望的动机和冲突，发生在对丧失或报复的恐惧之间，或产生于愿望和真实世界限制之间，或产生于相冲突的欲望之间。人的发展会经历好几个阶段，每个阶段都要面临生物内驱力与社会期望间的冲突。在儿童早期，父母怎样对待其性驱力和攻击驱力，对儿童人格的发展至关重要。而这些冲突的解决方式决定了人的学习能力、人际能力以及应对焦虑的能力。

（一）弗洛伊德的人格结构理论

弗洛伊德认为人格由本我、自我和超我三部分组成。

本我是人格中的生理成分，是最原始的，本能的，无意识的，也是最难接近的。本我遵循快乐原则，驱使个体获得快感和欲望的即刻满足。

自我是人格中的意识和理性部分，是本我和外部世界之间的中介。自我既要运用现实手段满足本我的需要，又要控制和压抑本我的本能冲动；自我遵循现实原则，调节本我和超我之间的关系。

超我是人格中的社会成分，代表习俗、道德和法律等社会约束力，包括良心。它将"应该"与"不应该"的社会规范以及父母的道德观念内化到个体的价值观中。超我追求理想原则，有是非标准，对个体有很高的要求，达不到时会体会到负罪感以及焦虑。

本我和超我是对立的、冲突的；自我位于本我和超我之间；超我和自我是人格中的控制系统，是意识层面的。

健康的人格结构是三种成分保持动态的平衡：本我是基本的生理需求；超我追求理想化完美状态；自我寻求现实手段，维持本我和超我对抗力量的平衡，负责调节本我的冲动和超我的要求所造成的冲突。

弗洛伊德认为，到学前期，本我、自我、超我之间形成的关系决定了个体的基本人格。

（二）弗洛伊德的人格发展阶段理论

弗洛伊德认为性本能是人一切行为最根本的动力，人格的发展就是心理性欲的发展。弗洛伊德根据儿童兴奋中心即快感中心的转移，将人格发展划分为五个阶段。在每一个阶段，从喂养到排便再到性行为，儿童会因行为变化产生与此阶段行为对应的满意或受挫的情绪感受。父母对儿童的需求满足过多或过少，都可能引起儿童力比多的固着或倒退。

1. 口唇期（0~1岁）

这一时期婴儿的欲望主要通过口唇部位吸吮、咀嚼和咬的动作来获得对食物和快感的满足，需要得到基本的照料，否则将固着在口唇期。固着在这一时期的儿童可能出现吸吮或咬东西（如铅笔头、指甲）的行为，成人可能会有成瘾或暴饮暴食的行为，会表现得贪婪且充满占有欲。而且，个体将发展出不信任他人、拒绝他人、害怕爱和建立亲密关系等人格特点。

2. 肛门期（1~3岁）

这个阶段幼儿的快感区集中在肛门区域，排便训练是这一阶段父母和孩子之间最主要的互动行为之一。如果父母过分严格、强迫孩子训练或忽视如厕训练，孩子可能会固着在这一时期。这个阶段的主要发展任务包括学会独立、接受个人的力量，学会表达诸如生气、敌意等消极情绪。肛门期冲突将会以过分整洁或肮脏等方式表现出来，也可能会使幼儿形成羞愧胆怯的特点，或极端循规蹈矩，或强烈排斥杂乱无章，洁癖，或变得放肆、混乱、浪费。

3. 性器期（3~6岁）

这一时期的快感区域转移到了生殖器。幼儿开始依恋异性父母，对异性父母产生性情感，这一早期的亲子依恋被弗洛伊德称为俄狄浦斯情节和厄勒克特拉情节。为避免惩罚，他们通过对同性父母的认同来解决由这些情结产生的强烈焦虑。超我开始发展。

4. 潜伏期（6~11岁）

这是一个相对平稳安静的时期，儿童的性本能弱化，性的发展出现停滞现象。超我进一步发展。儿童从家庭外的成人和同伴那里学习新的社会价值观。

5. 青春期（女孩约11岁，男孩约13岁）

青春风暴期来临，在潜伏期一直被压抑的性冲动重新出现。在青春期，个体最重要的任务是从父母那里摆脱出来，容易产生对成年人的抵抗。

弗洛伊德的人格发展阶段理论更看重早期经验在人发展中的意义，认为早期经验决定一个人的性格。特别值得注意的是，"性的满足"这一概念在精神分析取向的治疗中泛指身体愉悦，即自婴儿期体验到的兴奋和愉悦。谈及快乐、兴奋、愉悦、期待、爱或者渴望的来访者是在表达"力比多愿望"。

（三）埃里克森的同一性渐成理论

埃里克森继承、修改和扩展了弗洛伊德的理论观点，更关注健康人格的发展，强调自我在适应社会中的调节作用，以及社会文化环境因素在人格发展中的作用。

他认为人的一生要经历八个连续而又不同的发展阶段，每一个阶段都面临着一个主要矛盾或发展任务，即人格危机，或叫作"冲突""竞争趋势"。每个特定阶段的发展任务都是在积极发展趋势和与之对立的消极发展趋势之间寻找平衡。个体成功度过会发展出某一特定的美德或优势，反之则可能形成消极的人格品质。

1. 基本的信任对不信任（0~1岁）

婴儿从生理需要的满足中，从与母亲和照料者的交往中，获得关于世界是否安全的感受。如果基本需求、渴求的关爱和照顾没有得到满足，他们可能会认为世界是不安全的、不可信任的，会发展出不信任自己、不相信他人的消极品质，与人疏远，遇事退缩。

这一时期的主要发展任务是获得信任感和克服不信任感，体验着希望的实现。这是其他发展阶段（特别是青春期的同一性）健康发展的基础。

2. 自主对羞怯和疑虑（1~3 岁）

在这一阶段，儿童渴望依靠自己的能力和活动探索外部世界，获得自主感，以克服羞怯和疑虑感，体验着意志的实现。这一时期的主要矛盾是儿童的自主性和成人或照料者的限制之间的冲突。顺利度过这一阶段，儿童就会发展出自主感，有信心沉着应对生活的挑战；反之，儿童就会形成对自己的羞怯和疑虑，对自己不确定，依赖他人。

3. 主动对内疚（3~6 岁）

这一阶段，游戏和与同伴交往在儿童生活中有着重要的地位，他们在互动中学习如何解决不可避免的冲突，获得主动性，尝试做他们能做的那种人。这一阶段的发展任务是获得主动感，克服内疚感，体验着目的的实现。

主动性获得发展的儿童会形成强烈的追求感、目的感，拥有雄心壮志和责任感。"我就是我心目中要成为的人"的坚定信念会在儿童后来的生活中起到指导作用。

如果这一时期，儿童的主动性活动受到父母或其他家庭成员的过分限制，会导致其产生过多的内疚感。

4. 勤奋对自卑（6~12 岁）

在这一时期，儿童的生活中心转移，在学校里形成学习能力、与别人合作的能力。他们在与同伴竞争的过程中形成能力信念，害怕失败。这一时期的主要发展任务是获得勤奋感，克服自卑感，体验着能力的实现。这一阶段形成的美德是胜任力。

如果儿童获得知识技能，得到成人的积极评价和支持，就会形成勤奋型人格；相反，如果在家庭、学校、同伴交往中经历过多的负面体验，儿童就会感受到无能为力，易形成自卑心理。

埃里克森认为，许多人将来对学习和工作的态度和习惯都可能源于本阶段勤奋感的形成。

5. 同一性对角色混乱（12~18 岁）

这一时期的青少年经历了"暴风骤雨"式的身心变化，他们试图整合自己的过去、现在和将来，通过自我关注和自我探索，透过他人对自己的评价，以及对同龄人的认同感来认识自己。这是青少年能否成为有创造力、幸福的成年人的关键时期。

在经过对"主体我"和"客体我"的分化、冲突、斗争，以及自我接纳和自我排斥等过程之后，同一性的建构包括"我是谁""我将来要做什么""我想成为什么样的人""拥有什么样的信仰和价值"，自我的发展在新的水平上达到整合统一。那些能够解决好同一性对角色混乱之间的心理冲突的青少年，有对过去的连续感和对将来的方向感，并能体会到自信心以及自我价值感。

自我同一性的形成是埃里克森人格理论的核心。

大量研究也证明，从心理角度来看，同一性成熟和同一性延缓属于健康的同一性状态，而长期处于同一性早闭和同一性弥散会导致个体适应困难或显得被动。如果遭受同一性挫折，就会出现持久的、病态的同一性危机，出现同一性扩散症候群的特征（同一性意识过剩、选择的回避和麻痹状态、与他人距离失调、时间前景的扩散、勤奋感的丧失、否定的同一性选择）。

青少年同一性的形成，启动了一个贯穿一生的动态过程，人格和环境两方面诸多因素都为同一性重构提供了机会。同一性的形成和确立是动态的，也是个体一生的发展课题。

6. 亲密对孤独（18~30 岁）

这一时期，个体致力于建立与他人的亲密关系，形成的美德是爱。由于早期的失望，有些人无法与他人形成亲密关系，处于孤独状态或专注于自我。

7. 繁殖对停滞（31~65 岁）

成熟的成年人承担起繁殖和指导下一代的任务，并获得满足感，反之就会体验到停滞感。这一时期形成的美德是关怀。

8. 自我整合对绝望（65 岁以上）

成年晚期，发展顺利的个体开始接纳自己的人生，接纳死亡，反之会感到绝望和恐惧。

埃里克森也是生命全程观的先驱，将个体发展置于更广阔的社会背景上，认为人格发展是一个渐成的过程，并坚信自我的发展贯穿人的一生。

三、行为主义和社会学习理论的心理发展观

（一）行为主义的心理发展观

行为主义否认生理和遗传对心理的作用，忽视刺激-反应之间人的主体性因素的作用，认为只要给定适宜的环境刺激，就可以塑造人的相应的行为反应，把环境特别是社会环境看作人的行为的决定力量。

行为主义重点研究人的行为，试图发现外部行为背后的客观规律。典型的代表人物与实验包括巴甫洛夫的狗分泌唾液实验与华生臭名昭著的"小阿尔伯特实验"，这两个实验都有力地证明了经典条件反射的存在。斯金纳箱和斯金纳育婴箱是斯金纳研究操作性条件反射的著名实验。

1. 华生的发展心理学理论

华生是行为主义的创始人，他的行为主义思想又被称为"S-R"心理学，即刺激-反应心理学。华生在心理发展问题上突出的观点是环境决定论，其否认遗传作用，夸大环境和教育的作用，认为环境和教育是行为发展的唯一条件。

华生提出了教育万能论，他有一个著名的论断："给我一打健康的婴儿，一个由我支配的特殊的环境，让我在这个环境里养育他们。我可以担保，任意选择一个，不论他父母的才干、倾向、爱好如何，他父母的职业及种族如何，我都可以按照我的意愿把他们训练成任何一种人物——医生、律师、艺术家、大商人，甚至乞丐或强盗。"

除此之外，华生对情绪发展还进行了一系列实验，特别是对儿童的恐惧、怒和爱进行了分析，这也是华生在发展心理学建设上的一个开创性的贡献。

2. 斯金纳的发展心理学理论

"彻底的行为主义者"斯金纳提出了操作性条件反射理论，强调塑造、强化与消退、及时强化等原则。斯金纳认为，人或动物为了达到某种目的，会采取某种行为来影响环境，当这种行为对自己有利时，就会在以后继续产生；当不利的时候，这种行为就会减少或消失。我们可以通过积极或消极的强化来改变行为，以影响行为的后果。他认为通过强化物，如食物、赞扬、赞许的微笑，可以提高行为的发生频

率，也可以通过惩罚、不赞同等来抑制行为的发生。教育者要及时强化希望在儿童身上看到的行为。

操作性条件反射成了一个应用广泛的学习定律。依照斯金纳的看法，"儿童之所以要做某件事，是因为想得到成人的注意"。在儿童眼里，是否多次得到外部强化，是他衡量自己的行为是否妥当的唯一标准。

斯金纳建议以消退取代惩罚，提倡强化的积极作用。

（二）班杜拉的社会学习（社会认知）理论

班杜拉提出了经典的社会学习理论，认为榜样和模仿（观察学习）是个体发展最强大的动力，即儿童通过观察，有意识地模仿榜样人物的态度和行为方式，强调儿童习得社会行为的主要方式是观察学习和替代强化。总之，儿童的语言发展、社会行为的习得、道德和价值标准的形成都是通过社会学习得来的。

榜样示范作用和观察学习的观点，在发展心理学中得到了较为广泛的认同。

班杜拉特别重视社会学习的作用，1989年，班杜拉在社会学习理论的基础上提出社会认知理论，强调人怎样看待自己和他人，以及认知或思维的重要性。

儿童通过对所看到的行为加以肯定或谴责，对自己要模仿的榜样也越来越有选择性，再加上别人对自己价值的反馈，逐渐形成自己的行为判断标准，并开始培养自我效能感——对自己应对挑战和实现目标，取得成功的信心。

行为主义和社会学习理论视角下的行为矫正就是把条件发生和榜样结合起来，消除不符合人期望的行为，增加符合期望的行为的程序，已广泛应用于实践治疗中。

四、皮亚杰的认知发展理论

如果说弗洛伊德的理论重在讨论人格结构，那么皮亚杰关注的则是智力结构。皮亚杰的认知发展理论被视为当今"认知革命"的先驱。

皮亚杰认为，从婴儿到青少年的思维发生了质变，儿童是发展的主动发起者。认知发展是一种与生俱来的适应外界环境的能力。他提出心理结构的发展涉及图式、同化、顺应和平衡四个基本概念。图式是一个核心概念，适应是通过同化和顺应两种形式实现的，而不断发展着的平衡状态就是整个心理发展过程。

皮亚杰将儿童的认知发展过程划分为四个主要阶段，每个阶段都以本质上不同的思维方式为特征。

- **感知运动阶段（0~2岁）**：婴儿主要通过感知觉和运动来感知世界。
- **前运算阶段（2~7岁）**：语言和想象游戏是该阶段的重要表现，这一阶段的儿童思维仍缺乏逻辑性。
- **具体运算阶段（7~11岁）**：儿童开始能有逻辑地解决一些现实问题，但仍无法进行抽象思维。
- **形式运算阶段（11岁以上）**：个体能够进行抽象思维，具备系统的推理能力，能够处理假设情景，并考虑到各种可能性。

各个阶段的发展可以提前或推迟，但先后次序不变，之间会有一定的交叉。

五、维果斯基的社会文化理论

苏联心理学家维果斯基把认知发展看作一个社会中介过程，在环境与教育影响下，由低级的心理机能向高级的心理机能转化的过程。在遗传和环境的问题上，他更强调环境，而且是历史文化环境。

维果斯基强调儿童发展的主动性。在教学与发展的关系上，维果斯基提出了"最近发展区"，认为"教学应当走在发展的前面"。他提出了学习的最佳期限即"关键期"的问题，对于教学和认知测验有着重要的指导意义。

六、鲍尔比的依恋理论

在英国心理学家鲍尔比提出"依恋"这一概念后，依恋便成为心理学领域的一个核心概念。依恋指的是婴儿与主要抚养者（通常是母亲）之间最初的社会联结，这也是情感社会化的重要标志。

弗洛伊德最先提出，婴儿与母亲的情感联结是其日后所有人际关系的基础。

精神分析学家和习性学家都认为，内心的爱和安全感源自健康的依恋关系。发展心理学家也指出，安全的亲子依恋关系是健康自我发展的重要条件。但最近的研究发现，个体的发展不仅受到早期依恋经验的影响，也受到长期的亲子关系质量的影响。

（一）早期依恋的发展

婴儿先经历了非社会性阶段和未分化的依恋阶段，直到6~8个月大时，才达到分化的依恋阶段，面对陌生人时会产生"陌生人焦虑"，这种焦虑在8~10个月时达到顶峰，2岁时逐渐减少。他们在依恋对象离开时会表现得烦躁不安，产生"分离焦虑"，这种焦虑在婴儿6~15个月之间会越来越严重。

形成安全型依恋的婴儿会将其依恋对象（通常是母亲）作为安全基地，对环境进行探索，并从中获得情感支持，这标志着真正依恋的形成，并会逐渐达到多重依恋阶段。

儿童的安全感始于身体健康，涉及食物、水、住所、物品的满足，身体免受伤害，以及依靠父母获得社会参与和情感参与的经验，这对神经－心理－生理的发展至关重要。

我们人类与生俱来的需求之一便是向依恋对象寻求安全感。

（二）争论不休的早期依恋理论

精神分析理论："我爱你，因为你喂养我。"喂养、口唇期吸吮咀嚼的满足，母子互动，能使婴儿产生安全感和快感。

学习理论："我爱你，因为你奖赏我。"食物、温软的抚摸和话语，以及各种舒适的体验都有奖赏意义，让婴儿觉得眼前这个人值得信赖。

认知发展理论："我爱你，我必须知道你的存在。"情感依恋的形成时机与婴儿的认知发展水平有关。

不同理论对依恋的基础和相关行为有着不同的看法，每种理论都能帮助我们更好地理解依恋关系的复杂性。

（三）不同依恋类型的儿童发展出的交往模式

依恋可分为四种类型，分别是安全型依恋、回避型依恋（形成一个分离的自我，超理性的人）、焦虑型依恋、混乱型依恋。根据依恋类型，儿童发展出的人际交往模式包括以下几种。

- 以安全型依恋为基础，在安全的依恋关系里，儿童发展出独立和依赖两种能力，独立的频率随着儿童的成熟逐渐提高，而对他人的依恋持续一生。儿童既对依恋对象和他人有深层联结又有独立特质，这比习惯于独立或习惯于依赖更难能可贵。
- 尽量弱化依恋对象的重要性，试图回避依恋关系。当依恋对象无法依赖时，儿童不得不过强、过快地依赖自己，从而削弱或忽略情感的重要性，全凭自己的认知来做决定，他们变得坚强、缜密，觉得要"靠自己，指不上任何人"，超理智，进入僵化和回避型交往模式。
- 尽量弱化自立能力的重要性，没有独自的安全体验，无法进入一种安定状态，焦虑地黏着依恋对象。
- 既没有发展出自立能力也没有发展出依靠他人的能力，既不能过度依靠自己，也不能过度依赖父母，无法处于安定平衡的应对状态。他们极端地需要控制所有的环境以应对压力，对于无法把控的压力，常常体验为创伤。这种混乱型依恋的孩子也是心理健康问题的风险人群。

（四）依恋模式发展成为关于自我与他人的内部心理作用模型

儿童的内部心理作用模型是婴儿期在与主要养育者的互动中形成的，用以理解事件并形成对人际关系的期望。养育者的积极态度（敏感、反应及时的照顾）会让儿童觉得他人是可以依靠的，从而产生对自我的积极态度："我是可爱的"；养育者的消极态度（忽视、不敏感、误解信号、虐待），会让儿童感受到不安全、缺乏信任，从而产生对自我的消极态度："我一无是处……我讨人嫌……"。

这些内部心理作用模型成为我们内心世界的基本假设和感知，儿童预期着依恋对象的存在，以及在压力情景下他们能否提供支持，这涉及自我价值感、胜任力、爱的能力、价值观，并作为人格的一个重要部分，指导着未来的亲密关系。

安全的、积极的内部心理作用模型会成为人们力量和自信的来源，能够灵活地指导自我和关系的发展；反之则是僵化或混乱的源泉，导致个体经常预测困难，逃避发展机会。

而内部心理作用模型也是动态的、可以改变的，随着个体与父母的交往，与其他成人、同伴、兄弟姐妹等形成新的关系和亲密纽带，其也会不断修正并扩展。

依恋理论适用于人的一生。对于任何年龄来说，依恋关系中的安全感都是人保持正常心理功能和幸福的关键。

七、关于道德发展的理论

道德发展是儿童社会性发展的一个重要方面。道德发展是指随着年龄的增长，儿童逐渐内化了一系列是非标准、原则和理念，并做出相应行动。道德主要包括道德情感、道德认知、道德行为三方面。

道德情感是人的道德需要能否得到满足而引起的一种内心体验。随着认知的发展，儿童的道德情感日益丰富，包括移情、情感共鸣、内疚、羞愧、良心等，并影响着道德行为。道德认知是对社会行为准则和道德规范的理解和掌握。道德行为是以习得的道德准则为指导的行为。

（一）皮亚杰的道德发展阶段理论

皮亚杰是第一位系统研究儿童道德认知发展的心理学家，提出了道德发展的三阶段理论。

- **前道德阶段**（4~5岁之前）：通常，四五岁之前的儿童处于前道德阶段，他们不能对行为的道德价值做出判断。
- **他律道德阶段**（4~5岁至8~9岁）：他律就是指在他人的控制之下，绝对尊重和顺从外在权威。这一阶段的儿童认为，"公正就是服从权威"，他们重视行为后果，不考虑行为意向，被称为道德现实主义。处在这一阶段的儿童偏爱赎罪型惩罚，认为只要违背社会规则，就会不可避免地受到惩罚。
- **自律道德阶段**（10~11岁及以后）：这一阶段的儿童认为规则是灵活的、可修改的，他们看重同伴间的协作，遵循互惠原则。

（二）科尔伯格的道德发展阶段理论

心理学家科尔伯格通过道德两难故事，采用禁令取向推理，对儿童的道德判断进行了研究，提出了自己的道德发展阶段理论，将人的道德发展分为三个水平、六个阶段。其中有三个阶段是在皮亚杰所说的自律道德出现以后形成的。

1. 前习俗水平

前习俗水平分为两个阶段：逃避惩罚与服从定向阶段（阶段一），儿童为了逃避惩罚或获得奖励而遵守权威制定的规则；天生的享乐主义定向阶段（阶段二），儿童遵守规则或是为了获得奖赏或是为了满足个人目标。

2. 习俗水平

习俗水平（遵从习俗角色的道德）分为两个阶段："好孩子"定向阶段（阶段三），这一阶段的儿童以人际关系的和谐为导向，对道德行为的评价主要是看是否被人喜欢，是否对别人有帮助，是否会受到赞扬；维护权威或秩序的道德定向阶段（阶段四），儿童内化了权威标准，服从社会规范，遵守公共秩序，尊重法律的权威。这一水平在10岁以后可以达到，许多成年人都没能超越这一水平。

大多数青少年和成人都处于习俗水平，做"正确"的事来取悦他人，遵守习俗，遵守法律。进入高中、大学之后，在接触了价值观、文化与自己完全不同的人后，很多人都会重新审视自己的道德观。

3. 后习俗水平

后习俗道德（或称自主道德、准则式道德）代表最高的道德推理水平。达到这一水平的人能够认识到道德标准之间的冲突，具有更广泛的公平和是非意识。后习俗水平分为两个阶段：社会契约定向阶段（阶段五），个体认为法律是保障，人们有义务去遵守；普遍道德原则的定向阶段（阶段六，这是一种假想结构、理想阶段），这一阶段的个体有个人的人生哲学，对是非善恶有其独立的价值标准，更多考虑道德的本质，而非具体的原则。

道德发展依赖于一定的认知能力，所以道德水平和道德阶段也是随着认知的发展而发生变化的。皮亚杰提出的具体运算阶段大致对应前习俗水平，形式运算前期大致对应习俗水平，形式运算后期大致对应后习俗水平。

（三）艾森伯格的亲社会道德发展理论

艾森伯格在科尔伯格的道德发展阶段理论之上，设置了亲社会道德两难情境，对儿童的道德判断进行了研究，提出了亲社会道德发展理论。

亲社会道德两难情境的特点是，一个人必须在满足自己的愿望、需要和（或）价值与满足他人的愿望、需要和（或）价值之间做出选择。

艾森伯格将儿童亲社会道德判断发展分为五个阶段。

- 阶段1：享乐主义、自我关注的推理。助人与否的理由包括个人的利益得失、未来的需要，或者是否喜欢某人。
- 阶段2：需要取向的推理。当他人的需要与自己的需要发生冲突时，儿童开始对他人的需要表现出简单的关注。
- 阶段3：赞许和人际取向、定型取向的推理。儿童在分析助人与否的理由时，涉及的是好人或坏人、善行或恶行的定型印象、他人的赞扬和许可等。
- 阶段4：移情推理。儿童分析助人与否的理由时，开始注意与行为后果相关联的内疚或其他情绪体验，初步涉及对社会规范的关注。
- 阶段5：深度内化推理。儿童决定助人与否，主要依据内化的价值观、责任、规范以及改善社会状况的愿望。

艾森伯格关于儿童亲社会道德的研究提示我们，儿童面临的情境不同，产生的道德认识、道德情感、道德行为都有可能存在差异。我们对儿童的道德教育必须注意因势利导，针对不同情境，采用不同策略。

（四）关于道德行为的研究

目前，发展心理学对道德行为的探讨集中于攻击行为和亲社会行为两个方面。

攻击行为是道德行为的反面，是针对他人的敌视、伤害或破坏性行为。有关攻击行为的理论观点很多，精神分析理论认为，人生来具有死亡本能，而有时候"破坏的欲望或危险、仇恨以及痛苦中的愉悦体验通常是攻击愿望的表达"；生态学理论认为，人有基本的侵犯本能；新行为主义者把攻击行为视为受挫折的结果；社会学习理论以班杜拉为代表，认为攻击行为是通过直接强化或观察学习而习得的；社会信息加工理论强调认知在攻击行为中的作用。

亲社会行为是指对他人有益或对社会有积极影响的行为，包括分享、合作、助人、安慰、捐赠等。社会环境、儿童的认知、共情等因素对亲社会行为的产生和发展有着重要影响。影响儿童亲社会行为发展的社会环境因素主要包括社会文化传统、大众传播媒介和家庭。

共情是儿童道德情感的一个主要方面。许多心理学家也认为共情是儿童利他行为和亲社会行为的一个重要的中介因素。心理学家霍夫曼认为儿童道德共情的发展要经历非认知的共情、自我中心的共情、推断的共情、超越直接环境的共情四个阶段。

八、生态系统理论

美国心理学家尤里·布朗芬布伦纳提出了生态系统理论（如图 3–1 所示），强调个体的发展是在家庭、社区和国家构成的多元背景下，嵌套于一系列相互影响的环境系统中进行的。这些系统对人的发展存在连续的交互作用，或支持或抑制个体的成长；个体也通过生理特征、心理特征、天赋、技能、缺陷和气质影响自己的发展。

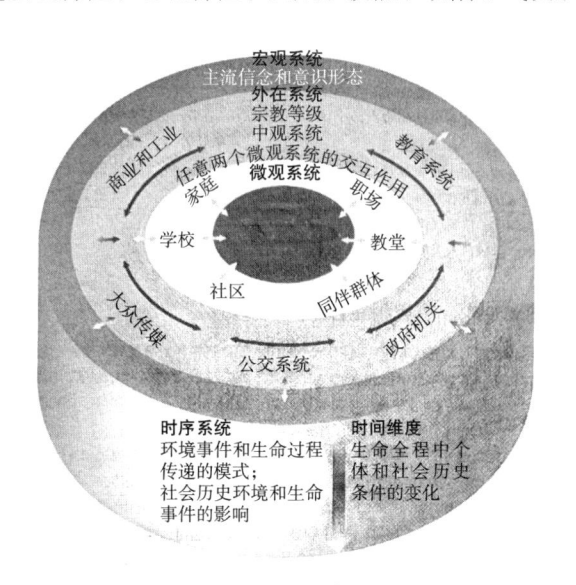

图 3–1　生态系统理论

注：布朗芬布伦纳的生态系统理论。同心圆显示了影响个体发展的环境因素，分四个层次，从最私密的环境（最里层的圆）到最宽泛的环境——这四个系统都处于时序系统中。

资料来源：Adapted from Cole & Cole，1989.

布朗芬布伦纳提出了五个环境系统：

- **微观系统**关注成长中的人与直接生活的环境（如家庭、学校）之间的关系；
- **中观系统**指几个相互作用的微观系统之间的关系；
- **外在系统**是指那些会产生影响，但儿童未直接参与的社会领域（父母工作环境、社区环境）；
- **宏观系统**指影响各个层次的活动和互动的价值观、法律、习俗和文化资源；
- **时序系统**指的是社会历史环境和生命事件的影响，强调了生命全程中个体和社会历史条件的变化。

布朗芬布伦纳认为，个体不仅是环境的产物，也是环境的创造者，人和环境形成一个相互依赖的网络，只有将个体发展置于其处所的社会背景中才能更好地加以理解。

布朗芬布伦纳指出，环境是动力性的、不断变化的，生态变迁如入学、搬家、工作、结婚、做父母、离婚、退休等往往也成为发展的转折点。

目前生态系统发展观处于本领域的前沿。

九、巴尔特斯的毕生发展观

20世纪后半期，随着人们对心理发展内涵的认知加深，毕生发展心理学逐渐取代了儿童心理学在心理学中所处的学科领域地位。

巴尔特斯的毕生发展观强调人的发展变化及影响因素的复杂性，是一种平衡的观点。

毕生发展观的六条关键原则如下。

- 发展贯穿一生。各年龄阶段都有自己的任务和独特要求，各阶段的生理、认知和情绪/社会性三大领域的变化，对未来的发展变化都同等重要，且三方面相互重叠，互相影响。
- 发展是获得与丧失的动态平衡，发展是多维度的。每个阶段的发展都是一个成长和衰退并行的过程。

- 生物和文化对发展的相对影响贯穿生命全程。
- 发展涉及个体资源分配的变化。
- 发展具有可塑性。
- 发展会受到历史和文化的影响，生命进程会受年龄阶段、历史时期以及非常规的影响。

本章概括性地介绍了人的发展研究领域中的重要理论观点（非全面），这些理论关注发展的不同领域，强调发展的不同方面。每种理论都包含着对发展的看法，同时由于受提出者所处时代的文化价值观和信仰影响，每种理论也各有其优缺点，没有哪种伟大的理论能够解释发展的所有方面，多种理论的存在有助于我们对人发展的复杂性、多样性加深认识，不断求索。

发展心理学仍处于不断发展变化中。

第 4 章

学校心理咨询中的伦理问题

徐凯文

一、概述

心理咨询伦理是所有有志成为心理咨询师的人都应该终生学习的必修课。伦理议题几乎在每一个案例中都会发生，并且有时比理论和技术问题更复杂困难。

心理咨询伦理告诉心理咨询师在遇到两难困境时应该怎么办。心理咨询师都需要通过学习心理咨询伦理以达到行业标准，避免被投诉和起诉，以保护自己的职业发展。心理咨询伦理不仅仅是行业规则和职业道德，还蕴含着行业价值观。唯有保持恰当、透明和有分寸感的伦理界限，心理咨询师才能给予来访者安全感，来访者才会发自内心地信任咨询师，双方才能建立诚信、负责任、有效的咨访关系，并保证双方都会被尊重，利益都不会被损害，从而成功有效地完成心理咨询。

咨询不是一种完全价值中立的活动；相反，它是一种建立在各种价值观基础上的职业，它"引导善的信念以及如何实现善的目标"。这一点在学校心理咨询中尤为重要，心理咨询工作要和教育的立德树人工作有所结合。价值观是咨访关系的核心，心理咨询中的目标不论是为了缓解症状，还是调整生活方式，都蕴涵于价值体系之内。而由于心理咨询是如此复杂、多层面的职业，心理咨询师必须同时学习和掌握相关伦理及法律规范。

如果心理咨询师不清楚其职业价值观、伦理、法律责任及他们的来访者，不论他们的意图有多好，都可能导致伤害。因此，心理咨询师不仅应了解与其职业相关的伦理与法律，还应对自己非常了解，而这通常要通过自我体验来实现。

有时，行政领导的要求也会导致学校心理咨询师面临严重伦理危机。行政领导有时会需要心理咨询师来解决某些棘手问题。一旦为学校尽责与为来访者尽责之间产生冲突，原则上心理咨询师应努力寻求解决途径以保护来访者权益；伦理责任首先应针对来访者，其次才是学校（或其他机构）。学校心理咨询师要意识到在为学生、家长及教师服务时会遭遇各种两难困境。因此，在与这些不同的群体打交道之前，学校心理咨询师应熟悉心理咨询的伦理准则，这些准则界定了对所服务群体的责任。

本章将讨论学校心理咨询师工作中应遵循的伦理标准与应受的法律约束。对于心理咨询师的工作、福祉以及心理咨询的过程而言，伦理与法律的作用至关重要，它们直接或间接地推动咨询的专业性和促进其职业化。

二、学校心理咨询中的保密问题

对于为未成年人提供咨询服务的学校心理咨询师而言，保密问题可能是他们所面临的最大难题。由于保密一直是咨访双方建立信任的基础，隐私权是宪法所保障的基本人权，未成年人的隐私权也应被尊重。与隐私权概念息息相关的就是沟通特权和保密的伦理议题，三者之间的关系十分密切。保密被认为是心理咨询的基本职业道德，也就是说在绝大多数情况下，咨询师都不能透露通过咨询关系所获得的信息内容。中国心理学会的伦理守则对保密的伦理要求有详尽的规定。

（一）信息共享与保密原则的突破

心理健康服务人员有必要熟悉他们在法律上可以做什么、不可以做什么，这些情境通常包括来访者、心理咨询师以及司法系统之间对信息的共享。

信息共享包括保密、隐私及保密对话三个部分。保密是"履行对于来访者在治疗过程中披露的信息在未经授权情况下不得泄露的合约或承诺应承担的伦理义务"。不论是有意还是无意泄露信息，都将导致法律及伦理上的问题。在美国伦理委员会每年接受的咨询中，涉及最多的道德及伦理关切包括"隐私权的困境/问题、来访者的隐私权，以及心理咨询师避免非法及无保证的泄密（法院要求披露的信息及记录除外）"。

"隐私是一个不断演进的法律概念，它承认个人有权选择希望分享或保留其信息的时间、环境及程度"。当来访者认为他们被迫暴露不愿意公开的信息时，就可以针对心理咨询师诉诸法律。

由于未成年来访者也受法律的保障，因此在咨询情景所谈的内容也应受保密原则的保护。值得注意的是，未成年人的隐私权通常被认为是父母隐私权的延伸，因此，未成年人不能独立于其父母而独自拥有此项权利。这就意味着，未成年人的父母作为其监护人，有了解未成年人相关信息的权利。就法律而言，要求透露咨询资料的人若非未成年来访者的父母，就必须先获得来访者父母的同意。

学校咨询师在完成一次咨询后，需要及时完成咨询记录。咨询记录、观察记录与测验资料都属于学生咨询机密档案资料。咨询记录是关于咨询过程的客观记录，属于法律文件，可能在面临法律诉讼时成为呈堂证供。例如在面临监护权的争夺或虐待的个案时，咨询师有出庭应讯的可能性。咨询记录要放在安全的地方，如果是纸质版，需要放在专门的带锁档案柜中，不能和学生其他的资料档案放在一起；如果是电子文档，需要设置文档密码；如果记录在相关的信息系统（例如高校的观心系统、中小学的徕希系统）中，那就只有按照法律和伦理有权限的咨询师才能登录该系统看到相关记录。还有一种记录是咨询笔记，咨询笔记是主观记录，咨询师所做的有关学生的咨询笔记是不许对任何人公开的，仅属于咨询师个人的参考资料。

咨询记录的整理应以清楚、简明且具涵盖性为宜，以避免有法律上的疏漏。简言之，咨询师要意识到咨询记录可能会作为呈堂证供被法官、律师、检察官看到，因此要避免任何可能违法或者违反伦理的问题，这种整理咨询记录时保持敏感性的做法，对学校或私人机构而言更为重要。布利斯认为，在建立咨询档案的过程中，确认潜在的法律问题以及辨识出有可能会引发诉讼案件的来访者是很有必要的，因为若能预先防范与应对或许更为妥当。此外，保管咨询资料应注意安全措施与保密规定，查阅资料应依照规定的程序。特别是使用电脑工具处理资料时，更须注意保密问题。在学校机构中若由在校学生（例如学生助理）经手上述工作是很不适宜的，在伦理上难以达到保密的要求。现在高校和中小学都会进行心理普测，从法律和伦理上，公布测验结果也是不恰当的做法。从测验资料的编号及编号与真实姓名的对照手册，再到定期的资料整理与销毁，学校（咨询机构）与专业人员应从行政管理与专业要求上力求完善的保密措施。

（二）保密例外中的预警责任与举发

关于保密的伦理原则，大多数学者认为，保密是有限制而非绝对的。因此，决定在何种情况下无须保密，是咨询师要面对的重要伦理课题。

保密对话是一个相对更狭窄的概念。它通过保护来访者在咨询中的对话在未经本人同意的情况下免于在法庭披露，从而保护其隐私与秘密。它被定义为"来访者源于咨访关系的保密信息受法律保护的权利"。但研究者亚瑟和斯旺森1993年指出了九种保密例外，包括：

- 当心理咨询师与来访者之间出现纠纷；
- 当来访者在法律诉讼中提出精神状况的问题；
- 当来访者的状况对本人或他人构成威胁；
- 在虐待或忽视儿童的案例中（除训令判例报道之外）；
- 当心理咨询师知道来访者正谋划犯罪；
- 在法庭要求的心理评估中；
- 出于强制住院治疗的目的；
- 当心理咨询师知道来访者曾是犯罪受害人；
- 伤害弱势群体的情况。

对于未成年来访者的咨询服务，除了家长或监护人可能要求了解未成年人的咨询内容会造成无法全然保密之外，最重要的保密例外是有关预警责任和举发的情况。

根据中国心理学会制定的伦理守则，下列三种情况属于保密例外：

- 咨询师发现来访者有伤害自身或他人的严重危险；
- 不具备完全民事行为能力的未成年人等受到性侵犯、虐待、校园欺凌；
- 法律规定需要披露的其他情况。

有限保密的重要性在1976年著名的塔拉索夫案中得以体现。

1976年，加州大学伯克利分校学生健康服务处一名自愿接受治疗的印度裔大学生来访者普鲁达告诉其学校心理咨询师，他准备在女同学塔拉索夫返校后即将其杀害。学校心理咨询师摩尔博士评估了普鲁达的精神状况，并和精神科同事讨论后认为普鲁达是精神分裂症急性发作，非常危险。摩尔随即通知校警，校警拘留了这名学生并询问了其杀人意图。该生否认了任何谋杀动机，表现得很有理性，于是被释放。之后普鲁达拒绝继续接受治疗，校方也未就其杀人动机采取进一步干预措施。两个月后，他杀害了塔拉索夫。塔拉索夫的父母将加州大学董事会、校警和学校心理咨询师摩尔诉上法庭，认为后者未能将蓄谋犯罪的意图告知他们女儿。加州高级法院做出了对塔拉索夫父母有利的判决，该判决认为学校心理咨询师保护公民生命安全的义务优先于保守来访者秘密，主审法官在判词中指出，一旦威胁社会公共安全开始，便是个人隐私结束的时候。

因此，对于心理咨询师能够或应保守多少秘密存在限制。一旦有迹象表明，来访者对本人或他人构成危险，法律和伦理均要求向有关当局报告。一旦来访者暴力露出苗头，心理咨询师应努力进行化解，这同时也是在履行其法律责任。科里等人建议心理咨询从业人员向有经验的同行咨询并记录有关的行动步骤。塔拉索夫案（在该案件中，咨询师因未善尽预警责任而被判失职）及相关的许多法院判决结果，使得心理健康工作人员更加了解和关心其双重责任：不仅要保护其他人免受潜在危险性来访者的伤害，还要保护来访者免受自己的伤害。虽然美国的法院判例不一定适用于我国，但却值得国内咨询专业人员借鉴。

（三）举发与强制报告

与预警责任很类似的另一伦理关切是举发的伦理问题，随着儿童虐待案件的增加及儿童福利法的确立，举发儿童虐待案件成为咨询人员必须面对的伦理与法律责任。以美国的情况为例，儿童被虐待或忽视的问题已成为全国性的危机事件，咨询师在进行家庭与婚姻咨询时更要对此问题特别关切。

依据我国相关法律精神，心理咨询师有向有关当局举报疑似儿童虐待情况的法律义务。《关于建立侵害未成年人案件强制报告制度的意见（试行）》第二条规定，侵害未成年人案件强制报告，是指国家机关、法律法规授权行使公权力的各类组织及法律规定的公职人员，密切接触未成年人行业的各类组织及其从业人员，在工作中发现未成年人遭受或者疑似遭受不法侵害以及面临不法侵害危险的，应当立即向公安机关报案或举报；第三条规定，本意见所称密切接触未成年人行业的各类组织，是指依法对未成年人负有教育、看护、医疗、救助、监护等特殊职责，或者虽不负有特殊职责但具有密切接触未成年人条件的企事业单位、基层群众自治组织、社会组织。主要包括：居（村）民委员会；中小学校、幼儿园、校外培训机构、未成年人校外活动场所等教育机构及校车服务提供者；托儿所等托育服务机构；医院、妇幼保健院、急救中心、诊所等医疗机构；儿童福利机构、救助管理机构、未成年人救助保护机构、社会工作服务机构；旅店、宾馆等。

如果心理咨询师直接服务的家庭存在疑似儿童虐待案情，则其工作可能会特别困难。因为突破保密原则可能对来访者造成不同程度的伤害，尤其是性侵犯的受害者，可能会因为文化因素而遭受社会歧视。

当学校咨询师怀疑儿童可能已遭受情绪或生理上的伤害时，必须向有关当局报告。学校咨询师在面对儿童虐待问题时，由于可发挥协助儿童本身、协助一般教师，以及联络处理儿童虐待的社区机构三方面的功能，通常在学校处理儿童虐待问题时扮演着核心人物的角色。但令人担忧的是，咨询专业人员在面对此等儿童虐待案件时，却可能会因不熟悉法律规定或其他原因而不知所措。这将导致被虐待的儿童得不到适时的协助与保护。

有举发儿童虐待或忽视义务的咨询师可能会因害怕、羞耻或同情的反移情等情绪而未去举发。其他的原因还包括：不确定事件的真实性且担心举发后，会增加家庭压力；很难区分虐待与管教；不愿意破坏保密原则；等等。因此，何时以及如何去举发儿童虐待案件经常成为学校咨询师所面对的伦理两难困境之一。咨询师必须切实关心这一问题，才能够在儿童虐待发生时进行举发以保护儿童。需特别注意的是，保护儿童的行动并不是在举发后立即停止，更重要的是提供安全且能给予照顾的长期住所、适当的教育机会、医疗照顾及心理健康治疗等。因此举发是一连串协助计划与行动的开始而非结束，有赖于不同专业人员之间的协调与配合。

三、多重关系问题

学校咨询师在面对未成年来访者时，经常会遭遇的另一个伦理问题是双重关系。当职业团体认为心理咨询师与来访者之间的性关系不道德时，随之而来的问题是心理咨询师与来访者之间可以形成其他什么关系，商业关系或友谊可以吗？需要注意的是，由于存在既往咨询经历，咨询关系并非平等一致。换言之，一方（来访者）比另一方（心理咨询师）更易受到伤害。

原则上，咨询师应尽可能避免任何形式的双重关系（即使不是性关系），因为无论这种双重关系看上去如何无害，总是会存在利益冲突，而且会影响咨询师的判断。而心理咨询师失去客观性会导致来访者受到损害。例如，如果来访者和心理咨询师在咨询过程中发生了一笔商业交易，一旦交易不顺或结果没达到一方预期，咨询关系就会受到消极影响。因此从伦理角度看，心理咨询师应避免与现在或从前的来访者有社交或生意往来、接受他们的礼物；或者与亲密的朋友、家人、学生、爱人或雇员形成心理咨询关系。

尽管有关双重关系的准则看起来清楚明了，但有时候却很难实现。可能存在问题并需要细致考虑的情况包括保密与匿名、与来访者一起参加自助小组、自助小组成员之间的社会关系、雇佣以及自助小组中的发起人等。

双重关系的形成可能是在进入咨询过程之前或之后发生，但不论是前者还是后者，都是不合专业伦理的，专业学会的伦理守则上皆有条文加以限制。之所以说双重关系违反专业伦理，主要有以下理由：

- 有违知情同意的原则；
- 使咨询关系的专业性质受到扭曲，界线变得模糊；
- 破坏了基本的信任；
- 违背了咨询师的角色；
- 咨询师会失去客观性；
- 妨碍咨询师的专业判断；
- 造成个人需求和专业需求的暧昧不明；
- 妨碍咨询过程；
- 可能构成利益的冲突；
- 权力被误用；
- 咨询目标落空；
- 有剥削来访者的危险；
- 造成来访者的心理伤害，有损专业的名誉等。

从这些可能发生的不当情况来看，双重关系的发生通常对咨询工作的效能及来访者的福祉均有不利的影响，前来求助的来访者可能被剥削和伤害，未蒙其利，反受其害，这是违背咨询伦理的，更会破坏公众的信任。

尽管双重关系有其不利影响为咨询专业所确知，但是学校咨询师却经常需要在咨询未成年来访者时，同时面对其家长或老师，从而必定处于双重关系之中。学校咨询师还经常同时担任授课工作，往往会面临必须为其授课学生提供咨询的情况，而有双重关系的伦理顾虑。教师被赋予教育训练和评估考核的角色与责任，而这与学校咨询师的角色与责任颇不相宜，因此会有期望、义务上的潜在冲突。咨询师授课的学生更可能与其建立信任关系，从而愿意透露心中困扰成为来访者，这本身也是学校开设心理健康课程的目的之一。学校咨询师要努力把双重关系从问题转化为解决问题的资源。

萨洛和舒马特指出，下述情景都会有产生双重关系的顾虑。

- 一个有社交困扰的青少年拥抱学校咨询师并说："你是我到目前为止最好的朋友。"
- 一个学生凌晨两点来敲学校咨询师的家门，说他刚被继父赶出来。
- 学校咨询师被一位不再是未成年人的前来访者所吸引。
- 一个青少年的学校咨询师被其单亲家长邀请去约会。
- 一位家长要求学校咨询师对其子女进行咨询，以改变其同性恋倾向，而学校咨询师认为，同性恋属于个人的性选择。
- 一位14岁的来访者送给学校咨询师价值10美元的礼物。

这些情景都涉及了双重关系的顾虑，有必要进行一一探讨。

第一个情景涉及友谊问题，由于在咨询关系中有必要维持适当的专业距离，咨询外友谊的发展可能会干扰咨询的进展。

第二个情景是学校咨询师面临是否要收留其来访者的困扰，这已超出学校咨询师的职权范围，咨询师可协助其回家或另找安顿之所，而非予以收留。

第三个情景涉及与来访者的性或亲密关系，这是较为严重的双重关系问题。其中要澄清的是性吸引未必会引发性行为，因此不论是来自某一方还是双方的感受，只要不影响学校咨询师的专业立场和来访者福祉，不影响咨询关系，就不违反伦理。但咨询师与来访者之间发生性亲密接触，对来访者的负面影响就可能极为严重。无论是与未成年来访者还是已成年的前来访者，这样的关系都违反伦理。

在第四个情景中，若学校咨询师与来访者的家人有所交往，就会改变原来的咨询关系，从而干扰咨询甚至引发冲突，应予以避免。

第五个情景是与价值影响有关的问题，学校咨询师不应涉入与未成年来访者及其家长或两者之间的价值冲突中，这将衍生伦理甚至法律问题，咨询师应格外小心。

第六个情景是有关接受未成年来访者礼物的问题，学校咨询师对此应持非常谨慎的态度，应考虑此物品的价值、来访者的动机、礼物的临床意义以及咨询师个人采取何种反应、背后的动机和可能导致的来访者反应等。一般而言，拒绝未成年来访者亲手制作的小礼物，对未成年人而言，恐有不合人情及否定其价值的潜在不利影响，要谨慎考虑。至于其另行购买的小礼物，则应视其性质、价格、动机、场合、时机等因素考虑其意义及副作用。

基本上，任何易于导致双重关系发生的情景都应尽量避免，或予以适当的处理，以免干扰咨询过程的进行，损害来访者的福祉。对未成年来访者而言，其仍处于心理上未成熟的状态中，学校咨询师应更加小心处理。

四、心理普测中的伦理问题

首先，我们应思考一个问题：为什么要对所有学生进行心理测评？

针对当前比较严重的儿童青少年心理健康状况，学校和教育主管部门急于解决这些问题。之所以要面向全体学生做心理测评，是因为自杀具有传染性。如果不能建设一个完善的自杀预防体系，就可能导致一种崩盘的局面。自杀行为不会传染给那些心理健康的人，而只会传染给那些原来就有自杀倾向的人。

自杀是一件特别重大的事情，想要自杀的人往往也会考量自己活下去的意义，或者考虑到爱自己的父母和自己惦念的事物；然而一旦有与他相似的人实施了自杀行为，他就很可能会模仿。所以，预防自杀的一个基本方法就是到人群中去寻找那些本来就有自杀倾向的人。比如一所学校里出了一起学生自杀事件，那我们就要对原来就有自杀倾向的学生进行评估，了解这件事情对他们的冲击和影响，进而采取各种方式直接干预其自杀倾向以挽救生命。要做到这一点，必须对所有学生进行筛查和测评。

其次，我国建有领先世界的大学生心理健康服务体系。早在20世纪80年代，我国就开始在大学生中进行心理测评工作。当时的测评并没有特别针对自杀风险，而更多的是为了了解和研究大学生的心理状况，只要学生愿意就可以参加测评。目前几乎所有高校在新生入学时都会对学生进行心理测评。这项工作的主要目的是筛查出存在抑郁或极端情况的学生，所谓的极端情况指的是自我伤害或伤害他人的情况。这其中有一个很重要的时间节点，就是2005年的马加爵事件。2005年以后，教育部开始要求每所大学都要建立心理咨询中心，为学生提供心理健康服务，主要目的之一就是积极地发现并帮助那些需要帮助的学生，挽救他们的生命。

至于这种做法是否有效，有一个权威数据：美国大学生的自杀率是10万分之6.5，也就是每年每10万个大学生中，有6.5人自杀致死；而中国教育部公开发表的数据显示，中国大学生的自杀率是10万分之1.24，差不多只有美国的五分之一。

美国作为一个发达国家，其心理学已经发展了100多年，而中国作为发展中国家，心理学满打满算也就发展了40年，从2005年马加爵事件后，全国高校心理咨询中心建立到现在也不过20年，所以我们的专业队伍和美国相比还是有很大差距的。然而我们的自杀率远低于他们，其中一个重要原因就是我们有科学的心理测评和完善的自杀预防体系，能够提前发现危机并给予帮助。危机干预、自杀预防这类工作最难的地方往往不是干预和治疗本身，而是你不知道这个小概率事件会在何时、何地发生在什么人身上。虽然10万分之1.24这个数字看起来不大，但是从全国大学生的绝对数量来看，也是不小的。正因为生命无价，也因为我们有这样一套测评与干预方式，我们才能有效地拯救很多人的生命。

那么，怎样才能把心理测评做好呢？答案是需要走科学与伦理并重的道路。测评是一件专业和科学的事情，需要受测者的知情同意。因为中小学生是未成年人，因此需要有家长的知情同意。在这方面我们不能怕麻烦，这是必须要做的，但一些学生及家长对此可能会有顾虑，所以愿不愿意做是受测者的自由，我们不能强迫他们。我非常鼓励学校心理咨询师做这件事，因为它确实可以挽救生命并解决问题，这就需要我们给家长和学生做好科普工作：

- 第一，说明做测评的原因；
- 第二，强调测评的结果会被严格保密，这种个人隐私是受国家法律保护的。
- 第三，讲清楚并切实履行保密原则，如果测评结果不是法律与心理咨询伦理要求突破保密原则的情况，就不能被第三方知道。

心理测评除了法律、伦理层面的问题，还有准确性的问题，这是更难的部分。

我们现在所用的方法基本都是自陈量表，像考试一样，根据自己的实际情况回答量表上的问题。然而这种测评无法保证绝对的准确性，因为它的前提是受测者报告的是真实情况。如果受测者不诚实作答，量表是测量不出他的问题的，所以我们不能指望测评能百分之百解决问题。受测者之所以不提供真实信息，可能有各种各样的顾虑，比如怕父母知道，怕受到孤立、歧视、伤害，等等。因此在测评前，我们必须细致、耐心地给家长和学生做工作，并严格按照法律和伦理去操作，从而最大限度地保证学生的真实作答。

我国目前使用的量表大多是引进国外的量表，但中国文化和西方文化是不同的，而且不同的量表之间还有时代的差异。比如我们现在使用的很多量表都是 20 世纪八九十年代翻译引进的，现在已经过去三四十年了，这些量表可能已经无法准确测量出当代人的心理状况，或者说效度较低，所以我们一定要设计出本土化的、适应时代的测评系统。

五、学校危机干预中的伦理问题

在危机干预中，学校咨询师要面临咨询技术与伦理的双重挑战。自杀问题关乎生死，会引发学生家长、亲友的不满情绪，以及学校乃至政府、社会舆论的严重关切。自杀致死的学生家属除了一般的反应如哀伤、震惊、否认、忧郁，还会感到内疚、羞耻（在很多文化中，自杀是禁忌，也代表家庭有不可告人的丑事）、愤怒、想要责怪别人，认为一定是有人或者学校做了坏事，要为自杀事件找出原因等反应，因此有可能指责并质疑学校咨询师或学校相关部门、班主任、老师先前的处理是否存在失当之处。而一旦引发诉讼或者舆情，因为有自杀致死的严重后果，学校往往会处于不利地位，即便法院判定并无过错，也常常会担负人道主义责任。在美国，据统计，咨询师的不当照顾与来访者企图自杀的问题引来的控告事件最多（占涉心理咨询所有控诉事件的 21%），赔偿的金额也最多（占涉心理咨询所有控诉事件赔偿金额的 42%，其次为不当性行为，赔偿金额占 16%）。

为未成年来访者提供咨询服务，较其他对象而言在伦理及法律上要注意的事项更加复杂而困难，学校咨询师应评估未成年来访者的情况并对其法律权利加以认定，同时考虑家长监护权的范围及学校咨询机构的立场，在谋求来访者最大福祉的前提下，力求在伦理与法律上考虑周全。对学校咨询机构而言，提升伦理状况的可行措施包括：

- 熟悉相关的伦理守则与法律规定，并注意其最新的修订；
- 拟定完善的处理程序和文件设计，以便在面临针对未成年来访者的知情同意、保密、咨询资料保管、预警责任和举发等相关伦理问题时，有较佳的应对策略；
- 加强学校咨询师的在职训练，以及其伦理与法律上的常识与处理能力；
- 定期举办案例讨论和督导，讨论相关伦理议题，同事之间要相互监督提醒；
- 可考虑聘请专业伦理、法律、医疗人士担任顾问，以提供最佳的咨询；
- 保持对伦理问题的敏感性，并在面临伦理问题时寻求督导、同侪及相关伦理、法律专业人士意见。

唯有不断充实相关知识，并保持对伦理与法律问题的关注与敏感性，学校咨询师才能在处理未成年人咨询的相关伦理问题时，在充分知悉相关人士权限的情况下，进退有据，选择最佳策略加以应对。

伦理的考虑与判断并非非黑即白，而往往是两害相权取其轻。不同的问题情景、不同的来访者、不同的机构都有其特定的伦理考虑。

其中，有自杀倾向的学生造成的咨询伦理两难问题通常包括：

- 当来访者想要自杀时，学校咨询师是否要尊重其自主自决的权利？
- 对于一个有自杀企图的来访者，学校咨询师应该主动保护到什么程度？
- 学校咨询师能不能将来访者的自杀企图透露给他人？
- 如果学校咨询师由于判断错误而未能预防来访者自杀，当来访者自杀身亡时，学校咨询师应该负什么责任？
- 当学校咨询师判断，来访者的自杀声明是为了操纵自己，并且已经给自己造成困扰时，学校咨询师可不可以拒绝继续咨询？
- 如果拒绝继续咨询而导致来访者采取自杀行动，那学校咨询师是否有失职之嫌？
- 学校咨询师处理自杀的方法不精熟、对自杀危机的评估不足是否违反伦理？
- 学校咨询师对来访者产生负性反移情是否违反伦理？
- 学校行政部门或者学生的班主任、任课老师想要向学校咨询师了解正在接受咨询、有自杀倾向学生的情况，咨询师是否可以透露？
- 学校主管领导想要了解为降低自杀风险而进行的心理普查结果，学校咨询师应如何应对？

由于有自杀倾向的来访者将引发复杂的咨询伦理困境，没有简单的标准答案，学校咨询师更有必要在伦理判断上进行更深入的探究，权衡伦理判断的重要原则，做出合宜的决定。

本节将根据来访者基本权利中的自主权、受益权、要求忠诚权、免受伤害权来探讨此类咨询应考虑的原则，以帮助学校咨询师在面对有自杀倾向的来访者时，能更敏感于其中应注意的事项，做出又好又快的反应。

（一）自主权

在面对有自杀倾向的来访者时，首要的伦理问题就是来访者有没有权利决定自己的死亡。如果选择死亡不是来访者的权利，那么学校咨询师必然要阻止及预防来访者的自杀行为。从法律角度看，国民的生命权是指保有生命健康的权利，而非放弃生命的权利。

（二）受益权

学校咨询师若想帮助来访者，就必须协助来访者考量自杀的后果，这样做是不是最有价值的选择？有自杀倾向的人可能在面对自己的无助与愤怒时，无法觉察到家人的观点与需要，但在学校咨询师与来访者家人的眼中，来访者的生命很有价值。所以在考虑来访者的福祉时，不能仅从来访者个人当时较僵化狭窄的观点出发，而要强调来访者在家人心中的价值。

（三）要求忠诚权

咨询关系以信任为基础，其中保密是建立互信关系的关键。传统的保密原则在生命受威胁时要进行突破，这是处理自杀问题的基本原则。咨询师不仅要自己清楚保密原则的限制，也要让来访者在咨询初期就了解咨询师的立场。

当来访者自杀的手段可能对其他人造成危险时，学校咨询师除了要预防来访者自杀外，也负有社会责任，向可能发生危险的人们提出预警。

（四）免受伤害权

采取适当的措施以避免来访者身心受到伤害，是学校咨询师的责任，然而伤害难以界定，只能通过咨询的结果与行为来判断。因学校咨询师的失职而使来访者身心受伤害的情况，最严重的就是不当泄密导致来访者自杀。

一位国外咨询师描述了这样一起学生自杀事件，学校因处置不当而遭到家长控诉。

一位14岁的男孩在校长休息室举枪自尽。这名学生因被发现携带枪支到校而被带到校长休息室，学生交给校长一纸自杀字条，要求与他最喜欢的老师见面，然而校长拒绝了他的请求，并打电话报了警。在无人监督的情况下，学生在休息室里举枪自杀。

在这个案例中，有几个值得思考的问题：校长在处理的过程中是否有良好的专业判断？比如该生的问题是不是事前已有征兆？事发时有没有合理的监督？有没有把凶器拿离现场？有没有联系家长？有没有咨询师介入或提供处理意见？该生父母控告学校，认为校方应负责任，原因之一就是学生之死源于学校处理不当，缺乏自杀防治的知识与准备，原因之二在于学生在校期间，校方有责任保护学生的安全。

一项针对325名学校咨询师的调查发现，在培训期间未受自杀防治训练者有41%，对于处理自杀案件没有信心者有51%，然而却有93%的学校咨询师在服务期间曾遇到有自杀问题的学生。

要判断学校咨询师是否存在失职，就要先了解针对自杀来访者的咨询工作有无共通的标准可依循。贝德纳等人认为处理自杀问题时应遵循以下基本程序。

- **评估自杀风险**。以专业中常用的技术，识别出那些自杀风险较高的来访者。
- **预防**。以专业中常用的技术，预防有自杀风险的人发生自杀行为。
- **咨询**。以专业中常用的技术，帮助来访者克服自杀的倾向。

第 5 章

常见的儿童青少年心理障碍

陈香莲

2018年，国家卫健委发布的最新数据显示，在我国17岁以下的儿童青少年中，约3000万人受到各种情绪障碍和行为问题的困扰。近年来，我们对于儿童青少年心理障碍的相关问题也越来越重视。

本章将阐述包括学习障碍、孤独症谱系障碍、注意缺陷/多动障碍、抑郁症、焦虑障碍在内的10种心理障碍。

一、学习障碍

学习障碍是指儿童拥有特定程度的能力，但在阅读、写作、算数等方面的标准化测试成绩显著低于相应年龄、教育水平和智商的预期水平，出现意想不到的学习困难。患有学习障碍的孩子智商正常，有的甚至超常，但是他们却无法达到相应年级和年龄应有的阅读、书写或数学技能水平，让周围人觉得非常意外。

目前，我国约有10%的儿童患有学习障碍，平均每10个儿童就会有1个患有某种类型的学习障碍。常见的学习障碍有以下类型。

在学习障碍中，伴阅读受损更为常见，这些儿童往往能够看清字母和单词，但是在辨认字母和单词方面有困难，阅读时不准确或速度缓慢，例如朗读词语出错、词的发音有问题。小部分儿童还存在理解问题方面的阅读障碍，以及接收语言能力差的问题，即有人跟他们说话时，他们很难理解别人所说的内容。

伴书面表达受损的儿童有组句及组成段落方面的困难，有正确使用语法、标点符号以及拼写的困难（例如，多字母或漏字母），在书写工整方面也存在困难。

伴数学受损的孩子表现为语言表达能力没有问题，而数学计算能力却受到了影响。他们对数字的理解较差，经常扳着手指头数数，被数学问题弄糊涂，还存在数学推理方面的困难。

学习障碍的发现和诊断通常发生在小学阶段，症状表现随年龄增长而变化，因此可能会有一系列持续或多变的学习障碍贯穿个体一生。

如果学习障碍一直未被诊断和治疗，儿童会长期经历挫折感、羞耻感和绝望感，以及对达不到预期的焦虑感。他们往往会因学习问题而受到父母、老师的各种指责，这不仅会损害其自尊和自信，导致他们不喜欢或讨厌学业，还可能会导致低自尊、抑郁或其他问题产生。

学习障碍是由遗传、神经生物学等原因导致的，因此无法治愈，但它是可治疗的。对学习障碍的治疗开始得越早，效果就越好。及早发现和处理学习问题可以让孩子在明显落后于其他同学之前掌握学习策略。学习障碍的治疗也可以有效减少或防止其他心理和行为问题，如自尊问题、情绪或行为问题。

有学习障碍并不意味着孩子们在课堂上或其他方面没有前途。所有的孩子都有长处和天赋，家长或老师应该发现他们的长处和能力，并鼓励他们将其运用到学习或社交中。对孩子的期待要调整到他们可以实现的水平，不能太高也不能太低。

学校可以为有学习障碍的孩子提供个别化教育方案（IEP），允许他们以略微不同的方式学习与同龄人相同的材料，从而使其在校的学习变得容易一些。比如，允许一个有书写障碍的孩子口头完成作业和测试，或为有阅读障碍的儿童提供文本语音转换软件。如果学校能够在教育教学中给孩子额外的时间来完成作业，在教学中使用更多的积极强化来鼓励孩子，使用视觉和听觉等多感官的教学模式，等等，就可以更好地帮助和支持有学习障碍的学生。

二、孤独症谱系障碍

孤独症谱系障碍包括典型孤独症、高功能孤独症和阿斯伯格综合征。核心症状包括社交交流和社会交往障碍（涉及社交互动中的言语和非言语交流、社交互动的发起与维持、社会交往的理解、社会情感的分享等）和狭窄、刻板与重复的兴趣行为（特殊的爱好、生活中的刻板行为、感觉方面不同的兴趣）。这些症状会因患者的智力水平、年龄、后天学习环境的不同而不同，有的孩子还会有一定的"特长"，从而掩盖了疾病的严重程度，导致家长认为他们只是某个方面不如同龄的孩子，不必去做教育训练，长大了就会好了。

孤独症谱系障碍属于神经发育性障碍，其病因和发病机制非常复杂。这类疾病以遗传因素为主，是遗传因素和环境因素相互作用的结果。研究显示，中枢神经系统的发育异常导致了脑功能障碍，从而导致了这类疾病的发生。

正是由于上述一系列脑发育的异常，患儿才会出现孤独症谱系方面的症状，虽然具体机制还有待进一步研究探讨，但却证明了其不是一种随着年龄增长就能自愈的疾病。由于目前对孤独症谱系障碍的干预还很有限，以教育训练为主，因此确诊后科学的教育训练就尤为重要，需要注意以下几点。

- 教育训练必须要有组织、有计划地长期进行。医学界认为，对孤独症谱系障碍儿童的干预训练黄金阶段是2~6岁。无论在什么年龄发现，都要坚持每天干预，至少持续到6周岁。有的家长认为孩子长大了就会好了，或者是进行了几个月的训练发现效果不明显就放弃了，这些观念对于患儿的进步都是不利的。
- 教育训练要以社交为中心，全面训练，全面发展。要抓住训练的重点，长期坚持才会有明显的效果。
- 干预要以正规的训练机构联合家庭训练共同进行。机构干预能确保早期、密集的有效干预，打下干预模式的基础，发挥专业优势，将专业的内容做深入。家庭干预发挥场景优势，将掌握的技能进行泛化，是孤独症谱系障碍儿童持续成长的保障。

目前，孤独症谱系障碍的行为模式治疗在我国得到了很好的应用，有些干预会把各种方法组合起来，形成综合疗法。由于这些疗法的实施，越来越多低龄孤独症儿童和轻中度孤独症儿童有了很大的改善，人们也不再认为孤独症无法治疗，因此家长们千万不要因为错误的认知而延误了孩子的治疗。

三、注意缺陷/多动障碍

注意缺陷/多动障碍（attention-deficit/hyper activity disorder，ADHD，俗称多动症）是儿童最常见的神经行为异常，表现为与年龄和发育水平不相称的注意力不集中和注意时间短暂、活动过度和冲动，常伴有学习困难、品行障碍和适应不良，可导致儿童在学校、家庭或与朋友相处方面出现问题。

ADHD 常始于儿童期，在男孩中比女孩中更常见。ADHD 在儿童和青少年中发病率较高，我国儿童 ADHD 的总体患病率约为 5.7%，但是大量的 ADHD 患儿没有接受正规的诊断和治疗，因为他们的症状可能会被家长当成"淘气"或"活泼"。

对 ADHD 的诊断标准建议根据《精神障碍诊断与统计手册（第五版）》(*DSM-V*)。对于年龄小于 17 岁的儿童，*DSM-V* 的诊断标准要求：有至少 6 种多动和冲动症状，或者至少 6 种注意力缺陷症状；对于年龄不小于 17 岁的青少年和成人，需要有至少 5 种多动和冲动症状，或者至少 5 种注意力缺陷症状。

ADHD 尚无治愈方法，但有不同的治疗可帮助改善患儿的症状和行为。目前针对儿童 ADHD 的诊断和治疗将目标年龄设定为 4~18 岁。另外，对于没有达到 ADHD 诊断标准，但是存在注意缺陷或多动症状的儿童，也可以进行行为干预。目前，我国对于 ADHD 已经建立了较为完善的治疗系统，及时发现症状和确诊有利于改善患儿的身心生长发育情况。

对于 ADHD 的治疗根据患儿的年龄而定。未治疗的 ADHD 患儿比经治疗的 ADHD 患儿更容易在学校遇到困难、抑郁或发生意外事故。

ADHD 的治疗原则如下。

- 学龄前儿童（4~5 岁）的一线治疗为父母和老师指导下的行为干预，行为干预没有明显改善或者存在中到重度功能障碍者，可以使用哌甲酯等药物进行治疗。
- 对于小学儿童（6~11 岁）则应使用药物和/或行为干预，最好同时进行。中枢兴奋剂类药物的疗效证据最强，其次按证据强度依次为托莫西汀、缓释胍法辛、缓释可乐定。
- 对于青少年（12~18 岁）患者也可使用药物和/或行为干预，二者结合效果最好，但是开具药品处方时应确认患者同意配合服药治疗。

ADHD 的症状（比如注意力不集中、多动、冲动）会导致儿童出现负面的行为和人际互动，使其在社交、情绪控制等方面遇到困难，进而影响其自尊水平。而行为治疗理论指导下的行为干预，可以有效地帮助儿童学会用积极的行为替代消极的行为，以及学习和练习使用符合社会规范的行为。

四、对立违抗障碍

如果老师发现学生常常逆反，和老师争吵、发脾气，拒绝服从规则，自己犯错却责怪他人，故意找碴或用生气、埋怨、报复性的方式表现敌意，那就要警惕学生是否存在对立违抗障碍（Oppositional defiant disorder，ODD）。对立违抗障碍包括以下持续性的表现：消极、对立、不服从、对于权威人士的敌对行为。

ODD 的患病率为 2%~16%。一般高峰期在 8~10 岁，11 岁是诊断高峰，而在此之前，这些行为可能已经存在两三年了。有研究表明，男孩的患病率比女孩高两倍，但是也有人认为，女孩的攻击方式可能更倾向于言语攻击，相对比较隐蔽，目前的诊断标准并不适用于女性，所以她们的患病率可能被低估了。

ODD 患者的血清素浓度比较低，大脑额叶功能不足，这些都会导致其反应抑制能力的不足，从而产生冲动行为。研究发现，1/2~2/3 的 ADHD 患儿伴有 ODD，而接近一半的 ODD 患儿存在 ADHD 的症状。

为什么 ADHD 患儿比较容易发展成对立违抗障碍呢？有一种解释认为，患 ADHD 的孩子，由于存在生理缺陷，在听从指令方面可能无法集中精力。有时，他们会因注意力不集中、沉浸在自己的世界里，而没有听见老师的指令；有时，他们会因自身抑制冲动的能力不足而屡屡在被告知要求的情况下犯错，给老师的感觉就是"屡教不改""明知故犯"。如果老师对学生的这些行为不理解，认为他们是在故意违抗，并责骂、惩罚他们，就可能导致其自我评价降低。这些学生也会在这种糟糕的互动中对老师充满敌意。

年纪小的时候，这类学生可能会屈从于老师的严厉管教，但随着年龄的增长、自我意识的增强，他们的反抗能力也会增强——从原来的难以听从指令，发展为明显的对抗，最后发展到社会性破坏行为。有一部分人甚至会出现反社会行为，使用毒品、犯罪入狱，等等。

ADHD 共病 ODD 的孩子，不仅有更明显的违纪、攻击行为，也可能有更多的焦虑、抑郁情绪。还有研究发现，ADHD 共病 ODD 的孩子的总体智商较单纯 ADHD 的孩子低。他们在负面情绪的调节上也存在明显的困难。

对于单纯诊断对立违抗障碍的学生，我们不主张药物治疗，而是以心理干预为主，以下是几条建议。

- 每天给孩子传递积极的信息，表扬他们的顺从行为，发现他们的优点；鼓励并表扬具体的、希望出现的良好目标行为。
- 冷静且始终如一地应对，设置清晰的规则，提出简短、具体的命令，少用禁止性命令，如将"不许跑"改为"慢慢走"；对不当行为进行一致、冷静的回应；需要强制执行规则时，避免争论和解释，冷静执行。
- 有条件的家庭可以带孩子接受专业的心理咨询，对孩子进行认知行为治疗，帮助其学习如何管理自己的愤怒情绪；如果是 ODD 共病 ADHD，则需要同时进行药物治疗和心理干预——药物主要针对 ADHD 的症状，同时辅助行为治疗，效果会更佳。

五、品行障碍

品行障碍指 18 岁以下的儿童青少年出现的持久性反社会行为、攻击性行为和对立违抗行为。这些异常行为严重违反了相应年龄的社会规范，与正常儿童的调皮和青少年的逆反行为相比更为严重。当品行障碍严重到危害他人生命安全、财产或社会治安，并触犯法律时，通常被称为青少年违法（18 岁以下）。品行障碍的高发年龄为 7~8 岁和青春期，男女比例约为 6∶1。

品行障碍的严重性超出一般的淘气，行为的发生不是由于一时的过失或年幼无知，而是一贯的行为模式。常见的不良行为有说谎、打架、偷窃、伤害别人、虐待动物、破坏财物、纵火、逃学、离家出走、惹是生非、酗酒、赌博、过早的性行为以及其他触犯刑律的行为。

儿童及青少年品行障碍的早期表现包括以下几个方面。

- **学习方面**：读书、写作业不用心，语言表达能力差，逃学旷课。
- **性格方面**：以自我为中心，自私自利，缺乏爱心，不接受他人的意见和建议，人际关系不良，少有同情心和友好感，爱和别人争执，易怒、易激惹，听不进父母、老师的教导，并常常相对抗。
- **行为方面**：多动，调皮捣蛋，常离家出走。

在没有得到矫治的轻型患儿中，如果任由其发展，部分孩子的不良品行会越来越严重，晚期常表现为以下两个方面。

- 与社会不良青少年结伙，开始参与恶性事件，从欺负弱势群体，到故意破坏他人或社会公共财物，打架斗殴，甚至聚众闹事，扰乱社会秩序。
- 从家中拿走贵重物品、偷窃他人财物等。

品行障碍与遗传、身体发育、家庭教育和社会环境等因素有关。有研究认为，有攻击行为的儿童血液中的雄性激素水平偏高，但其具体是否会产生攻击行为取决于自身素质、家庭教育与环境因素的综合影响。具有难抚育气质的儿童和个性不稳定的儿童易产生品行障碍，因此应提前预防和干预。

品行障碍虽然很难治疗，但可以预防，而且预防是关键。应从小就强化社会公德教育，对儿童的行为提出明确的是非标准和要求。对儿童的教养既不能放纵，也不能过分溺爱。对已经存在品行障碍者，应进行综合治疗，包括行为干预、家庭教育、学校教育以及送工读学校进行惩戒教育等方法。但目前暂无有效的药物治疗方法。

六、抽动障碍

在日常生活中，我们经常可以看到一些孩子，他们会反复无目的地甩手、耸肩、眨眼、扭脖子、点头、歪嘴，或肢体反常地摆动，或做重复的动作，有的孩子还不断地咳嗽、清嗓子、发出怪声，甚至会说出一些毫无意义的词语及脏话。当被制止时，这些现象往往会变得更加严重，不去关注他们时反而会减轻。当孩子自己精神紧张时，这些症状也会加重，而开开心心地玩游戏时又会减轻，一般在晚上入睡后基本消失。

其实，这些孩子患有抽动障碍。抽动障碍多数起病于学龄期，以 5~10 岁最多见。学龄儿童中曾有短暂性抽动障碍病史者占 5%~24%，男女患病比例为 3∶1~5∶1。抽动障碍虽然起病于儿童时期，但是许多患者症状迁延，甚至延续至成年期。

抽动障碍是以快速、不自主、突发、重复、非节律性、刻板、单一或多部位肌肉抽动或（和）发声抽动为特点的一种复杂的、慢性神经精神障碍。典型表现有眨眼、耸鼻、摇头、扭颈、吸鼻、清咽等。近年来发病率持续增加，且起病隐匿，病程长。导致抽动障碍的常见因素有以下几个方面。

- **心理因素**：受惊吓，情绪激动，学习负担过重，长期焦虑不安，看惊险刺激的电视，生活中经历不愉快的事件等。
- **家庭因素**：父母关系紧张或离异；父母训斥或打骂孩子，对孩子管教过严；其他不良家庭环境等。
- **躯体疾病**：呼吸道感染、扁桃体炎、鼻炎、咽炎、眼睛结膜炎等局部刺激引发的疾病，特别是链球菌感染可能导致严重抽动的自身免疫性神经精神障碍。
- **行为模仿**：觉得有些孩子眨眼、吸鼻子、清嗓子等行为很有趣，反复模仿而逐渐形成行为习惯。
- **遗传因素**：家族中如有抽动障碍患者，则患此病的概率要比没有者明显增高，故认为与家族遗传有关。

对抽动障碍应该以药物治疗为主，结合心理干预综合治疗。首先要治疗躯体疾病，如小儿沙眼、结膜炎、鼻炎、扁桃体炎等原发病。若患者因心理因素起病，则应积极去除心理因素。对于抽动障碍的治疗原则是，根据严重程度选用不同的治疗策略和方法。对于轻症的病例，尤其是初发的，可以采取暂时观察等待的策略，或只采用心理行为的治疗。而对于抽动症状比较频繁或严重影响了日常生活和学习的病例，通常需要进行药物治疗。

最后给老师和家长几点建议。

- 要知道孩子的症状不是有意为之，千万不可因此责备或惩罚孩子，越是责备，孩子就越紧张，症状就越重。
- 要帮助孩子消除心理困扰，减少焦虑、抑郁情绪，适应现实环境。

- 要给孩子创造宽松愉快的环境，合理安排好孩子的日常生活。
- 要鼓励和引导孩子参加各种感兴趣的游戏和活动以转移其注意力，避免过度兴奋激动和紧张疲劳，可引导孩子参与韵律性的体育活动，适当减轻学习压力和负担，同时尽量不玩电子游戏和观看恐怖电影或电视。

七、进食障碍

进食障碍是一组以进食行为异常为特征的疾病，这类疾病的患者对饮食、体型和体重抱有消极信念，伴随着限制饮食、暴饮暴食、过度运动、呕吐、服用泻药等行为，而且往往情绪低落、不与朋友和家人交流，女孩还会有闭经、感觉冷等症状。

进食障碍在青春期女孩中尤为普遍，但也可能发生在青春期男孩或成年男性身上。进食障碍有着较高的发病率，死亡率也高，而且研究证据表明，许多患者要么无法获得治疗，要么不接受治疗。《中国进食障碍防治指南》强调了对患有进食障碍的儿童和青少年进行早期干预的重要性，并呼吁尽早开始治疗以获得更好的疗效。

神经性厌食症患者的体重通常低于预期，会严格限制饮食和能量的摄取，在体重和体型方面存在体验障碍。神经性贪食症包括暴食伴有以减轻体重为目的的行为（如呕吐或过度运动），然而暴食症（binge eating disorder）包括暴食但没有补偿行为。

针对进食障碍，干预越早，效果就可能越好。如果神经性厌食症患者在前三年内没有得到有效治疗，预后一般都很差。医生应该采取包含几种治疗模式的综合性治疗。家庭应遵循的干预进食障碍的原则包括：加强家庭关系，不给患者施加进食压力，并一起关注令人愉快的活动；不把饮食问题与年轻人画等号，与有进食障碍的孩子一起对抗这一问题；家庭饮食尽可能规律、均衡，避免经常性地称体重及其他形式的身体检查，因为这会增加患者对体重和体型的担忧。具体的治疗如下。

- **神经性厌食症**：以家庭为基础的治疗——"神经性厌食症家庭治疗"是被英国国家健康与临床卓越研究所（NICE）推荐用于儿童和青少年神经性厌食症的一线治疗方法。这种方法强调，父母最初负责再喂养，然后逐渐将责任移交给年轻人。这最好在合作的氛围中进行，并尽量避免指责，通常需要来自临床团队的支持。
- **神经性贪食症**：一项随机对照试验发现，在青少年中，神经性贪食症的家庭治疗比支持性的个体治疗更加有效，这也是 NICE 指南的观点。

多项随机对照试验发现，认知行为疗法对神经性贪食症有效。NICE 建议，在以家庭为基础的治疗不可行或无效时，可使用认知行为疗法。一项随机对照试验表明，认知行为疗法指导下的自我帮助可能比基于家庭的治疗更加有效，而且认知行为疗法的性价比更高。

八、抑郁症

抑郁症的核心症状是情绪低落、兴趣丧失和精力缺乏，除此之外还表现为思维障碍，如思维迟缓、脑子反应慢、语量少、语速慢、语音低、自责自罪、自杀观念、活动减少，严重者可伴有幻觉、妄想等精神病学症状，甚至出现不语、不动等木僵状态，部分患者会出现明显的焦虑，烦躁不安，紧张激越。躯体症状包括体重、食欲、睡眠异常，以及行为活动减少。儿童青少年抑郁易共病，如焦虑障碍、强迫症、物质滥用障碍和破坏性、冲动控制及品行障碍等。

有报道显示，儿童抑郁症的患病率约为 2%，男女比例大致相同；青少年抑郁症的患病率约为 4%~8%，女性患病率明显上升，女性与男性的比例约为 2∶1~3∶1。近年来，青少年人群的自杀风险在逐渐升高，在校中学生的自杀风险筛查阳性率为 25.50%。有自杀行为的青少年中有 90% 以上患有精神疾病。在自杀青少年的精神疾病诊断报告中，有 52% 的人被诊断为抑郁症。

迄今为止，抑郁症的病因仍不明，可能与生物学因素、心理社会因素有关。生物学因素如遗传、神经生化因素、内分泌因素，以及脑结构、功能与代谢的异常等；心理社会因素往往与负性生活事件，如父母不和（离异、婚姻冲突）、亲子关系差、虐待、性和暴力（校园欺凌等）有关。除此之外，性格偏内向、自我评价低、较孤僻、适应能力差、情绪不稳定的人更容易抑郁。

儿童青少年抑郁症的常见表现与成人略有差异，美国儿童和青少年精神病学会（AACAP）研究发现，这些差异包括：

- 自己感觉到（或被他人观察到）抑郁、悲伤、容易哭泣、爱发脾气；
- 从之前喜欢的事物中得到的快乐没之前那么多了；
- 与朋友在一起或参与课外活动的时间比之前少了；
- 食欲和/或体重与之前相比明显不一样了；
- 睡眠比之前明显更多或更少了；
- 容易感到疲劳，或不像之前那样精力充沛了；
- 感觉什么事情都是自己的错，或自己一无是处；
- 比之前更难集中注意力了；
- 对上学不如之前那么上心了，或者在学校的表现不如之前了；
- 有关于自杀的想法或者想死。

儿童青少年抑郁症还常常伴有更多的躯体不适，如频繁头痛或胃痛。深陷抑郁的青少年还可能会通过饮酒或其他有成瘾性的东西，试图让自己感觉好一些。

儿童青少年抑郁症目前有许多有效的治疗手段，需注重个性化治疗方案、抗抑郁药物与心理治疗并重的原则。治疗应考虑抗抑郁药物的安全性，医生、患者与家属三方达成共同致力于患者健康的治疗联盟。

儿童青少年抑郁症是一种常见病，患病率逐年增加，具有反复发作、高自杀风险，以及识别率低、治疗率低的特点，是一个不容忽视的社会问题。抑郁症是可治的，需要早发现、早诊断、早治疗。老师和家长应重视这一问题，及早带孩子到精神专科去诊治。

九、焦虑障碍

美国儿童和青少年精神病学会（AACAP）发布的《儿童青少年焦虑障碍的评估和治疗指南》指出，焦虑障碍是儿童和青少年最常见的精神障碍之一。主要包括广泛性焦虑障碍、惊恐障碍、场所恐惧障碍、社交焦虑障碍、特殊恐惧障碍、分离性焦虑障碍。

广泛性焦虑障碍的特点是对许多日常情况或活动产生过度、无法控制的担忧；惊恐障碍的特征是反复发作的、表现为身体和认知方面的突发性恐慌；场所恐惧障碍的特点是恐惧或担心在出现恐慌或其他尴尬情况时，个人无法逃脱特定场所或处境，或无法在其中获得帮助；社交焦虑障碍的特点是过度恐惧或担心在社交场合被他人负面评价；特殊恐惧障碍的特点是对特定对象或情况过度恐惧或担忧；分离性焦虑障碍的特点是与主要看护者或主要依恋对象分离时产生相关不适，过度担忧或痛苦。

全世界有近7%的年轻人患有焦虑症。在13~18岁的青少年中，特殊恐惧障碍的终生患病率约为20%，社交焦虑障碍为9%，分离性焦虑障碍为8%，场所恐惧障碍、惊恐障碍和广泛性焦虑障碍各为2%。

那么，儿童和青少年到底为什么会患上焦虑障碍呢？原因有以下几个方面。

（一）自身原因

儿童和青少年对世界、环境、生活等各方面的认识较浅，而且在生活、心理上比较依赖父母，因此，早期的非安全依恋关系可以预测儿童晚期和青少年期的焦虑症状。同时，儿童自身的气质类型（如抑郁质）也会导致其在面对不熟悉和具有挑战性的目标、人和情景时产生行为抑制，言行十分拘谨，长此以往就会导致焦虑障碍的产生。

（二）环境因素

当身处陌生的环境时，人们通常会缺少安全感，表现为害羞或胆怯，这种现象在部分儿童青少年身上会进一步放大，除了表现为明显的害怕和恐惧，他们还可能会对环境突变产生抵触心理，进而产生过激反应。如果这种负面情绪长期得不到调节，就容易使其产生较大的心理压力，最终演变成焦虑障碍。

（三）家庭因素

在探讨焦虑的成因时，家庭是不可忽视的因素之一。研究表明，不良的家庭氛围或者家庭教育不当都会诱发孩子患上焦虑障碍。此外，我国多数家庭中的长辈们都有"望子成龙"的心理，只注重孩子的智力发展，忽视了其心理发展，从而使儿童的心理压力无法得到正确排解，增加了焦虑障碍产生的可能性。

关于儿童青少年焦虑障碍的治疗，《儿童青少年焦虑障碍的评估和治疗指南》推荐认知行为疗法和选择性5-羟色胺再摄取抑制剂（SSRIs）作为儿童青少年焦虑障碍安全有效的短期疗法，5-羟色胺去甲肾上腺素再摄取抑制剂（SNRIs）药物作为另一种治疗选择也具有一定的证据支持。

十、强迫症

强迫症是以强迫思维、强迫冲动或强迫行为等强迫症状为主要表现的一种神经症。患者深知这些思维、行为不合理、不必要，但却无法控制或摆脱，因而焦虑和痛苦。

世界卫生组织（WHO）所做的全球疾病调查发现，强迫症已成为15~44岁人群中造成疾病负担最重的20种疾病之一。国外有报道指出，儿童强迫症的患病率为0.25%~4.00%。发病年龄多在9~12岁，10%起病于7岁以前。在儿童期，强迫行为多于强迫思维，年龄越小，这种倾向越明显。儿童患者智力大多正常，常表现出敏感、害羞、谨慎、办事刻板、力求完美等个性特征。

（一）强迫症的表现

我们正常人有时候也会想：我到底锁门了没有？水龙头有没有关上？但是想想这些并不是强迫症。要判断一个人是不是患了强迫症，根据《精神障碍诊断与统计手册（第五版）》（DSM-V）的规定，需要看其症状是否满足以下条件。

- **时间条件**：必须在连续两周中的大多数日子里存在强迫思维或强迫行为，或两者并存。这些症状引起痛苦或妨碍活动。
- **症状特征**：（1）必须被看作患者自己的思维或冲动；（2）必须至少有一种思想或动作仍在被患者徒劳地加以抵制，即使患者不再对其他症状加以抵制；（3）实施动作的想法本身应该是令人不愉快的（单纯为缓解紧张或焦虑，不视为这种意义上的不愉快）；（4）想法、冲动、行为必须是令人不快且一再出现的。

由于儿童精神疾病的复杂性，许多孤独症谱系障碍的重复刻板行为、抽动障碍的重复和强迫行为是常见的共病现象，应注意仔细分析和识别。

（二）强迫症的治疗

强迫症的病因复杂，与神经递质如血清素和多巴胺不平衡有关，也跟遗传、环境及个体的生理、心理状况等因素有关。一般而言，强迫症属于慢性疾病。虽然有三分之一的个体症状会完全消失，但是大部分个体的症状会起起伏伏，而症状恶化常与生活压力相关，所以要有长期抗战的心理准备。

认知行为治疗与药物治疗是强迫症的首选治疗方法。在药物治疗部分，抗抑郁剂等能够影响血清素水平的药物为首选药物，有时也需要并用抗精神病药或抗焦虑剂。此外，研究显示，行为治疗中的暴露及不反应法是有效治疗强迫症的心理疗法。

暴露及不反应法的具体操作为：首先让患者接触引发症状的东西或情景，如污秽对象、需重复检查的对象等；其次用各种方法防止患者做出清洁、检查等重复性行为。过程中需辅以放松技巧的训练，并给予患者解释、安慰、鼓励等。如果强迫思维不绝于脑海，可采用思考暂停法或思想转移法治疗，即一旦思维不能自控，就以其他事情来代替以阻止。

第6章

心理教师常用的会谈技术

王文娟

在学校的心理教育工作中，不论是心理教师，还是其他学科教师，要想更好地与学生建立信任、畅通的关系，都需要掌握最基本的心理会谈技术，本章将从听、看、说、问四个方面来介绍这些技术。

一、专注地听

（一）专注

对咨询师而言，专注的目的是告诉来访者自己正在注意他们，并鼓励他们更加开放地谈论自己的想法和感受。专注为其他所有干预的实施奠基了基础。当咨询师专注于来访者时，来访者会感觉到自己是有价值的，值得被倾听。

专注更多的是通过非言语行为来表达，比如身体倾向于来访者。心理教师在和学生交流时，可以在坐下来之后，身体稍微前倾，以示对学生接下来要说的内容感兴趣，并做好了专注的准备。

（二）倾听及倾听四要素

很多人会问："听，还需要专门作为一项技术来学习吗？我们每个人不是每天都在听别人讲话，早就再熟悉不过了。"其实我们在生活或者工作中，也常常会发现，很多时候我们是在听，可是听的效果和对方想要传达给我们的信息却是千差万别的，甚至说，我们常常只能听到我们想听到的，而自然过滤掉了别人本身传达出来的信息，这就是有选择地听。还有一种情况也比较常见，就是当别人说话时，我们全盘接受，头点得像啄米的小鸡，自以为已经明白了对方的意思，但当听完之后自己总结或者概括时，和别人表达的原意却相去甚远。这有可能是因为在听的过程中理解力不足，也有可能是缺乏自我觉察，习惯以自我经验为中心，先入为主地按照自己的意愿去理解别人的意思。比如，当老师听到某个同学游戏玩得非常好，就会很自然地说："一听就不是什么好学生，整天沉迷游戏，肯定学习不咋样。"在这个过程中，我们发现这位老师所说的"沉迷游戏，学习不咋样"就是来自她在听的过程中的"脑补"。

当我们能觉察到自己在倾听中可能走入的误区后，就可以有意识地运用一些技巧来规避这些错误。对此，我们要遵循倾听的四个要素：逻辑、情绪、需求、目标。

1. 逻辑

有效倾听的第一步就是要听明白对方的陈述逻辑。当一个人处于愤怒、恐慌、紧张等浓度高、强烈的情绪中时，他的表述往往可能是混乱、重复和零碎的，我们需要先厘清他想要表达的内容。尤其当学生情绪激动的时候，描述事情的语言经常是不连贯、混乱的，这不是语言能力的问题，而是内在思维混乱的体现。所以要听明白对方表达的是什么，就要关注他说话的细节，并及时核对，以防自己出现误解。同时，在倾听中要保持中立、开放的立场，放下自己的身份、观念、心事、目的，全身心投入倾听，但也要注意，放下自己不等于丢掉自己，除了跟随对方的逻辑外，也要保留自己的觉察和想法，但不能急于将自己的观点抛给对方，倾听只是沟通的第一步。

下面是一个咨询中的例子。

（小燕是班长，同学们向班主任投诉小燕不好相处，经常乱发脾气。而小莉也被小燕训斥，感觉很委屈，前来咨询。）

小莉：我觉得她就是针对我。那件事明明不是我做的，她一口咬定是我，还当着那些人的面说我，我很冤枉。搞得现在所有人都不理我。

咨询师：听起来是她先冤枉你，其他人才不理你，原本你跟大家的关系还是可以的。是这样吗？

小莉：哼，没有，我跟她们一向合不来，我不爱搭理她们那种人。

咨询师：那小燕呢？在她冤枉你之前，你跟她相处得如何？你是因为被她冤枉，才跟她闹翻的吗？

小莉：我跟她不熟，谈不上相处，要不是她针对我、冤枉我，我才懒得理她。

咨询师：你说她在那些人面前冤枉你，具体是谁？你知道她们具体是怎么沟通的吗？

小莉：我没有听到她们具体怎么沟通，但你自己去看看她们的表情，猜都能猜到她们在说我的不好。

在听的过程中，要首先抓住来访者提到的关键词"冤枉"而中立地听，并对事实进一步核实。

2. 情绪

强烈的情绪比语言表达的内容更加真实和鲜活。我们在学校中常常发现，很少有学生会口头表达自己的情绪，有时候他们自己也分不清什么是想法，什么是情绪感受。比如在与别人争吵时，他们经常会说："我对他这么好，他怎么可以这样对我？"从这句话中，我们能够听到隐含的愤怒、失望或者委屈。因此，我们在倾听来访者时要保持一种敏感性：对方说出这句话，是在传达什么样的情绪？在这些情绪当中，哪个是更急需处理的？当我们听到这些情绪时，可以把自己的感受反馈给来访者，这样他就会产生一种感受——这个人很理解我、很懂我，他在认真倾听我的感受，从而更愿意信任咨询师，并表达自己真实的感受和想法。

下面是一个咨询中的例子。

（莉莉是一名初三女生，最近愁眉苦脸、茶饭不思，有点犹豫地走进了咨询室。）

咨询师：我看到你情绪不大好，是遇到什么困难了吗？

莉莉：其实也没有什么大事……

咨询师：所以确实有一些让你心烦的事情，可以跟我说一下吗？

莉莉：（犹豫）我不知道跟您说了之后会怎么样，我不想让别人知道。但是我可能确实需要一些建议。

咨询师：谢谢你对我的信任。我能感受到你的犹豫和担忧，如果你希望我为你保密，我会尊重你的要求。

莉莉：嗯，其实……其实我谈恋爱了。我知道现在学习任务很重，我不该分心，可是我还是答应了那个男生，我不知道要不要继续和他在一起？

咨询师：听起来你处于一种慌乱、无助的状态。我可以为你做点什么吗？

莉莉：我也不知道，我很担心因为谈恋爱而耽误了中考，可是我又不舍得放弃。我该怎么办啊？

在这个过程中，正是咨询师把倾听的重点放在来访者的情绪上并表达了保密原则，才使得来访者愿意进一步表达。

3. 需求

听明白对方在说什么、对方以怎样的情绪叙述，我们的倾听能力就离"深度倾听"更进了一步。同时，我们还需要听出对方话语中隐含的需要是什么。听懂学生的需求，才能厘清其情绪的来源，从而更好地处理他们情绪背后的需求。

下面是一个咨询中的例子。

（小敏因为父母常常吵架导致人际回避，学习成绩下降。学校咨询师邀请家长和小敏一起来到了咨询室。小敏的妈妈是一位家庭主妇，有两个孩子，小敏是她的大女儿。小敏的妈妈对于丈夫不做家务一事颇有怨言。）

咨询师：小敏妈妈，你愿意说说你和小敏爸爸之间的关系吗？

小敏妈妈：唉，以后我女儿找老公，千万不要找她爸爸那样的。

咨询师：听起来你对小敏爸爸有一些不满。

小敏妈妈：可不是吗？他一回到家就跷起二郎腿看电视，家务活全都是我干的，做饭、洗碗、拖地、洗衣服，从早忙到晚。他可倒好，让他干点活就说自己上班有多累，我平时带孩子做家务就不累？真是把我气死了。

咨询师：（试探地）那你和小敏爸爸谈过这个问题吗？

小敏妈妈：没有，我跟他没办法交流。一说他，他就说我不体谅他，那谁来体谅我啊？

咨询师：你希望小敏爸爸可以理解和肯定你在家里的付出，希望他在家里也能帮你做一些家务，是这样吗？

小敏妈妈：是啊。他现在的态度就好像我是靠他养的，吃他的、穿他的，理应事事听他的，做一个尽心尽责的好保姆。他对家庭的贡献是贡献，我对家庭的付出就不是付出了？我的意见就不重要了，跟不上时代了？要不是当时商量好了，我在家里照顾小敏和她弟弟，我继续上班，混得也不比她爸爸差。

咨询师：嗯嗯，小敏爸爸现在的态度让你不满，你希望他承认你的能力，尊重你的意见和观点。

小敏妈妈：是的，至少在孩子面前不要总说我没见识。

以上的场景似乎在家庭中很常见，很多时候我们会以为，发出这类抱怨的母亲，她们的需求是希望有人可以帮她们分担家务，减少她们的工作量。但当孩子和丈夫真的开始帮忙做家务时，她们又常常插手打断，指责挑剔大家"帮倒忙""还不如不做"。看起来自相矛盾的言行，是因为她们真正的需求不是放松，而是被关注、被肯定、被赞扬、被尊重。这位母亲认为自己为家庭做出的牺牲和贡献没有被看到、被赞扬；相反，丈夫还因此而看轻她，所以她有很深的怨念。如果咨询师没有理解到这一点，可能会以为帮她把家务做了就可以解决她的烦恼，那这位母亲心里的愤怒、委屈就难以找到释放的渠道了。那么，怎么分辨抱怨的背后到底是希望得到帮助，还是得到肯定呢？我们可以多留心听听在这位母亲的表述中，关注点是放在"疲惫感"还是"失落感"上，情绪基调是"焦虑"还是"委屈"。我们要时常记住，抱怨的背后是未被满足的需求。有期待才会有失望，失望带来挫折感、无力感，于是衍生出各种不满、愤怒、指责、抱怨。但我们不要被这种种负面情绪吓跑，它们的存在不是为了伤害和报复，而是为了提醒我们，找出那个未被满足的需求。

4. 目标

为什么我们在听懂需求之外，还需要听懂目标呢？因为有时候学生来咨询时，过于沉浸在负面的抱怨、哭诉中，不能正向思考，他们的需要被反复提及，而目标则夹杂在对情绪和需要的表述中，被轻轻带过。所以我们也要善于听到这些没有被明确表达或没有被学生厘清的目标。

有时，区分一个人是在表达自己的目标还是在表达自己的需要并不容易，尤其是我们面对的还是正在成长中的青少年，他们有时对于自己到底想要什么也不是很清晰，这就更需要我们通过有效的倾听来帮助他们去厘清自己表达的是什么。

下面是一个咨询中的例子。

（小琳在一次偶然中听到同学说，自己的好朋友优优和自己喜欢的男生小泽"在一起"了。）

小琳：（哭）我该怎么办？（几次深呼吸）他们俩居然在一起了，我亲耳听别人说的。之前我暗恋小泽，还和她（优优）分享我所有的心事，没想到他们居然会在一起。我觉得我现在浑身都在发抖，就像突然掉进了冰冷的深渊一样。优优怎么可以这样呢？我那么相信她！

咨询师：这种被欺骗、被背叛的感觉一定特别难受。

小琳：我要到她的宿舍去闹。我要让她的舍友、同学们都看清楚她的真面目。

咨询师：你这样做希望得到什么结果？对于你们的友谊、你喜欢的人，你有什么想法？

小琳：（迷茫）我没想过……这段友谊肯定是没办法维持下去了。我希望至少能离她远一点。

咨询师：所以你希望跟她断绝来往，并希望你的生活能更好一点，是这样吗？

小琳：是的，所以我不仅要远离她，还要学会今后怎么去和别人有保留地分享，保护自己，避免再次受到伤害。

如果说需求指向情绪的来源，那么目标则指向未来的行动策略。比如当一个学生哭着和你说："老师，他们不和我玩，是不是我做得不好？"我们首先看到的就是这个学生的感受：委屈、自责和否定。那她来求助的需要可能就是希望自己的情绪被看见，以及希望老师告诉自己，不是因为自己不好，获得老师的支持和肯定。另外，她可能也希望老师能帮助自己改善人际交往状态，这可能是被情绪掩盖的目标。

以上四个倾听的要素可以帮助我们首先学会不带预设地、充分尊重地倾听每一位前来咨询的学生，其次听出他们的诉说背后隐藏了什么未被满足的需要，以及什么样的情绪。看到这些并及时给予回应，让学生感受到被理解、被尊重，才能帮助他们真正从情绪宣泄到需要表达，再到走出非理性的行为模式，重新考虑行动的方向。

二、观察并运用非言语行为

（一）观察

观察，即根据非言语行为来了解来访者当前的情况。与倾听不同，观察更聚焦于发现来访者的行为线索。观察对于留意来访者的负性反应、矛盾心理、难以表达的情绪、分心或走神的次数等都是尤为重要的。

当然，大多数时候，观察和倾听、专注技术有重叠的部分，这里着重讲通过观察发现来访者行为上的线索，从而给予恰当、及时的反馈。

（二）非言语行为

有研究表明，非言语行为比言语行为在情感交流中发挥的作用更重要。接下来我们将着重了解几种在咨询中比较重要的非言语行为。这些行为既能使咨询师更专注于来访者，又是咨询师在倾听和观察来访者的过程中能够意识到的重要事件。

1. 目光接触

目光接触是一种重要的非言语行为。注视和目光转移往往起到发起、维持或回避交流的作用。人们常说"眼睛是心灵的窗户"，恰当的目光接触会让谈话持续进行甚至更加深入；相反，避免注视或中断目光接触经常是焦虑、不舒服或不想再同别人交流的信号。有时候，学生和咨询师在沟通中过少的目光接触也表明此时会谈的内容可能学生并不是很想谈论或者不感兴趣。

2. 面部表情

面部表情和肢体动作的发展，无论根源是什么，对于我们的幸福都十分重要。它们是母婴之间最初的交流方式。面部可能是做出非言语交流最多的部分，因为人们可以通过他们的面部表情表达很多的情绪和信息。我们会对常见的面部表情有一些普遍意义的理解。比如：

- 皱眉可能表示不高兴或者困惑；
- 眼睛斜视可能是在表达敌意与不屑；
- 向上转眼睛可能是在表达不信任或者愤怒；
- 双眉同时上扬可能代表疑惑或疑问。

当然，这些表情传达的意思并不完全是这样，最好是当学校咨询师在咨询中观察到这些表情时，及时询问并与学生讨论，以便更精准地理解学生。当咨询师自己在咨询中有这些表情时，也可以及时进行自我觉察：是咨询中发生了什么或学生的哪句话引发了自己的表情。这个过程也能促进咨询师的自我成长。害怕和愤怒多是通过眼睛来表达，而快乐多是通过嘴巴来表达。

3. 点头

在倾听学生的过程中，恰当地点头，特别是在一句话结束时，可以让学生感受到咨询师正在倾听并且跟随他所说的话。当学生大段大段地倾诉时，言语回应有时是不必要的，咨询师跟随学生断句，有停顿地点头向学生传达"我此时正和你在一起"，就会让学生更愿意讲下去。

4. 身体姿势

最推荐给咨询师的身体姿势就是在谈话中身体向学生倾斜，并且保持胳膊和腿都不交叉的开放的姿势。这种前倾、开放的身体姿势能够有效传达咨询师正专注于咨询中，但是长久保持这个姿势会感到僵硬和不适，也会影响咨询师专心与学生会谈，可以在感到不适时稍做调整，以保证把尽可能的关注都给予学生。

5. 肢体运动

肢体运动可以提供给我们从言语和面部表情中不能获得的信息。正如弗洛伊德曾经说的："只要一个人用眼睛去看，用耳朵去听，他就会确信，没有哪个凡人能保守住秘密。即使他的嘴唇是沉默的，他的指尖也会喋喋不休地交谈，甚至每一个毛孔都会背叛他，并泄露他的秘密。"同时有研究表明，腿和脚的动作是非言语泄露的最可能来源，因为它们很少受制于有意识的觉察和抑制。手和面部表情是非言语泄露的第二来源。以下是一些姿势的可能意义，供学校咨询师在咨询中觉察自己的情感变化和了解学生的心理变化。

- 把手做成尖塔状显示这个人感觉有信心、得意或傲慢。
- 碰触或摩擦鼻子倾向于表达一种负性反应。
- 把手放在嘴上经常发生在当一个人脱口而出某些不该说的话时。
- 摇晃手指或是指指点点意味着训斥或指责。
- 捏鼻梁暗示一个人正陷入深思。
- 两手抱着或是腿交叉可能是一个防御或批评的姿势。
- 紧握拳头有时是一种防卫或敌对的姿态。
- 用手捂住眼睛可能是一种回避的姿态。
- 向后靠向椅子并把双手放到头后可能传达了一种信心或优越感。

6. 语音语调

想想当某个人用温柔、和蔼、邀请式的声调与你讲话时，你的感觉怎样；再想想一个人用大声、无礼、命令的口吻时，你的感觉又会怎样。你也许会对第一个人，而不是后者，更加开放自己。同样，在咨询过程中，当咨询师轻柔地、温和地而不是大声地、命令似地说话时，学生更愿意去探索自己。

此外，咨询师需要在一定的范围内配合学生的语速。当学生语速慢时，咨询师也要放慢说话的速度；相反，学生讲话快时，咨询师也可加快语速。然而，如果学生说话很急切，速度过快，咨询师就要使用慢一点的语速来鼓励学生也放慢节奏。比如当咨询师听到学生滔滔不绝、上气不接下气地讲话时，可以在他有短停顿时对他说："我听到你此时说话的声音非常急促，好像你很着急地想要说一些什么，你可以尝试深呼吸几下，慢慢说，我在听你说。"

7. 空间距离

霍尔把人们交往的空间划分为四种距离：亲密距离（约15厘米）、个人距离（约46~76厘米）、社交距离（约1.2~3.7米）、公共距离（约3.7米以上）。如果这种距离规则没有被遵守的话，人们就会觉得很不舒服，尽管他们可能经常觉察不到是什么使他们不安。霍尔注意到，人们一旦习得这种空间模式，就会下意识地去执行。一般来说，尽管个人感觉舒适的距离是千差万别的，但从个人到社交的距离，也就是大概46厘米到1.2米的距离，这适合于咨访关系中座位的安排。把两个座位挨在一起，或者离得太远都会影响咨询中的交流，而且两个座位最好呈45度角，更适合交流。有时，一些团体或者沙盘咨询室中会有多张椅子，以便学生自己选择要坐在哪里。学生选择坐在哪里（例如，太近或太远），本身就提供了信息，咨询师可以用来推测学生的需要，也可以在咨询中和学生讨论这一现象。

8. 沉默

沉默就是当咨询师和来访者都不说话时的停顿。沉默可能发生在来访者陈述之后、之中，或简单地表示接纳咨询师的陈述之后。举例来说，在学校咨询中，在来访者说了诸如"我只是感觉很混乱并且很生气，但是我不知道要怎么说"之后，咨询师可以停顿下来，让来访者有时间对这些情感进行处理，并看看来访者是否还有其他话要说。如果来访者停下来显然是在处理情感，咨询师要保持沉默以便不让来访者的思考被打断。如果来访者对咨询师说的话反应很少，那咨询师可以沉默地看着对方，看其是否还有其他话想说。需要注意的是，什么也不说并不意味着什么都没做。咨询师如果是专心的、支持的，就可以听的时候什么都不说。事实上，很多时候咨询师做的最有用的事情就是不说什么。

尤其是对于新手咨询师，我很推荐使用短暂的沉默。因为这会给他们一个机会去倾听来访者，而不需要非得做出即刻的反应。当来访者停顿时，咨询师就可以开始思考说些什么来回应之前听到的内容（同时一直保持对来访者的专注）。通常，新手咨询师会很惊讶地发现来访者会一直说，似乎表明他们只需要被允许讲话、被听到就够了，因为可能在他们的家庭环境中，很少被这样允许、被关注过。

同时，沉默也可以用来传递共情、温暖、尊重，并给予来访者时间和空间来说话。沉默也可以让来访者在不被打扰的情况下有机会来反省或思考他们想说的话。一些来访者会停顿很长时间，因为他们思考的速度很慢但是很透彻。"此时无声胜有声"，此时的沉默能够为来访者提供思考的空间，而且不会为非得说些什么而感到压力。温暖的、共情式的沉默可以给来访者时间来表达他们的情感。通过给予来访者空间，咨询师可以鼓励他们表达那些可能转瞬即逝的感受。沉默会带给来访者一种感觉：咨询师是有耐心的、不急切的，有足够的时间来听自己想说的任何东西，全身心地与自己在一起。一些实证研究也表明，当咨询师延缓说话时来访者会说得更多。

当然，沉默也可以用来挑战。在这一用途里，咨询师用沉默告诉来访者，要不要说话是来访者自己的事情。咨询师不急于讲话，也不去照顾来访者，而是等待并鼓励来访者去说些什么。沉默被精神分析治疗师在长期治疗中用于鼓励自由联想（即谈谈进入你脑海中的任何东西）。在自由联想的过程中，沉默可用于增加来访者的焦虑，因为来访者不知道咨询师想要什么，有何感受。正如感觉剥夺实验，沉默有时能增加不适感，从而迫使来访者依赖自己的内在资源，去检视自己的想法。

这种挑战性的沉默对来访者可能是有帮助的，但是需要建立在良好的工作同盟基础上，如果来访者不相信咨询师，或者来访者不了解沉默的目的，沉默也会有潜在的破坏性。沉默可能会威胁到那些感到孤立、与咨询师失去联结的来访者，或那些不知道如何表达自己的来访者。所以咨询师必须去评估在沉默时，来访者身上正在发生什么，并决定是继续沉默还是打破这种沉默。

有时，咨询师会因为自己焦虑、生气、烦闷或者是走神而沉默。许多新手咨询师对沉默感觉很不舒服。他们不知道该怎样去做，并且十分关心来访者是怎么看待他们的。这时，咨询师可以深呼吸，然后放松，思考一下来访者以及来访者可能正在经历的内在体验，与其建立内在联结，而不是把关注点指向自己。如果沉默持续时间过长（超过 1 分钟），或者来访者明显感到不适，咨询师就可以主动打破沉默，并询问来访者的感受。

下面是一个咨询中运用沉默的例子。

来访者：我养的狗刚死了，我真的非常心烦意乱，我很小的时候它就陪着我了。

咨询师：（沉默了 1 分钟），你现在感觉怎么样？

来访者：我只是在回忆我是怎么得到这只狗的。我当时恳求父母让我养一只狗。我说我会很好地照顾它。当然刚开始的时候，我做得并不好，但是后来我确实做得不错。它很勇敢、很聪明，我们曾经一块儿探险。我什么话都跟它说。

咨询师又沉默了 30 秒。

来访者：小皮帮助我从我父母离婚的阴影中走出来。我觉得它是我唯一的依靠。我好像失去了我最好的朋友——我们一起经历了那么多痛苦。当我上中学要住校，不能带它一起走时，我觉得可怕极了。它看起来也很悲伤，我甚至都没有与它道别。

三、共情地说

当我们一边全心全意地听来访者在讲什么时，来访者也期待着咨询师可以做出一些反馈和回应，这些也是他们特别在意以及决定着他们接下来要不要和咨询师进行更深入交流的关键。这就考验咨询师如何才能"共情地说"。那怎样做才是"共情地说"呢？就是使用倾听技术完整理解来访者表达的内容、情绪和需求，把这份理解用有内容、有参与、有力量、有余地的语言反馈给来访者，让其感受到咨询师的真诚关注，并帮助他从这份反馈中获得重新认识自己的角度。接下来，我主要分享两个常用的表达共情的技术。

（一）情感反映

情感反映是咨询师以陈述的方式清楚地指出来访者的情绪感受。这些情感可能是来访者曾经说过的（使用相同或相近的词），或是咨询师从来访者的非言语信息或表达的内容信息中推论到的。情感反映的表达可以是试探性的（例如，"我想知道你是不是感到愤怒"），也可以是较直接的（例如，"听起来你似乎很生气"）。强调的重点可以只是情感（例如，"你感到烦恼"），也可以同时强调情感及其产生的原因（例如，"你感到烦恼，因为你的老师没有注意到你做了那么多工作"）。

咨询师通过情感反映帮助来访者识别、澄清，并且更深入地体验情感。情感反映鼓励来访者沉浸于他们的内部体验。然而，除了给情感命名，咨询师还要重视协助来访者体验当下的情感（即体验比解释重要）。情感反映的另一个用意是鼓励情感宣泄。当情感不再受阻而变得开始流动，来访者也开始接纳这些情感时，情感才会得以宣泄。

下面是一个咨询中运用情感反映的例子。

来访者：上周我旷课了，因为上课前我接到电话，说我父亲发生了严重的车祸。一个卡车司机开车时睡着了，车子直接冲向我父亲，导致六辆车撞在一起。真是可怕！

咨询师：听起来你很难过。

来访者：是的，在去医院的路上，我一直担心他的状况。最糟糕的是他最近祸不单行，他和我妈妈最近在闹离婚，他似乎要失去一切。

咨询师：你很担忧，因为最近发生了一连串不好的事。

来访者：是的，我不知道能为他做点什么。我试着陪伴他，但他看起来也不怎么在意。

咨询师：他没有理会你，让你觉得很受伤。

来访者：是的，我总是在取悦他。我始终觉得我怎么做都没法使他高兴。我想他比较喜欢的人是我哥哥。我哥哥是一个很好的运动员，而且喜欢和他一起打球。我父亲从来不看重我做的事情，我不知道他是不是不喜欢我。

咨询师：哦，那真的让人难受，我想你是不是也感到很生气？

来访者：是，没错。我到底怎么了，让他不喜欢我？我认为我是一个很不错的人……（来访者继续探索）

有时，我们也会遇到一些听起来和我们的价值观不太相符的事情，但是每一种情绪都是真实而值得的，即使你不认同它的事实基础，也可以去尝试接纳情绪本身，这种接纳才是化解情绪的关键。比如，学生小A违反学校规定，买了游戏机送给自己同班的好朋友小 B，结果老师发现后狠狠地批评了小 A，小 A 情绪很激动，哭得上气不接下气。可能咨询师就会觉得小 A 犯了错就应该受批评，对其这么强烈的情绪反应感到不理解，但其实这时候恰恰需要先看到情绪本身，接纳小 A 此时的情绪，给他一点时间来表达自己的情绪，情绪化解后再来谈论这个事情，可能会更加顺畅。

（二）情感表露

情感表露是指咨询师呈现他们在与来访者相似的情景下的感受或情感。表露的内容可以是咨询师自己真实的体验（例如，"在当时那种状况下，我感觉很紧张"），也可以是假设（例如"如果我处在那种状况下，我会感觉很紧张"），还可以是咨询师听到来访者所说的话时自己的感受（例如，"听到你刚才讲的那些，我感到很紧张"）。

情感表露可以用于为来访者示范可能体验的感受（例如，"当我第一次站上讲台演讲时，想到下面那么多人看着我，就觉得害怕"）。情感表露能激发来访者认识并表达他们的感受。实际上，情感表露和情感反映技术的意图及结果是相似的。情感表露对害怕体验某些情感的来访者来说是有帮助的，特别是对那些羞愧和尴尬的情感。

情感表露的另一个目标是让来访者觉得自己是正常的，因为他们可以了解到其他人也有着与他们类似的情感。我们大多数人都会觉得只有自己才感觉渺小、空虚、虚假或忧郁。听到他人也有着相似的感觉，确实是一个很大的解脱。欧文·亚隆曾指出，在治疗中，"普遍性"（例如，感到其他人有相同的感受）是一个治疗因子。对咨询师而言，情感表露是避免把自己的感受强加给来访者的一种很好的方式。咨询师不是说"你感到……"，而是说"在过去，我觉得……我想你是否有同样的感受"，充分尊重来访者的感受，承认自己的投射。在进行情感表露后，咨询师应将焦点转回来访者身上。例如，可以在情感表露之后接着说："我想知道你的感受是什么。"

下面是一个咨询中运用情感表露的例子。

来访者：你是怎么成为一名心理咨询师的？

咨询师：我正在通过实践学习成为一名助人者。我还要接受很多年的训练才能成为一名合格的心理咨询师。也许你想了解我的专业资质？

来访者：我只是想知道你是否能帮得了我。

咨询师：我可以理解你的这种担心。记得第一次做咨询师时，我也觉得很紧张。

来访者：我有些紧张。这是我第一次与别人谈我的问题。和别人说这些，总会让我觉得自己很软弱。我父亲过去常说只有心理有病的人才看心理医生。

咨询师：这样说会让我很生气。

来访者：我也很生气。我父亲很少谈他的问题，而我确实需要一个机会谈谈我的家庭，我们家简直是一团糟，我想我也是。

咨询师此时需要运用其他技术（如情感反映和重述等）来帮助来访者探索自己更多关于家庭的情感。

（三）共情反馈的层级

共情，也称为神入、同理心，又译作同感、投情等。这是一个由人本主义创始人罗杰斯所阐述的概念，但却越来越多地出现在现代精神分析学者的著作中。共情和同情不同，同情是对某人表达同情和关心，而共情是和某人一起感受，或者说是亲身去体验某人的感受。

反馈贯穿于整个倾听过程。我们在咨询过程中，经常是听完来访者的一段叙述后，表达我们的理解。很多时候，我们会一边听，一边不断地用眼神、姿势等非言语行为给予一些反馈，而来访者也会在表述中出现一些眼神示意、突然的空白等邀请我们提供反馈。当他们说着说着身体前倾、眼神对视时，就可能是在等待我们的反馈，并且是一种正式的反馈；而当他们说着说着就身体后仰，回避对视或者增加手部动作时，说明他们可能不希望被打断，这时候用"嗯""哦""是吗""对哦"等非正式反馈让其感受到我们在听就可以了。

但是正式的反馈就需要我们深入理解来访者刚才叙述的内容，并表现出对他们的感受及其程度的准确体验。按照共情的深入、准确程度，我们可以把共情反馈分为五个层级，如表6-1所示。

表6-1　　　　　　　　　　共情反馈的五个层级

共情层级	共情程度	反馈时"说"的状态
一级共情	完全没有理解	反馈中没有体现对方说话的内容，也没有说出对方的感受，完全感受不到理解

续前表

共情层级	共情程度	反馈时"说"的状态
二级共情	部分理解	反馈中只是抓住了对方说的部分事实，鹦鹉学舌地简单重复，没有抓住核心感受，让人感觉理解程度较低
三级共情	完整理解	反馈中完整复述了对方所说的内容，也准确理解了来访者的感受，说出了对方当下的情绪状态，让人感觉被听到、被理解
四级共情	深入理解其潜在的情感感受	反馈中不仅说出了对方已经表达出来的内容，还超出当下准确说出对方尚未表达或者无法表达的"字面之外"的感受，让对方感受到不必言说的默契
五级共情	人性的相遇	反馈中不局限于此时此地此事件的对话，而是关注来访者整体的生存状态和心灵体验，对他的理解比他自己还要深刻、精准，让对方感觉心灵相通、惺惺相惜

四、有效地问

在和来访者的沟通中，提问是无法避免的一个环节。如果"听""看""说"的过程更多关注的是处理情绪，相对而言，那"问"的过程就更多的是在感性体验基础上，理性地引导来访者领悟。

（一）开放式提问

在沟通中常见的提问方式可以分成封闭式提问和开放式提问。封闭式提问通常包含"会不会""是不是""有没有""对不对"这样的关键词，相应地，它的回答通常以"会""不是"之类的简单答案为主。这种提问方式通常用来收集资料、澄清事实，或者当来访者的陈述杂乱空泛时，用于缩小话题范围，将讨论聚焦于重点事件、重点信息。封闭式提问可以帮助我们快速获取需要的信息，但是在心理咨询中，我们不鼓励过多使用封闭式提问。因为在这种提问方式下，来访者只能被动回答，而不能主动表达信息。要打开来访者的话匣子，我们应该鼓励他们自由、自主、积极地表达自己的想法和情绪。如果对话中咨询师一直采用封闭式提问，来访者可能会产生一种被"审问"的感觉，进而压抑表达的欲望，这对咨询的进展是不利的。

开放式提问通常包含"什么""怎样""如何"等关键词，相应地，这类问题的回应通常是开放式的，即答案是难以被预设的，来访者可以自由地谈论自己的情况、想法、情绪等。开放式提问能鼓励来访者充分表达自己，使交谈进行得更加顺畅、深入。

需要说明的是，"问"常常与"听"和"说"融合在一起，不同的技巧并没有必然的先后次序，而是在沟通过程中不断交互融合、循环反复。

（二）澄清

澄清就是对不清楚、含糊的地方发问，从而获得更加精准的信息。澄清是确保有效倾听的重要方法，是将"听"与"说"串联起来的必要手段。在倾听中，最忌讳的是，对于没有听清楚的地方不去追问或核实，而是"脑补"空缺信息，最终难免导致歪曲或误解。

在澄清时，可以使用核对性的封闭式提问，也可以使用开放式提问。例如，"你所说的×××具体想表达什么意思？可以多说一些/举个例子吗？""你所说的×××是你亲眼看到的，还是猜测的？"尤其当情绪激动的来访者大量地使用"所有人都不喜欢我""我一无是处""生活一点希望都没有了"等极端化的描述时，我们应多使用澄清技术，如"具体是谁不喜欢你""你在哪些方面遇到了困难""是什么事情让你失去希望了"，等等，这也是一个提醒和帮助来访者恢复理性的过程。

下面是一个咨询中运用澄清的例子。

来访者：最近一想到期末考试，我就压力好大啊！最近他们总问我复习得怎么样了，回家后就让我赶快去学习，一直唠叨，烦死人了。

咨询师：你说的"他们"是指你的爸爸妈妈吗？（澄清，封闭式提问）

来访者：是的，但不全是。

咨询师：具体是哪些人给了你这么大的压力呢？（澄清，开放式提问）

来访者：我爸妈，我姐姐，还有我爷爷奶奶……我都快被他们烦死了。

在这段对话中，来访者一上来就谈论自己的想法、感受，因而很多背景信息是含混不清的。此时，运用澄清可以帮助咨询师更快地了解来访者的情况。抓住来访者描述中表意含糊的词语，让其进一步细化、明确，可以确保双方在使用同一个词时，表达的是同样的意思。

（三）面质

面质，又称质询，简单而言就是探寻原因，找出"为什么这样"和"为什么不这样"的答案。带着好奇的面质应该是中立、开放且无预设的，但由于日常生活中的滥用、误用，我们大多数人在被面质"为什么"时，都很容易陷入"被指责""被追究""被责问"的情绪之中，进而自动开启自我防御、辩解甚至反击的对话模式。很多出于中立而问出的"为什么"，到了对方耳朵里，都容易被误解为暗藏着否定。

在日常对话里，"为什么"是使用率很高的词语。经常在想知道事情的原因、动机时，我们就会很直接地问"为什么"，如"为什么会发生这样的事""为什么他今天没来""为什么你要发火"等。但是在心理咨询中，还是要谨慎、合理地使用。

面质适用于下面这种情况：在听来访者讲述他的困境时，我们心里冒出了很明确的"答案"想要给他，总觉得一定能帮他很快解决问题。但实践证明，这种找到明确"答案"的感觉通常都是陷阱。在咨询师尝试给出建议后，来访者可能会这样回应："你以为我没有试过吗？但我就是做不到/但对我就是没有用/但我的情况跟你不一样。"这时我们就可以使用面质提问的句式，而不是简单的陈述句。如：

"你明明可以直接向父母表达自己的感受，是什么让你没有这样尝试呢？"
"如果下次他动手打你的时候，你直接报警，你觉得会发生什么？"

只有面质的态度足够中立和开放，我们才能获得有价值的信息。

（四）赋能

赋能是最具引导性质的提问技巧之一，主要目的在于通过提问引导来访者发现自身资源，着眼于问题的解决之道。

试想，如果有学生在咨询中愁眉苦脸地向你诉说他的苦恼："我不擅长跟人聊天，每次聊着聊着就陷入了无话可说的尴尬境地。"你会选择怎样提问？

"为什么有时候会出现无话可说的情况呢？"（询问原因）
"有没有哪一次情况好一些？"（询问例外）

大多数人的直觉提问都是面质性质的，即像上面第一句那样着眼于原因。我们通常希望知道困境出现的原因是什么，然后根据原因做出改变。然而这种提问方式会让来访者陷入问题之中不断回想、反思那些失败的经历，从而产生更多的挫折体验。因此，我们还应该学习赋能性质的提问，帮助来访者建立解决问题的信心，鼓励来访者从过去的成功经验中获得资源和提示，避免沉浸在自我指责中，而是抬头向前看。

下面是一个咨询中运用赋能的例子。

（小宇是班里出了名的"迟到专业户"，经常一周五天有四天都迟到，班主任被气得没有脾气，请学校咨询师和小宇谈谈。）

咨询师：小宇，我注意到你这周迟到次数比较多，是有什么原因吗？（面质，开放式提问）

小宇：我也没办法啊，我家住得有点远，早上起不来……

咨询师：你住得远，每天要很早起床，的确很辛苦。但我也注意到，周一你没有迟到，还来得特别早，是有什么原因吗？（赋能，开放式提问）

小宇：那是因为每周日晚上我完成作业早，收拾好书包后，就早早上床睡觉了。

咨询师：听起来早点睡觉就可以早起。你觉得做些什么可以让你每周准时到校的次数多一些呢？（赋能，开放式提问）

小宇：嗯，其实我也在考虑要不要为自己每天晚上的时间制订一个计划，有时候很贪玩，忘记了时间就会睡得很晚，有了明确的安排，我就知道该做什么，就可以早起，也不迟到了。

在上面的会谈中，如果咨询师把主要精力都放在"为什么你经常迟到"上，而作为天天被班主任批评的小宇早就准备好了应对的理由，这次会谈可能就会和以前一样不欢而散，没有结果。但是当咨询师把问题转移到"为什么周一可以准时到校"时，思路一下子就从"找茬"变成了"找资源"。找到能准时上学的原因并进行巩固，也就找到了可以让小宇经常准时上学的办法了。

抓住例外，提升信心，询问资源，从而得出有效的改善途径，这就是心理咨询中常用的短期焦点解决技术。

关于赋能式提问的思路，我们可以借鉴心理咨询后现代流派的短期焦点解决技术。我国台湾的许维素教授在她的《建构解决之道》一书中，对此有深入浅出的阐述。在学校咨询中运用时，我们可以把它简化理解为以下几点：

- 再糟糕的事情都有例外；
- 例外的背后就是资源；
- 找到资源，巩固资源，扩大资源；
- 对的事情做多了，自然就没有时间做错的事情了。

第7章

针对不同性格和心理状态的学生的应对方式

宋 洋

一、针对不同性格学生的应对方式

（一）性格理论

1. 性格的含义

性格是和社会道德评价相联系的人格特质，表现为人的品行道德和行为风格。它是一种动力组织，决定了人们独特的适应环境的方式。

2. 艾森克的性格类型划分

艾森克以荣格的性格类型理论为基础，把人的性格分成以下五种类型。

- **典型内向型**：安静，沉稳，显得庄重，坚忍，但情绪发生慢而弱，言语动作和思维比较迟缓，也往往表现出执拗、冷漠。
- **趋向内向型**：柔弱易倦，善于觉察到别人不易觉察到的细小事物，但情绪发生强而慢，言行迟缓无力，胆小，易焦虑，易孤僻。
- **中间型**：言语行为表现一般，性格趋中，处事沉稳，有条理，情绪比较稳定。
- **趋向外向型**：活泼好动，很亲切，善于交际，思维言语动作敏捷，但情绪发生快而多变，注意力和兴趣容易转移，表现出轻率、不沉着。
- **典型外向型**：精力充沛，热情，直爽，胆大，但情绪发生快而强烈，言语行为急速而难以自制，易怒，易激动。

（二）学生典型不良性格分析及应对

1. 内向胆小

案例介绍

乐乐，男，15岁，成绩一般，性格内向。在课堂上不敢回答老师提出的问题，一回答问题就脸红，结结巴巴，总是担心回答错误会被同学们笑话。乐乐从小就胆小，不怎么跟同学玩，甚至与同桌都很少交流，人际关系欠佳，很少参加集体活动。

应对方法

（1）**家校互通形成教育合力**。认识到造成乐乐这种性格的主要原因在于沟通少，因此加强与其家庭的联系，让其父母认识到家庭氛围对于孩子成长的重要性。

（2）**鼓励学生多与人交谈**。做到有话就说，有事就谈。做自己感兴趣的事，多与老师交谈，说出自己的心里话。

（3）**引导交友**。教师介绍班上性格外向、活跃、学习成绩不错的同学和乐乐交朋友，让他们多交流，共同商讨解决胆怯的办法。

（4）**引导参与课外活动**。带乐乐参与课外活动，并且让他担任一个角色。例如，先让乐乐从一个普通的参与者到担任协助主持人，再由协助主持人担任主持人等，来参与组织开展活动，让他从不敢说到敢说。这既能增进他与同学之间的友谊，也能够增长智慧。

（5）**创造课堂发言的机会**。上课时教师引导乐乐回答问题，多给他发言的机会，只要他稍微有一点进步，就及时给予肯定和表扬，增加他的信心。

2. 外向倔强

案例介绍

黄某，男，14岁，寄读生，学习成绩较差，智力较好，对数学曾经感兴趣。性格倔强，自尊心特强，逆反心理十分严重。经常和父母、老师发生冲突，有很强的抵触情绪。在家里，一旦家人不能满足他的要求，他就任性发脾气，以不做作业、不读书来抵抗父母，弄得父母无计可施。在学校，他的这种反抗行为也很尖锐。每当老师批评他时，他总是双眼迷离，装作不在乎的样子，甚至还和老师顶嘴。有的老师因他上课讲话点名批评他，他就和该老师作对，上课故意睡觉，不交作业。考试时会做的题也故意不做，经常考十几分。班主任多次找他谈话，他一句也听不进去，让家长和老师十分头疼。

应对方法

（1）**争取家长的主动配合**。首先和家长取得联系，了解黄某的家庭情况和表现，与家长沟通想法，在孩子的教育问题上达成共识，以便对症下药。

（2）**改善家庭教育环境**。指导家长阅读一些教育孩子的书籍，提高自身教育水平。创造良好、民主的家庭环境，和孩子交朋友，多鼓励、表扬，少批评、责骂，合理对待孩子的需求，不挫伤他的自尊心，尊重他，信任他。抽时间带孩子到大自然去呼吸新鲜空气，为孩子安排有意义的生日庆祝会，设计各种温馨的家庭活动，利用亲情来感化他，慢慢地消除他的对立情绪。

（3）**春风化雨，坚持疏导教育**。教师要正确对待这类学生，避免直接批评，不要与他发生正面冲突，要注意保护他的自尊心，采取以柔克刚的教育方式。当他犯错误时，不要当着全班同学的面点名批评他，而是在与他个别交谈时动之以情，晓之以理，耐心帮助他分清是非，意识到自己的错误，并愿意主动地去改正，逐渐缓解紧张的师生关系。

（4）**因势利导，扬长避短**。教师要善于挖掘学生身上的闪光点，充分发挥其作用。可利用黄某在数学方面的优势成立一个学习互助组，让其担任组长，使他把大部分心思转移到他感兴趣且擅长的事情上。老师的信赖、同学的支持能够使他的态度发生很大的转变。

（5）**学生的自我调节**。指导黄某阅读一些讲述伟人、科学家成功事迹的书刊，开阔视野，不断激励自己，使他明白只有胸怀宽广、能接受他人意见的人才能成就伟大的事业。把他的注意力引导到学习上，启发、诱导他走出心理误区。

（6）**经常、持久地进行心理辅导**。黄某这种顽固的逆反心理不是一两次说服教育就可消除的，要反复抓，抓反复，平时多留意观察他的情绪变化，经常与他交流、沟通，深入了解他的内心世界，帮助他解决青春期的烦恼。

3. 自我中心

案例介绍

小江，男，小学三年级学生。经过一段时间的侧面了解与正面接触观察，心理教师发现了小江的几点不足。

（1）以自我为中心，顽皮、好动。

（2）独立性不强，过于依赖。这点体现为他在做作业时总需要有人监督，如果没人监督，他就不好好完成，不是"忘记了"就是"我不会做"。

（3）注意力不集中，贪玩。这是很多小学生的共同点，他也不例外。每次上课，他总会做一些与课堂内容无关的事。比如玩卡片、传纸条，或者一个人在本子上乱画，甚至钻到桌子底下，等等。

（4）学习习惯不好。这主要表现为对学习不感兴趣，想学习却不愿付出努力，有目标但缺乏毅力。

应对方法

（1）**热情谈心**。通过这种方式了解他的思想变化情况，多鼓励，少打击；多表扬，少批评；多关心，少冷落。目的是帮助小江调整心理、平和心态，使他能正确地认识和看待自己及周围的人和事。

（2）**主动帮助**。学生的心理压力和自我认知，在很大程度上取决于学习成绩的好坏，教师可以针对小江的情况为他补课，教给他更好的学习方法，激发他的学习动机，从而使他养成自觉学习的良好习惯。同时，由于他头脑灵活，经常耍小聪明，学习中最大的弱点就是不认真，情绪波动较大，教师应对他注意观察，做好预防工作。

4. 自卑懦弱

案例介绍

小米，女，13岁，就读于某校六年级。小米的家离学校比较远，她每天独自骑自行车上下学。小米的父亲为了给小米创造更好的生活条件，在她读一年级的时候就外出打工，过年过节才回家。她的母亲独自照顾小米，为补家用，也在附近的工厂上班，平时工作较忙。小米经常一个人在家，备感寂寞。

小米胆小、孤僻、自卑、不爱动、不合群，害怕参加活动，经常回避与老师、同学相处。上课从不主动举手回答问题，被老师点到也经常因紧张而回答不完整，语言表达能力较差。家庭作业也经常不能按时完成，属于班级的后进生。小米自述经常觉得自己不如别人，做什么事都没有信心，总觉得自己很笨。

应对方法

（1）**减轻小米的心理压力，帮助其获得更多体现自我价值的机会**。赞可夫说过："健康、健全个性的发展，在孤独和隔绝中是不可能的，只有在儿童集体的、内容丰富而形式多样的生活中才有可能。"性格内向的儿童都不愿也不敢跟老师接近，因此老师应主动接近小米，让她感受到老师的温和、亲切，并在课堂上给予她更多的鼓励，更多表现自我的机会。

（2）**让小米觉得自己很棒**。每个学生都有值得赞美的地方，作为教师要善于发现这些闪光点，并加以肯定和赞美。对于学生来说，一句赞美的话会起到意想不到的作用。

二、与不同心理状态学生的交流

（一）心理状态的概念

心理状态是指人在某一时刻的心理活动水平，是联系心理过程和心理特征的过渡阶段。例如一个人在一段时间内是积极向上还是悲观失望，是紧张、激动还是轻松冷静等。心理状态犹如心理活动的背景，心理状态不同，可能使心理活动表现出很大的差异性。

（二）常见的不良心理状态

1. 考试焦虑

考试焦虑是在一定的应试情绪激发下，受个体认知评价能力、人格倾向与其他身心因素所制约的、以担忧为基本特征、以防御或逃避为行为方式，通过不同程度的情绪性反应所表现出来的一种心理状态。在面临高考或中考的学生中，考试焦虑是一个普遍而突出的现象。考试焦虑的学生怀疑自己的能力，忧虑、紧张、不安、失望、行动刻板、记忆受阻、思维混乱，并伴随一系列的生理变化，如血压升高、心率加快、面色变白、皮肤冒汗、呼吸加深加快、大小便次数增加。这种心理状态持续时间过长还会导致坐立不安、食欲不振、睡眠失常等症状，影响身心健康。

案例介绍

小敏，女，高三学生。她告诉咨询师，自从升入高三后，父母及家人经常跟她说要努力学习，争取考上重点大学。在学校里，同学和老师都说她很聪明，班主任也把她当成班级的主力，对她寄予了很高的期望。她一直觉得自己的文科很好，但最近几次考试，政治成绩都不理想，这让她开始怀疑自己的实力，一上政治课就紧张，经常走神，遇到难题更是恐慌。晚上入睡困难，经常彻夜难眠，脑中不断思考如何才能学好政治。这种状态已经影响到她其他学科的学习，成绩也有所下降。现在，她一听到考试就感觉害怕、烦躁，掌心出汗。小敏的内心压力很大，很担心自己因为成绩下降而被别人瞧不起，辜负父母、老师的期望。

应对方法

面对这个案例，我们应该以理解关爱的态度认真倾听小敏的烦恼，可以运用理性情绪疗法引导小敏正确认识考试，摆正心态，然后设置不同情景，让其重拾信心。

我们要告诉学生，考试只是检验一段时间的学习状况，并不足以说明一切。"老虎也有打盹的时候，但它依旧是森林之王"，考试成绩下降并不能证明学习能力的下降。我们可以采用"例外技术",让学生回忆自己的成绩是否一直如此,是不是也有考好的时候呢?考得好的时候自己又是什么样的状态?让学生正确认识并接受考试失利是一件常事。考试对于我们来说就像一场战役,我们既是指挥官又是战士,主动权是掌握在自己手里的。即使没有考好,我们也可以从中吸取经验教训,争取下次取得好成绩。

除此之外,在日常生活中,要引导学生杜绝用"完了""我糟糕透了"等消极语言暗示自己;不要以偏概全,因为一两次没考好就觉得自己不行,从而丧失信心;适当减轻周围环境的压力,针对种种担忧,和自己辩论,使用理性情绪疗法纠正认知上的偏差。

2. 闭锁心理

闭锁心理是青少年发育过程中一种阶段性的心理现象。进入青春期后,很多学生在心理上会出现闭锁性,表现为把自己封闭起来,平时很少与人交流,内心的矛盾从不外露。因此,当困难和矛盾得不到解决时,他们往往会因焦虑而自卑,甚至自暴自弃。

一般来说,青少年的生理成熟在先,心理成熟在后。研究表明青少年的生理成熟年龄普遍提前。这种生理上的突飞猛进,尤其是性器官的发育成熟,使性意识、性冲动、性体验等接踵而至,必然给青少年带来种种困惑或疑虑,产生各种神秘不安的复杂心理。一方面,他们没有足够的力量和能力去独立解决问题,也不愿意求助于父母,担心有损独立人格;另一方面,他们又渴望有人,尤其是成年人走近他们、关心他们、理解他们。正如学者斯普兰格指出的,"没有任何人会像青年那样深深地陷入孤独之中,渴望被人接近和理解;没有任何人像青年那样站在遥远的地方,向人们呼唤着"。他们不断地寻找能推心置腹的知己,渴望向他们敞开心扉。

案例介绍

一名高一男生告诉心理教师,自己很孤独,父母不了解自己,所以自己和父母的交流很少。心理教师问他有没有朋友,他说有朋友,但也只是在一起学习、一起玩,他们并不了解自己。他经常深夜独自坐在窗台上,看着窗外。

心理教师了解到,这个男生是家里的独子,从小一直和奶奶生活在农村,上小学三年级时才来到城市与父母共同生活。父母也曾试图和他沟通,但他不知道和父母说些什么，往往是父母问，他回答，没有深度交流。

应对方式

对于这名男生的闭锁心理，如何帮助他敞开心扉，实现开放的自我呢？

开放包括两个方面：能够"输入"和能够"输出"。"输入"指能够欣赏和接纳自己，能够倾听别人的意见与建议，能够接受别人的情感；"输出"指能够保持开放的心态，去表达或展示真实的自我，能够与人建立起健康的情感联结，以健康的心态回应周围的世界。以下是心理教师与这名男生的对话。

学生：我很孤独。

老师：孤独对你来说是一种怎样的感觉？

学生：很难说，就是感觉自己在孤岛上，希望有人能走近，但真有人走近，又不知道怎么办。

老师：这种感觉很不好。

学生：嗯。

老师：这种感觉大概是从什么时候开始的？

学生：以前没太注意，最近这种感觉比较强烈。

老师：你与父母的关系怎么样？

学生：还可以吧，没有什么矛盾。

老师：你经常和父母聊天吗？

学生：不怎么聊天，我觉得他们不了解我，他们一开口就是让我好好学习，别的什么都不要想，要不就是问我需要什么，他们根本就不了解我。

老师：你觉得你的父母不了解你，是因为你不愿意沟通，还是他们没有主动去了解你呢？你试过让他们了解你，同时去了解父母吗？

学生：我好像也不了解他们。我每天回家都比较晚，和他们见面的时间也不多，也没有机会。

老师：真的一点时间也没有吗？

学生：嗯，也不是，就是觉得跟他们没什么可说的。

老师：是吗，你希望父母了解你哪些方面呢？

学生：他们连我喜欢什么都不知道。

老师：是他们不了解你的喜好，还是你没有告诉过他们你的喜好，或者表达你对一些事物的看法呢？

学生：我没有说过。

老师：孤独的感觉很不好，你希望父母能够了解你，但如果你们之间缺乏有效的沟通，相互之间的了解就无法深入，你的孤独感也不会减轻。我们经常会通过屏幕或透过窗户看室外的景色，但当我们离开屏幕走出房门，走近大自然，产生的感受会不会更好一些呢？你可以试试打开自己与父母之间的这道门，把自己展现在父母的面前，比如，你可以表达自己对某些新闻的观点，说说班级里发生的事情及你的看法，也可以谈你对未来的想法，等等，给父母一个了解你的机会。

学生：我可以试试。

....

3. 多疑心理

多疑是指神经过敏、疑神疑鬼的消极心态。具有多疑心理的人往往抱着固有的成见，通过想象把生活中发生的无关事件拼凑在一起，或者无中生有地制造出某些事件来证实自己的成见，甚至把别人的善意曲解为恶意，以致与人隔阂，在人际交往中自筑鸿沟，严重时还有可能与人反目成仇。

案例介绍

小莉是一名高二女生，在一个炎热的夏天戴着口罩找到心理教师（一开始，心理教师以为她是因为疫情习惯于戴口罩），诉说自己很痛苦，在与男友分手后，觉得班里的其他女生总是在背后说她的坏话，所以她即使是在班里也全天戴着口罩，担心摘掉口罩同学们就会嘲笑她。当她从同学身边走过，如果发现有同学在小声说话，她就会觉得别人是在议论她，所以她在班里尽量不说话，减少与他人的交流，只是一心一意地学习。她也确实在后来的考试中取得了不错的成绩，有同学对她表示祝贺，但她反而觉得大家认为她的成绩提升是"利用"了男生帮助她学习。

应对方式

对于她的多疑心理，心理教师应帮助她形成正确认知，进行积极自我暗示，放大自己的优点，增强自信，建立良好的人际关系。以下是心理教师与小莉的对话。

小莉：她们总是在背后说我的坏话。

老师：能具体说说吗？

小莉：我和我男朋友分手后，我们班女生就说我利用我男朋友，然后都不和我玩，看我一眼就急忙转过身去，还经常几个人一起在背后议论我。

老师：同学说你利用你男朋友，这个能具体说说吗？

小莉：我们俩经常在一起学习，一起讨论问题，他经常给我讲题，后来被我妈妈知道了，她觉得早恋会影响学习，我就跟他分手了。我们班同学就在背后说我利用他，说我和他交往就是为了让他给我讲题。

老师：你认为同学在背后议论你，这让你很难受，那她们说的话是怎么传到你耳朵里的？

小莉：没有人和我说，但是每当我走到她们跟前，她们就不再说话了。

老师：是每次都这样吗？

小莉：也不是，就是有几次，有几个同学正在小声说话，我一走近她们，她们就不吱声了，我就觉得她们是在说我的坏话。

老师：这种感觉让你特别难受？

小莉：是的，所以我在班里就尽量不说话，不管是上课还是下课，我都只学习，不跟其他同学说话。最近这次考试，我的成绩在班里的排名提升了好多，我很开心，想着应该再不会有人说我利用他了。可是前几天，有个同学说我"你成绩提升得挺快啊"，我就觉得她是有所指。

老师：你认为她指的是什么？

小莉：嗯，就是，就是觉得我利用了别人。

老师：同学的这种看法让你很难受，是吗？

小莉：嗯，所以她们一小声说话或者谁看我一眼，我就觉得很不舒服。

老师：对于她们所说的，你是怎么看的？

小莉：我就是找一些比我成绩好的男生问问题，我不会的时候就去问他们，但我都是下课时间或者自习课问的。

老师：在没有打扰到其他人的情况下，你认为问同学问题是不是正常行为？

小莉：好像也没有什么不正常的。

老师：你认同她们的看法吗？

小莉：不认同，我真的很努力的，老师。

老师：因为你很努力，所以成绩才提升了，相信你付出了很多才有今天的进步。而现在你认为大家小声说话是在议论你，是吗？

小莉：是的，每次我一走近她们，她们就会停止说话。

老师：你认为大家在一起小声说话就是在议论你，当你走近的时候怕被你听到，所以就不再继续了。

小莉：嗯，是的，老师。

老师：你觉得自己是她们生活中重点关注的对象吗？无论是正向的关注还是负向的关注。

小莉：（沉默了一会）老师，我觉得我不是她们每天最关注的对象。

…………

第 8 章

儿童青少年常见心理问题的处理

孙慧清

儿童青少年的心理发展有一定的规律,并且有几个关键的时间节点:六岁刚上小学,会有一个适应期;九岁前是习惯养成的关键期;十一二岁面临小升初,开始进入青春期,升入初中后的学业、心理、人际交往等方面的适应是一个挑战;十五岁左右,学业有了新的起点,升入高中,面临高考的压力。孩子在学习成长的过程中,会同时面对学业、人际关系、情感、和父母沟通等方面的困惑,尤其每一次升学后,都要面临新的适应问题、学业难度的增加,以及中考、高考的现实压力。本章就以这几个时间节点分别谈谈儿童青少年常见心理问题的处理,有些内容会有重复和交叉,比如中考、高考的压力问题,因此会集中探讨。

一、小学低中年级常见心理问题的处理(6~8 岁)

小学和幼儿园有很大的区别,每节课有 40 分钟,学生要完成相应的学习任务,因此,刚入学的小学生可能会出现上学困难。在这个阶段,我们不能简单地将其定性为"厌学",因为学生的问题可能仅仅是对环境的不适应,尤其是新的班级没有以前的小伙伴,会让孩子感到陌生甚至恐惧。再加上有些孩子从小是由老人照顾的,上学后才被父母接到身边,家长和孩子的交流仅限于学习问题,亲子关系紧张等原因,都会造成孩子不想上学、上课不够专注、爱做小动作,甚至对小伙伴有攻击行为等。因此,小学低中年级的心理健康教育,班主任与心理教师要多与家长沟通,了解孩子问题背后的家庭背景,家校积极配合进行。关于这部分内容,后面章节会有详细阐述。

（一）适应新环境

小学阶段的心理个案辅导，建议邀请家长和孩子一起进行。未成年人的个案辅导要和家长签订知情同意书，同时要让家长借此觉察孩子问题的原因，为家长提供支持和帮助，引导其找到与孩子恰当相处的方法。比如，有的孩子上课爱做小动作，和同伴相处困难，经深入了解，得知是因为家里有了弟弟妹妹，母亲对自己的关心突然变少了，因此觉得很委屈。在亲子互相倾诉、倾听的过程，双方的情绪都得到了缓解，孩子的表现也越来越好。

在下面的案例中，孩子在适应新环境上遇到了困难。

明明，男孩，上小学一年级，上学不到一个月就开始出现上学困难现象，无论如何都不愿意上学，母子俩还曾因此在校门口打了起来。通过几次咨询，心理教师了解到以下原因：幼儿园的小伙伴没和明明上同一所小学，他现在没有新朋友；明明希望妈妈接送自己上学，不想总是奶奶来接送；明明觉得老师认为自己调皮捣蛋，经常批评自己。从明明摆的沙盘中也可以看出，他没有安全感，一点点把自己封闭了起来。在和明明妈妈的沟通中得知，她因工作原因，每天晚上下班回来时，明明通常都睡觉了，对明明的陪伴不够，导致明明一遇到挫折就本能地逃避，而孩子安全感的建立恰恰与六岁以前甚至三岁以前，父母是否充分地陪伴有关。

（二）培养好习惯

孩子入学后的听讲、写字等习惯的培养需要一个过程，有的孩子可能会出现写字拖拉、磨蹭的现象。

在下面的案例中，孩子因家长的反复提醒而无所适从，从而导致拖拉。

这是一个一年级男孩，做了三次沙盘游戏，第一次摆沙盘时，每一步都要反复调换位置，反复平整沙子，嘴里还不停地念叨着什么，很认真又很不自信，心理教师没有过多地干涉，而是让孩子自然、自由地表现自己。但孩子的妈妈却总是在一旁忍不住提醒，老师感觉到，孩子的反复、犹豫不定和家长的反复提醒有关，孩子的妈妈也确认了这一点。在和孩子交流沙盘的时候，孩子自己也说："我也觉得我太追求完美了。"

第二次咨询时，孩子表示愿意继续摆沙盘，但还是会有反复平整沙子的行为，心理教师意识到孩子也许是在期待大人的肯定或帮他拿主意，需要有人帮他克服不自信的心理，同时引导孩子的妈妈学习老师提醒孩子的语言模式。在摆到第三件沙具的时候，孩子还在游移不定。以下是心理教师和孩子的对话。

老师：这样挺好了。

孩子：（迟疑了一下）我也觉得可以（很快放好去拿第四件沙具），我觉得这样挺好了。

孩子：（反复两三次这样的提醒后，孩子再去拿沙具，放之前脱口说出）不管那么多了。

然后，孩子摆放沙具的速度越来越快，嘴上还说着"这样就挺好"。孩子内心的障碍在一点点被摧毁，这个障碍就像一个声音："你不能这样！你这样不合适！你怎么能这样呢？"别人的提醒反复在他耳边回响，慢慢地就成了他的内在声音——即使没人提醒，声音也在，一直在阻碍着他快速做出决定。

第二次摆沙盘时，孩子摆出了泾渭分明的两个世界：一个动植物自由轻松的世界；一个马路上汽车整齐排列，路标林立，规矩多、气氛紧张的世界。两个世界中间隔着一条河，河上没有桥。

老师：你觉得你生活在哪个世界？

孩子：第二个。

孩子感觉自己就像一个人置身于车水马龙的大路上，这意味着"规矩多"，孩子不知道怎么办才好，经常处于紧张状态，而对于另一个自由轻松的世界，孩子表示很渴望。

老师：（指着第二个沙盘世界问孩子）想不想让轻松的氛围过来一点。

孩子：（很机智地在河上架起了一座桥，同时舒了一口气）这回轻松多了。

每次游戏结束，孩子都会说"谢谢老师"，这次突然抬起头对妈妈说："妈妈，谢谢你带我来这里玩这个游戏。"

孩子在游戏中放松了很多，自信了很多。这个案例给我们的启发就是，在孩子成长的道路上，尤其是刚上一年级的孩子，不要对他进行过多的负面提醒，因为这会让孩子无所适从。孩子做得好时，应多一些正面的提醒和肯定，因为提醒就是强化。心理学家做过一个实验，让大学生和小学四年级的孩子一起去参加一些活动，结果发现，他们的行为习惯非常相似，研究者由此得出一个结论：孩子的行为习惯到小学四年级左右已基本养成，因此要对小学低中年级学生有意识地进行习惯的培养训练，比如科学管理时间的习惯、预习的习惯、读书的习惯等。

二、小学高年级常见心理问题的处理（9~11岁）

（一）了解孩子的心理特点

面对十一二岁的孩子，细心的老师和家长会发现，孩子开始"不乖了"，有时会和大人争论甚至顶撞。对此我们需要理解，这个阶段的孩子开始向成人过渡，一方面，他们的身体发育非常迅猛，开始产生强烈的自我意识，然而心理的成长相对滞后，导致他们的情绪很容易波动，即开始进入青春期。他们的内心更渴望和同龄人交往，开始形成小团体，同伴间的规则比父母、老师的要求更有控制力。孩子的人际关系发展有以下特点：0~3岁和父母交往居多，非常依恋父母；3岁上幼儿园后开始接触更多的小伙伴，对父母的依赖开始逐渐减少，和同龄人的交往越来越多，到了四年级也就是9岁左右，对自己在同龄人心中形象的重视度开始急速上升。也因此，孩子的很多心理困惑都来自和同学的关系。

在下面的案例中，孩子因被同学孤立而烦恼。

五年级的丹丹告诉心理老师，自己很苦恼，因为觉得以前关系挺好的几个同学突然开始孤立她、疏远她，她觉得自己已经很"卑微"地试图缓和这些关系，但却无济于事。丹丹成绩很好，也担任班干部，有时和同学交流时的态度有些强硬，导致了同学的疏远，为此郁郁寡欢，很有挫败感。

这个年龄段的孩子很在意同伴间的友谊，在意自己在同龄人心中的位置和威信，如果这一部分心理需求没有得到满足，就会产生挫败感，如果得不到及时的疏导，长此以往就会影响到学习成绩。很多小学高年级学生包括中学生的厌学问题，经深入交流都发现是人际问题——长久的情绪低落导致了厌学。

当了解了这是孩子正常的心理发展规律后，教师和家长要做的就是接纳这个变化的阶段，不要急于讲道理，而是多倾听孩子的烦恼，多共情孩子的情绪，让孩子的情绪有一个出口，同时和孩子一起想办法处理问题。

在下面的案例中，孩子因为情绪问题不想上学。

小丽是一名五年级学生，在经历了转学和一次被老师"请"到办公室后，自尊心受到了极大伤害，不想再上学。但这两件事都只是导火索。从小丽的沙盘作品中，我们可以看到她当下的内心世界是一个战争的场面，而她蜷缩在一个角落里，面对敌方的强大火力，她也想反击，但却没有足够的力量或合适的方法。在心理咨询中，心理老师问孩子作战的对象可能是谁，孩子脱口而出是老师和家长。

这个案例提醒我们，老师在处理学生之间的矛盾时，需要深入了解具体的原因，同样，家长在不了解孩子内心需求的情况下就习惯性地指责、批评、纠正，也会让孩子很"抓狂"，这样看似很小的事件积累得多了，孩子内心的情绪就会发酵般地越积越多，最终一件小事就可能引爆这些情绪。当孩子在学校里遇到了不愉快的事后，回到家，很多家长通常就是讲道理，这样孩子的情绪就被堵了回去；相反，如果家长能先听听孩子是怎么说的，让他倾诉一下，孩子的情绪得到释放，事情可能自然就过去了，第二天孩子就会轻松地回到学校。

（二）教给孩子正确的学习方法

这里重点谈读书的问题。小学五六年级的孩子在选择课外书的时候会以自己的兴趣为主，对于一些情感类和玄幻类的小说特别热衷，有的小说不断出续集，导致一些孩子几乎是在玄幻、恐怖小说的陪伴下长大的。经常沉浸在这样的小说中，会使他们产生这样一种认知：现实世界就是如此，从而逐渐脱离现实生活，与同学的关系也会受到影响。这个年龄段的孩子很容易产生偶像崇拜，老师和家长可以在尊重孩子的前提下，对孩子读什么样的书、看什么样的影视作品进行适当的引导，这对孩子人生观、价值观、世界观的形成十分重要。

下面这个案例是讨论学习方法的三人团体辅导。

三名五年级学生如约来到学校悄悄话室，为了让他们放松，心理老师让他们围坐在小圆凳上，并告诉他可以放松地聊关于学习的话题。三个孩子争先恐后地说："怎么样提高成绩""怎么样背课文更快些"……

小高说，自己背诗词读了十几遍也背不会，对此他很困惑。他很认真地说："我打开书一口气能读上五遍，但一点感觉都没有，我就继续读，不放弃，要比别的同学多费好多功夫才行。"老师没有直接点评，而是让另外两名学生谈谈他们的经验。小徐说："我会结合课文插图背诵，老师也讲过要理解了意思再背。"小孙说："我会思考每一句诗之间有什么关系。"老师又让他们打开书，看着《山居秋暝》这首诗具体谈谈。小高略有所思地点头、沉思：为什么老师反复讲理解记忆，自己还是很难做到呢？在老师的启发下，他慢慢觉察到自己一贯的行为模式：自己很认真，但经常急于行动，没有用心思考。意识到这一点，小高脸上的困惑变成了欣慰："老师，我明白了。"

孩子们放松了下来，小徐说："老师，我能说一个和学习无关的问题吗？"

"当然可以。"

"我一遇到表演或演讲之类的事情就很紧张，有什么好方法吗？"

其他两名学生也表示有过相同的感觉和经历，于是心理老师让三名学生闭上眼睛，深呼吸，在他的指导下进行想象："现在，我要参加英语演讲比赛，正在比赛的教室外等候，还有一个同学就轮到我了。"

学生在想象出场景后点头向老师示意，然后跟着老师的暗示继续："我好紧张啊，马上就到我了，我要是紧张得忘了词该怎么办？我要是演砸了怎么办？我不能紧张，不能失败。"然后心理老师要求学生谈谈此刻的感觉。

"心怦怦地跳。""手心出汗了。""胸口堵得慌。"

"很好，现在跟着老师的提示，在心里反复默念：我允许自己紧张，我可以紧张，紧张就紧张吧，如果感觉好一些就点点头。"

"我没有那么紧张了。"

"比刚才好多了。"

"很好，请睁开眼睛，我们来做个小游戏。"

心理老师和学生两两一组轻轻推着对方的手掌，把对方当作要推开的紧张情绪。当心里想着"我不能紧张"时，会本能地推对方，结果发现反作用力更强；而当心里想着"我可以紧张"时，反而感觉放松了。三个孩子豁然开朗。谈话结束时，孩子们都表示"收获很大"。

（三）引导孩子顺利度过小升初的适应期

五六年级的学生（各地学制不同，有的地方是五四制，有的地方是六三制）要为小升初做准备。首先是作息时间的适应，初中生的作息时间比小学生紧张多了，又隔着一个长长的暑假，导致很多孩子升入初中后不适应，生物钟的调整需要一个过程。比如每天晚上，初中生做作业的时间要比小学生多出一两个小时，如果适应不了，久而久之就会导致睡眠不好，学习也越来越没有信心。因此，引导学生提前做好准备是非常有必要的。首先，建议家长陪孩子提前了解初中学校的作息时间，循序渐进地适应，比如，早上提前半小时起床，晚上推迟半小时休息。其次是知识储备，要督促孩子在完成学校规定的学习任务外大量阅读其他书籍，从天文地理到历史百科，为适应初中科目激增做足准备。最后是环境的适应，包括新学校和新的人际关系，有的孩子需要一学期的时间才能适应。孩子升入初中后，新学校的规章制度，新老师的教学方式、沟通方式，和新同学的交往等都会有很大的不同，建议提前去新学校参观了解相关情况，或者向高年级的学生了解，做到心中有数。

三、初中生常见心理问题的处理（12~15岁）

小学阶段往往是心理问题的潜伏期，需要家长、老师细心观察，及时处理孩子的心理困惑，而初中阶段往往会出现心理问题的集中爆发。在和初中生谈话的过程中，笔者发现这一阶段孩子常见的心理问题包括因不适应初中生活而导致的学习动力不足、亲子关系紧张、对未来感到迷茫等。

（一）学习动力不足的问题

对于一些学生学习动力不足的问题，首先，应给予他们情感上的理解，由于初入中学的不适应，孩子自身压力已经很大，因此，家长和老师需要冷静下来，多去倾听孩子遇到的困难，理解孩子的内心，而不要把自己的焦虑再传染给孩子。其次，给予孩子现实支持，充当孩子的"助跑"，陪孩子一起面对。可以和孩子具体讨论哪些方面需要改进，比如预习习惯、偏科现象等，然后让孩子分别进行0~10分的自我评估，从分值最低的那一项入手，列出具体的行动计划。过一段时间之后再进行评估，哪怕是再微不足道的进步都会给孩子注入动力。

在下面这个案例中，学生成绩进步了但压力却更大了。

小王，初一女生，入学时在900多名学生中排200多名。第一学期期末考试进步到了前几十名，但这不仅没有增强小王的自信，反而给她带来了很大的压力，害怕自己以后会考不好。这种紧张的情绪直接影响了小王后来的考试，在连续两次考试退步之后，她的焦虑情绪更严重了，并产生了强烈的自卑感。在和心理老师的沟通中，小王说自己"不允许自己的成绩有波动"。心理老师还了解到，小王在第一学期的期末考试中进步很大有她自己的努力，但也有一个很客观的原因是，升初中前的那个暑假，她上了辅导班，提前学习了很多初中的内容。随后，心理老师引导小王意识到学习成绩有所波动是很正常的现象。当了解这些情况后，小王的情绪开始平复下来，经过六次咨询，小王调整了对成绩的认知，开始能够以良好的心态投入学习中。

下面是一个关于考试压力的案例。

小敏，初二女生，平时学习非常努力，但一到期末考试就会发挥失利。小敏告诉心理老师，一到考试前一周她就开始睡不好觉，压力很大，会控制不住地想"如果考不好，同学看不起自己怎么办，老师对自己失望怎么办，爸爸批评自己怎么办"。心理老师引导小敏在一张A4纸上写下一个大大的"我"字，然后把"父母""老师""同学"写到她觉得合适的地方，结果小敏都写到了"我"字中间。这样小敏压力的来源很直观地呈现了出来——她太在乎别人的评价了，不能专注地投入复习。心理老师让小敏试着再写一个"我"字，把"父母""老师""同学"写到远一些的地方，把"我"从他人的评价中解放出来，孩子一下子觉得轻松了很多，也领悟到接下来该怎样做了。

（二）人际关系的问题

"一切烦恼皆源于人际关系。"心理学家阿德勒如是说。尤其是对于中学生来说，很多成绩下降、厌学问题，本质上都是人际关系问题。

小军，即将升入高三，近期情绪开始出现非常大的波动，在和心理老师的交流中，心理老师发现他的情绪问题源于多年前初入初中时的人际创伤——当时，小军和周围的同学都不熟悉，因为被同学误会没有及时澄清，所以被其他同学孤立、辱骂，而他一直在忍让和压抑。当家长得知这些的时候，小军的情绪已经出现了很大问题。很多时候，在成人眼中的小事，在这个年龄段的孩子身上就是创伤性甚至是致命性的。

根据毕淑敏同名小说改编的心理电视剧《女心理师》，开篇就讲了一个校园欺凌的危机干预案例。当事人是一个女孩，因为在人际关系中被误会、被孤立，跑到了学校的楼顶，试图轻生，幸亏及时得到了危机干预，才没有出现悲剧。

除此之外，初中生面临的人际关系困惑还有的来自和老师的沟通。下面是一个例子。

小刚，初中男生。自述与老师发生冲突后，一时冲动推搡了老师。心理老师没有直接教育孩子，而是耐心地倾听事情的来龙去脉，在讲述过程中，小刚逐渐从一开始"只要不死人就不是事儿"的冲动情绪中平静了下来。在第二次访谈中，心理老师使用"空椅子"技术让孩子体验了换位思考——让小刚面对空椅子，假设对面就坐着那位老师，把自己当面说不出口的话说出来，然后再换位置，体会对方的感受，并进行回应，如此反复，直到情绪平复下来。第三次访谈时，小刚告诉心理老师，他已经真诚地向那位老师道了歉，也为自己争取到了减轻处罚的机会，并再一次向老师求助怎样才能解决冲动的问题。

在使用"空椅子"技术时，交流的对象也可以是自己内心的另一个或另几个"我"，这个练习往往能够缓解内心的纠结，帮助了解自己的困惑到底在哪里。在第三次访谈中，心理老师还和小刚一起练习了接纳情绪法——接纳自己的情绪，不是妥协，而是和情绪和解，比如"我允许自己烦躁一会，我允许别人的情绪存在"等。后现代叙事疗法的心理专家吴熙娟老师常说，每一个故事在不同的人那里都会有不同的版本，教育应该看到每个版本里那个积极的部分，寻找在故事里流动的隐而未现的力量，就像一间黑屋子，打开窗子，整个房间就亮了。用心看孩子，就会发现他是发自内心地想改变自己，只是由于各种原因，他的认知暂时出了问题，需要有人理解他、点拨他。也可以说，孩子就是在犯错中长大的，关键是要帮助孩子在犯错误中觉察、反思自己，耐心地给他一个长大的空间，而不是给他贴上一个负面标签，尤其是对于这个年龄段的孩子，需要因势利导，看到他积极向上的那一部分。

（三）和父母沟通的问题

和父母沟通困难是青春期孩子常见的问题之一，有时亲子双方甚至会在访谈室里争吵起来，作为心理老师，我们应先了解一下原因。有的孩子从小和父母关系不错，随着年龄的增长，开始慢慢有了独立的心理空间，可是在父母眼里仍然是个孩子。父母想了解孩子的各个方面，如果有一点失控的地方，就会恐慌担心，甚至会偷看孩子的手机，孩子就会感觉受到了侵犯，从而产生矛盾。还有的孩子从小是由老人带大的，上学后才回到父母身边，心理上始终和父母存在隔阂，想亲近却不知道该怎么靠近。还有很多其他原因，比如明明孩子学习已经很努力了，家长还希望孩子再努力一点，成绩更好一点，孩子就会觉得自己的努力没有被看到，从而听不进父母的教导，与父母越来越疏远。

了解了以上原因，家长、老师帮助青少年缓解情绪就有了方向。

- 要尽量共情孩子的情绪，"被看到"本身就是一种很大的支持。
- 引导孩子看到和父母表面上沟通困难的背后其实是对彼此深深的依恋，并试着理解父母。
- 变被动沟通为主动沟通，引导孩子真诚地告诉家长自己的意愿和思想。很多时候，一旦父母了解了孩子的想法，内心的不确定性被消除，唠叨也就少了。如果有些话不想当面说，发短信、邮件，甚至写封信给父母，都是很好的方式。
- 鼓励孩子结交知心朋友，这样在和父母发生冲突时，至少有个倾诉的地方。在互相倾诉的过程中，他们也会发现，自己的困惑别人也会遇到，从而减轻烦恼。

总之，最不可取的办法就是与父母隔离、逃避，甚至用离家出走、伤害自己来伤害父母。

（四）对未来感到迷茫的问题

在与大量青春期孩子交流之后，我们发现孩子们缺少的既不是学习热情也不是学习方法，而是目标方向的引领。我国知名精神科医生和心理专家徐凯文博士在进行了大量临床实践后提出的"空心病"理论，正是很多没有方向的孩子们的真实写照。作为学生心理健康教育工作者，我们需要在做好个案辅导的同时，为更多孩子的内心照进一束关于人生规划的光，让他们少一些迷茫。

一次，在和一所学校200多名初中毕业班的孩子分享"今天我为什么而读书"的活动中，当老师让他们闭上眼睛想想"希望自己未来什么样"时，两分钟后，有个孩子说道："我希望自己是一个善良的人、感恩父母的人、努力学习的人、和同学友好相处的人。"老师接着问道："你以前想过这些吗？现在想到这些有什么感受？"

孩子回答说自己从没有想过这些问题，现在想到这些觉得离自己很遥远。还有个孩子说自己不想让父母担心，很想学好可就是学不进去，边说边着急地哭了。老师当时很感慨："这些想法其实并不遥远，只是一直藏在内心深处没有被看到，我们可以经常练习和自己的内心对话，问问自己想要什么，为什么读书，这样自己学习的动力就会增加，也会真切地认识到学习不是为老师和家长，也不仅仅是为取得好名次，学习生涯就有了清晰的目标，即使有偶尔的懈怠也会坚持下来。"

四、高中生常见心理问题的处理（16~18岁）

（一）学业压力问题

进入高中后，学生在校时间延长，课程节奏快，每天的睡眠时间明显不足，这导致一些学生精力不够集中，而上课一走神就可能跟不上老师的节奏，再加上考试增多、学习难度提高等都会增加学生的心理压力。

在下面这个案例中，学生因学习压力大而出现了躯体反应。

小李，高一女生，刚入学时成绩很优异，但后来一上学胃就会不舒服，因此不得不休学半年。第一次访谈时，心理老师用潜意识OH卡牌和她一起觉察症状最开始出现时发生了什么。通过小李的讲述，心理老师了解到她当时特别希望第一次期末考试考出好成绩，因此压力特别大，再加上当时患上了重感冒，请假回了家，心情非常焦虑，输液的时候恰巧没吃好饭引起了胃不舒服，胃不舒服和焦虑情绪就建立了联结。从那以后，一学习，潜意识里的焦虑就会不自觉地引起胃的不舒服，由于胃不舒服先于焦虑被感知到，小李就认为是自己的胃出了问题，但去医院检查并没有发现问题，小李的家长就认为孩子是在为不上学找理由，小李自己也解释不清楚。

在一周后的第二次咨询中，心理老师教给了小李几种放松方法，如腹式呼吸、音乐放松、冥想等。当小李的身心放松了一些后，针对她想上学但又担心症状反复的苦恼，心理老师提出了"边上学边进行心理咨询"的建议，小李好像一下子找到了希望，连连表示同意。在这次访谈中，心理老师让小李随手找一个物件代表担忧情绪（孩子拿了纸巾盒），练习和情绪对话："担忧，我看到你了，你是我生活的一部分，我一直不允许你存在，现在让我们一起待一会儿，我允许你存在。"反复这样练习之后，孩子感受到的担忧真的慢慢减少了。

（二）高考压力问题

要想帮助孩子缓解高考压力，首先要了解这种压力产生的原因。有的孩子表面上是因高考压力前来求助，但在了解情况后发现，高考只是一个导火索，根本原因是高考前孩子通常比较敏感脆弱，一点小事就会把以前积压已久的情绪引发出来。因此，心理老师往往是一边帮助他们为高考减压，一边和他们一起面对过去的创伤。即使没有高考，这些情绪也会像定时炸弹一样，迟早在别的事情上引爆，比如在成年后的人际关系中。心理辅导的最终目标是让孩子实现内心成长，更好地面对以后的人生。

有的孩子是因为经历过考试失误，比如中考没有考好，留下了阴影，每到大考前，就控制不住地想万一考不好该怎么办，以至于无法正常答题，越来越没有信心；有的孩子从小就很优秀，但家长和老师希望孩子更进一步，对孩子的期待越来越高，无形中给了孩子很大的压力；还有的孩子受家长、老师"唯分数论"的影响，觉得高考考不好这一辈子就完了。对此，我们可以使用以下几种方法帮助孩子缓解考前压力。

- **学会评估自己的压力**。心理学研究表明，在压力适中的情况下，工作学习的效率最佳，压力过小或过大都会影响我们的效率。可以放松地坐好，闭上眼睛感受一下，这段时间以来，自己的压力都来自哪里，可能有的来自考试，有的来自与同学和家人沟通不顺畅，等等，然后对压力进行 0~10 分的评分。如果得分低于 4 分，说明压力较小，需要适当增加一点压力；如果得分在 6~7 分甚至以上，那么就需要缓解压力，可以采用呼吸放松法、冥想等来进行。
- **使用接纳情绪法**。现在做一个小练习：用一只手代表自己不想要的情绪，另一只手代表自己，试着去推开另一只手，即那种情绪，边推边在心里说"我不能紧张"。你平时有多不想要这种情绪，就用多大力去推那只手，你会发现自己更紧张了，因为那只手也在"反抗"你。接下来换一种方式，将两只手轻轻地合起来，告诉自己"我允许自己紧张、焦虑"，你会发现自己放松了很多。

- **进行积极的自我暗示**。比如，如果我们每天都告诉自己"我能行，我可以"，我们就真的会越来越好；相反，如果你每天跟自己说的是"我不行，我很笨，我肯定不行"，你可能真的就会越来越不好。你的内在声音会潜移默化地影响你。

除此之外，调节情绪的办法还有很多，比如倾诉、运动、写日记等；备考期间的孩子还可以适当运动，劳逸结合。

（三）异性交往问题

中学生个案辅导中经常会遇到和异性交往的困惑，比如交往中的自卑情绪，担心父母、老师施加压力，等等。

首先，不管是当事人还是家长、老师，都要正视这个问题。这个阶段的学生开始出现性的萌动、情感的萌发，这是成长中的正常现象，但家长和老师却如临大敌——异性交往在他们眼中基本等同于"早恋"，经常是在未深入了解的情况下就简单地处理，结果往往适得其反，甚至酿成悲剧。

其次，要帮助当事人厘清青少年的情感中可能更多的是好感、好奇，尤其是一些缺少家庭温暖和父母关爱的孩子，很容易对异性的关爱产生依赖，要让他们意识到这不是真正的爱情。

最后，多共情学生在异性交往中产生的负面情绪，比如有的学生在倾诉的时候满脸迷茫和痛苦，说"我没有变，为什么他不像以前那样对我了呢"。在这种情况下，心理老师的倾听和共情能够让学生感受到被接纳，从而更愿意接受老师的引导。

第9章

校园心理危机的预防与干预

牟惊雷

一、心理危机的处置原则

当发生心理危机事件时,学校要尽快启动危机干预应急机制,协调各方力量加入心理救助中,提供及时的心理帮助,将影响降到最低。

在学校经常发生的心理危机有自杀、自伤、攻击他人、精神疾病发作、灾难发生以后的心理创伤等,学校危机干预小组及各老师要掌握应对不同类型危机的措施,在提供专业帮助时一方面要及时阻止学生的危险行为,另一方面要根据不同危机的具体情况,通过特定的办法尽快帮助发生心理危机的学生恢复正常。

心理危机虽然有不同类型,但需要掌握共同的处置原则。

(一)遵守《中华人民共和国精神卫生法》

处理心理危机的首要原则是要遵守《中华人民共和国精神卫生法》(下简称《精神卫生法》)。法律规定了阻止有心理危机的人伤害自己和其他人的必要性。例如,第二十八条规定,疑似精神障碍患者发生伤害自身、危害他人安全的行为,或者有伤害自身、危害他人安全的危险的,其近亲属、所在单位、当地公安机关应当立即采取措施予以制止,并将其送往医疗机构进行精神障碍诊断。在没有办法自己阻止他伤害自己或其他人的情况下可以考虑报警,警察有义务去阻止危机事件,而且警察的到来可以提升干预者的安全感。

在控制住危险行为后，干预者也不能马上放松下来，因为风险还在，没有完全解决。要想进一步帮助当事人，就应该把他送到医疗机构，尤其是如果这个人已经做出了伤害自己或其他人的行为，或者有伤害自己或者其他人的危险，应当送医。

《精神卫生法》第三十条规定，就诊者为严重精神障碍患者并有下列情形之一的，应当对其实施住院治疗：（一）已经发生伤害自身的行为，或者有伤害自身的危险的；（二）已经发生危害他人安全的行为，或者有危害他人安全的危险的。

（二）安全第一，生命至上

心理危机会带来很多风险，甚至会危及生命，所以心理危机干预的第二大原则是：安全第一，生命至上。当危及生命安全时，干预者的首要工作目标是保障当事人安全，拯救生命。有时，为了这一原则，我们可能不得不用一些看似过激的方法（例如报警）来保护对方的生命。

（三）团队合作

心理危机干预是一项团队工作，不能单兵作战。这是因为仅靠一个人的力量，无法做到全面地帮助对方。心理危机的发生往往有多方面的因素。如果仅由一个人处理，压力会非常大，难免会出现情绪波动甚至情绪崩溃。所以在危机发生前最好有明确的预案，以便处理危机时能够立刻组成一个小组。

（四）预防更重要

相比处理已经发生的心理危机，预防危机的发生更加重要。因为处理每起危机的压力都很大，很多时候都是人命关天的事情，而预防危机就相对容易一些，所以要重视心理危机预防的各项工作。

二、预防心理危机的方法

（一）建立心理危机筛查体系

学校应在新生入学后、老生各学年进行心理健康状态测量，并将学生的心理测量结果纳入心理健康档案。根据科学的评测，建立每个学生独一无二的"心理档案"和多层级心理预警机制。

建议学校采用信息化测评系统。信息化系统可以更好地协助心理教师提升工作效能，更及时地关注每一位学生的心理困扰及情绪问题，更全面地了解所有学生的心理健康状况，并通过数据可视化的记录进行精准评估与反馈。对于学校而言，借助测评工具来对全校学生的心理健康状况有一个动态的、持续的追踪与了解也是非常有益的。同时，信息化系统可以在诸多环节降低人工成本。例如，在测评的实施中，传统的纸笔测验不仅耗时耗力，而且难以归档；如果建设信息化系统，不仅大幅节省人工，而且每次测评都会归入档案，方便查阅。

根据心理测评的结果，以发生心理危机的可能性（心理健康程度）为标准，可以将学生划分为五类（详见表9-1）。

表9-1　　　　　　　　　　心理测评后的等级划分

星级	说明	关注程度
★★★★★	测评结果糟糕，异常反应严重 有即刻的危机风险	立刻采取行动
★★★★	测评结果显示异常反应重 有高度的危机风险	重点关注
★★★	测评结果显示有一定异常反应 有中度的危机风险	持续关注
★★	测评结果显示有轻度异常反应 有轻度的危机风险	日常关注
★	测评结果良好，无异常表现 没有危机风险	无须特别关注

在心理测评后，对于三星至五星的学生，建议由心理老师逐一进行访谈，访谈的目标主要是：

- 确认危机风险，防止学生乱作答；
- 根据评估结果，调整危机等级；
- 对于学生出现危机风险的原因进行评估；
- 给予心理支持和帮助。

心理老师有权在访谈后根据实际情况，修订每个学生的等级，但是必须有充分的理由。

在心理老师确认学生的风险等级后，建议对不同等级的学生进行不同程度的后续干预与追踪（详见表9–2）。

表9–2　　　　　　　　　　不同等级学生的建议处理方案

星级	处理方案	参与人
★★★★★	控制即刻风险为首要目标 建议立刻介入心理治疗 建议立刻去精神科就诊，定期关注其复诊、用药、好转情况 建议父母参与到学生的治疗中 帮助学生解决现实问题 高频率地跟进学生状态	多方联动： 学校 家长 心理老师 精神科
★★★★	降低危机风险为首要目标 建议介入心理治疗 建议去精神科就诊，定期关注其复诊、用药、好转情况 与父母进行沟通，形成合力 对学生开展心理健康教育 帮助学生解决现实问题 高频率地跟进学生状态	多方联动： 学校 家长 心理老师 精神科
★★★	考虑介入心理治疗 考虑去精神科就诊 对学生开展心理健康教育 帮助学生解决现实问题	心理老师为主
★★	对学生开展心理健康教育 帮助学生解决现实问题	心理老师为主
★	对学生开展心理健康教育 如果星级上升，再调整处理方案	一线非心理老师关注

（二）在日常工作中进行危机识别

除了定期的心理测评，在日常工作中对学生进行危机识别也是非常重要的筛查危机的方式。危机识别是指通过观察、交流或其他日常互动，来识别某些学生是否有潜在的心理危机需要进行干预。

在学校工作中，心理危机发生前往往有明确的信号和征兆，各位老师可以通过以下方式来寻找心理危机的线索。

- 对学生进行日常观察与记录，包括学生在课堂、课外的表现，学生的学业成绩，学生与同学、老师的互动，学生在校园中的生活起居等；
- 定期与学生进行交流；
- 定期与相关老师进行交流；
- 从社交网络中获得信息；
- 查阅学生档案，检查可能出现的风险及保护因素；
- 与家长会面或在有需要时家访；
- 其他可能的方式。

心理危机的线索详见表9-3。

表9-3　　　　　　　　　　　心理危机的线索

情绪线索	言语线索	行为线索
严重的焦虑，烦躁不安	"我希望自己已经走了"	谈论与自杀有关的事
抑郁、消沉、丧失兴趣	"我不会再活很久了"	开自杀方面的玩笑
强烈的悲伤（病理性）	"死了多好啊"	谈论自杀计划，包括自杀方法、日期和地点、自杀工具等
无望，甚至绝望	"××死了，我也想和他/她一样"	准备自杀计划，尤其是工具
愤怒，尤其是指向自己的	"很快我的生活就要结束了"	写遗书
内疚、自责	"很快我的问题都要解决了"	在社交媒体上发表宣言
无价值感、无意义感	"你很快就不用担心我了"	整理个人事务，交代后事
孤独、空虚	"我受够了"	与人发生冲突的频率变高
无助、不知所措	"哪里可以安乐死"	突然变得很平静、喜悦
强烈的失控	"如果……我就自杀"	对宗教产生/脱离兴趣
	"没有我，××会更好"	物质滥用
	"没有人能帮我"	和亲朋好友道别
	"我看不到任何的希望"	
	"活着有什么意思"	

三、危机干预的方法

（一）危机干预的步骤

1. 保障安全

在危机干预过程中，危机干预者应将保障当事人的安全作为首要目标。保障安全就是将当事人对自己和他人的危险降到最低。在整个检查评估、倾听和制定行动策略的过程中，安全问题都必须予以足够的关注。

对于有自杀倾向的当事人，要使其远离可能造成伤害的物品、器械、地点，必要时实施监护或者在法律许可的情况下送医院治疗等。

2. 确定问题

确定问题的目标是准确了解学生所遇危机的大概类型和原因，由比较了解当事人情况的老师进行。

首先，从当事人的角度，确定和理解他的问题。干预者不应该在问题不明确的情况下就开始实施干预。

其次，在危急的状态中，干预者要通过恰当的会谈技术，耐心倾听、共情、真诚、接纳，以尊重的态度来把握当事人的核心问题，与之建立良好的治疗关系，为下一步干预确定方向和打下坚实的基础。

3. 危机评估

危机评估的目标是准确了解当事人危机的风险程度，由心理老师进行。对危机个案的评估可参考徐凯文博士编制的自杀自伤评估表（详见表9-4与表9-5）。

表9-4　　　　　　　　　　　　自杀自伤评估表

	无	有（低）	有（高）
评估自杀、自伤计划	0	1	2
评估既往的自杀、自伤经历	0	1	2
评估目前的现实压力	0	1	2

续前表

	无	有（低）	有（高）
评估目前的支持资源	2	1	0
评估是否进行过诊断	0	1	2

结果分析：

0~2分。可以让学生回家，但要报告督导老师，需要对学生进行观察随访。

3~4分。报告行政领导与心理老师，密切观察随访；24小时监护，24小时后再评估。可以通知父母。

5~6分。报告行政领导，密切观察随访；通知父母，送精神科门诊，或精神科会诊；24小时监护，强烈建议住院。

7~10分。通知父母，立即住院。

表9–5　　　　　　　　　　**自杀自伤评估的具体内容**

评估自杀、自伤计划	第一，直接询问，如"你想过用什么方式结束自己的生命"，也可以委婉地问"你是否有过极端的想法"等 第二，评估计划的具体性，一定要多问细节，如"你想过如何自杀吗？在哪儿？什么时间？是否购买了工具？自杀前打算做些什么？失败了怎么办？替代方案是什么？" 第三，注意评估潜在的自杀计划，需要注意以下几点 • 具体性，指当事人自杀计划的细节 • 致命性，指的是当事人的计划一旦实施，在多快的时间之内会导致死亡。致命性越强，自杀的风险就越高 • 可行性，指当事人实施自杀计划的现实可能性，以及自杀成功的可能性
评估既往的自杀、自伤经历	**第一，区分当时自杀计划的严重性。**是只存在自杀意念，还是制订了相当具体的自杀计划，还是真正实施过自杀行为（但未遂） **第二，询问当时的具体情况。**为什么自杀？发生了什么？在哪儿实施的自杀？什么时间？用了什么工具？什么让当事人放弃自杀的？当事人是怎么活下来的？谁救了他？活下来后的情绪如何
评估目前的现实	可以让当事人用0~10分来主观评估自己的总体压力，也可以由心理老师客观上评估当事人的情绪、身体、行为是否受到影响？可以从以下几个方面进行评估： • 自己/当事人如何看待压力（是否可以承受，是否有足够的自我效能感） • 自己/当事人的应对方式如何？是否有效？有哪些抗压成功的经验 • 自己/当事人的社会功能是否受到影响

续前表

评估目前的支持资源	首先，可以从以下几个方面评估当事人具备哪些支持资源 • 人际支持资源，包括与父母的关系，与朋友、师长、同伴之间的关系 • 专业资源，包括能否得到精神科医生、心理咨询师等专业人士的帮助 • 精神资源，包括能否从宗教信仰、哲学中汲取力量，从对社会和国家的认同中获得能量、希望感等 • 个体内部资源，如上一次发生危机时，当事人成功应对的经验 • 现实资源，包括良好的工作、经济状况、社会地位等方面 其次，确定资源的可利用性，例如 A：有很多同学，但没有一个亲密的朋友，与父母的关系也不好 B：有一个很信任的丈夫，多次帮助她渡过难关 显然，虽然看上去B拥有的资源数量比A少，但是该资源的可利用性极高
评估是否进行过诊断	需要询问学生是否去过精神科医院，是否进行过诊断，是否正在服用精神科药物。如果没有，心理老师需要迅速判断学生是否明显存在以下问题：精神分裂症、抑郁症、双相障碍、焦虑障碍、强迫症、惊恐发作、进食障碍、创伤相关障碍（如PTSD），一旦发现就需要转介到精神科 还可询问学生其家族是否有精神病史，作为参考，如果有家族病史，那精神障碍的发病率会更高

4. 行动干预

行动干预是指阻止来访者即将要做出的伤害性行为。以下是行动干预的要点：

- 团队工作，一边尽可能地找到学生，一边联系同事、家长等人一起协作；
- 发挥家长的作用（提前和家长建立好关系）；
- 发挥医疗机构和警方的作用；
- 做好记录，详细记录下每个步骤；
- 做好自我照顾，好好放松、休息、娱乐；
- 不要妄图拯救每一个人，尽己所能但放低期待；
- 制订安全计划，建议与学生、家长一起进行三方会谈。

制订安全计划的目的是让学生知道在有自杀危险的时候该如何应对。各学校可以根据实际情况制作自己的模板并打印出来。建议在安全计划制订后，学生、咨询师、紧急联系人共同签字。安全计划也可用于后续的干预中。

在家长到来之前，也可能会出现需要班主任、生活老师、任课老师陪护的情况，此时应该确保学生的安全，规避危险，具体要做到以下几点。

- **做好陪护**：安排教师陪护或同学陪伴，避免学生独处；监护者不少于2人，学生上卫生间时需有专人陪护（由同性教师或同学陪同）。
- **需要规避危险因素**：尽可能安排学生待在安全的区域，如楼层较低的房间。
- **需要隔离危险物品**：采取必要的安全措施，让学生接触不到危险工具，如检查学生身边的潜在危险物品，暂时保管刀具、剪刀、绳索、药物等，及时清理接触范围内的危险物品。

5. 后续干预

后续干预是指即刻的危机解除之后，针对更深入的问题进行工作，例如进行心理咨询、精神科治疗等。

尤其是当心理老师评估后，认为该学生确实存在自杀、攻击他人的风险，或患有精神分裂症、双相障碍、偏执性精神病等重性精神病，应联系家长，及时告知情况，并要求家长到校履行监护责任。

如果家长未能到校或拒绝到校，情况有危险时，要取得家长的授权书，授权学校代理履行监护和治疗责任。

如果家长未能到校和不愿到校，且不愿意授权学校代行监护责任，或者不同意转送相关部门处理，应要求家长提供知情同意的免责声明书。

如果家长完全拒绝与学校合作，或者无法联系到家长，而经过学校心理咨询中心或相关医院、部门评估确实存在危机，需要门诊、住院或其他校外机构参与处理的，可依法报警，请求警察依法采取必要措施以保障学生的安全，同时做好记录。

6. 跟踪措施

发生危机后，应将当事学生列入重点关注名单，每隔一段时间进行一次后续跟踪。具体方法包括以下几种。

- 定期进行心理测评，了解学生的心理变化情况。一般，测评以每学年或每学期一次为宜。
- 由心理老师或行政主任进行定期访谈，从学生、家长等多方面了解情况，主要目标是：询问状况，表达关心；再次评估危机风险；询问资源利用情况（例如心理咨询情况、精神科治疗情况等），以及利用资源中是否存在阻碍；

安全计划的有效性，是否需要修改；尽量与其亲属、监护人建立关系；进一步提供资源或转介。

- **定期开展心理会商。**心理会商即每个月由行政主任发起，联合重点关注名单上的学生监护人、任课老师、心理老师一同商讨，同步学生的近况，以便更好地进行后续帮助。

如果学生因心理问题而休学，那么在复学前，学校和家长需进行一些准备工作。具体如下。

- **家校联系：**学生复学前，家长应提前与班主任取得联系，告知学生目前的情况；复学时必须由家长陪同，办理相关手续后方可复学。
- **拿到医学证明：**如果学生曾被诊断为某一心理障碍，返校时需出具县级以上精神专科医院的医疗证明，并携带相关医疗文件（出院小结、各种检查清单及复印件等）。复学前应由班主任陪同该学生到心理老师处进行复学评估，评估通过方可复学，并签订相关文件。
- **安排必要陪护：**如果休学期满，学生根据县级以上精神专科医院医疗证明返校复学，但医疗评估仍有自我伤害或伤害他人的倾向，或经过心理辅导中心评估仍有自我伤害、伤害他人的倾向的，根据《精神卫生法》，其近亲属需要到校履行监护陪住责任。如果近亲属由于主客观原因拒绝监护，则需要签署免责声明。
- **跟踪随访：**对于有明确精神医学诊断的学生，应督促其定期去医疗机构复诊，心理老师跟进复诊的情况，并做好相应的报表归档工作。

（二）危机干预的记录

危机干预记录要时做时记，千万不要拖延，每做完一部分工作尽量在 12 小时内完成记录。在危机干预过程中，心理老师需要记录的内容包括以下几个方面（详见表 9-6）。

表 9-6　　　　　　　　　　危机干预的记录内容

当事人的主观与客观材料	主观材料包括：疾病诊断；对于当事人问题的分析与判断；对于治疗方法的预期 客观材料包括：当事人基本信息；主诉、生活事件；当事人的情绪、行为、想法、期待（记录原话）；病史、个人史、家庭史、治疗史、自杀史

续前表

与危机相关的线索	与危机相关的线索包括情绪线索、言语线索和行为线索
与危机发生相关的表述	最好记录当事人的原话，如"活着没意思，不如死了好""我所有的问题马上就要结束了""我死了对每个人都好"。尤其注意当事人过往的自杀经历，要重点记录下来
心理老师的处理	针对当事人的自杀意念、计划或行动，心理老师做了哪些工作，这些工作包括哪些步骤，都需要记录下来。其他额外工作，如联系当事人的紧急联系人、报警、参与督导等，也需要记录下来
心理老师的决策依据	心理老师需要记录下自己对当事人危机的严重、紧急程度的判断结果与依据，可以参考"危机评估"小节的内容，建议保守一些
记录否定回答	如果心理老师就某项危险因素询问当事人，当事人做出了否定的回答，那么就需要将这一否定回答记录下来。例如，心理老师可能会问："近两周内，是否会有自伤或自杀的计划"，如果当事人的回答是"没有"，那就记录下来，否则就会被当作没有问过 非心理专业的教师、管理人员可以使用记录表进行一般性记录，也可参考上述内容

（三）危机干预的伦理与法律依据

1.《中华人民共和国精神卫生法》

第二十八条规定，除个人自行到医疗机构进行精神障碍诊断外，疑似精神障碍患者的近亲属可以将其送往医疗机构进行精神障碍诊断。对查找不到近亲属的流浪乞讨疑似精神障碍患者，由当地民政等有关部门按照职责分工，帮助送往医疗机构进行精神障碍诊断。

疑似精神障碍患者发生伤害自身、危害他人安全的行为，或者有伤害自身、危害他人安全的危险的，其近亲属、所在单位、当地公安机关应当立即采取措施予以制止，并将其送往医疗机构进行精神障碍诊断。

医疗机构接到送诊的疑似精神障碍患者，不得拒绝为其作出诊断。

第三十条规定，精神障碍的住院治疗实行自愿原则。

诊断结论、病情评估表明，就诊者为严重精神障碍患者并有下列情形之一的，应当对其实施住院治疗：

（一）已经发生伤害自身的行为，或者有伤害自身的危险的；

（二）已经发生危害他人安全的行为，或者有危害他人安全的危险的。

第三十一条规定，精神障碍患者有本法第三十条第二款第一项情形的，经其监护人同意，医疗机构应当对患者实施住院治疗；监护人不同意的，医疗机构不得对患者实施住院治疗。监护人应当对在家居住的患者做好看护管理。

2.《中国心理学会临床与咨询心理学工作伦理守则（第二版）》

3.1 专业服务开始时，心理师有责任向寻求专业服务者说明工作的保密原则及其应用的限度、保密例外情况并签署知情同意书。

3.2 心理师应清楚地了解保密原则的应用有其限度，下列情况为保密原则的例外：（1）心理师发现寻求专业服务者有伤害自身或他人的严重危险；（2）不具备完全民事行为能力的未成年人等受到性侵犯或虐待；（3）法律规定需要披露的其他情况。

3.3 遇到3.2（1）和（2）的情况，心理师有责任向寻求专业服务者的合法监护人、可确认的潜在受害者或相关部门预警；遇到3.2（3）的情况，心理师有义务遵守法律法规，并按照最低限度原则披露有关信息，但须要求法庭及相关人员出示合法的正式文书，并要求他们注意专业服务相关信息的披露范围。

4.1 心理师应在专业能力范围内，根据自己所接受的教育、培训和督导的经历和工作经验，为适宜人群提供科学有效的专业服务。

（四）具体伦理议题的处理意见

1. 学校履责的问题

对于学校是否履责的问题，需要注意的要点是：对于危机需要有专业、准确的评估；危机处理要合法、合理；平时就与家长建立良好的信任关系，与家长统一战线；所有记录、文档、录音、录像等正式文件都需要保留。

2. 保密的问题

参照《精神卫生法》和《中国心理学会临床与咨询心理学工作伦理守则（第二版）》，建议保守处理，如有明确的危机倾向，建议突破保密原则，与监护人协同工作。

3. 如何报道危机情况

以自杀危机为例，WHO 的文件显示已有足够证据证明报纸、电视等媒体对自杀事件的大肆渲染可引发自杀数量激增，其中青少年群体尤为明显。此外，如果处理不当还可能会出现较大的舆论危机，例如成都市第四十九中学的案例。

因此，学校报道自杀事件的原则和禁忌如下。

应该做的：

- 当描述自杀的事实时，与该领域专家密切协商；
- 用"自杀完成"一词取代"自杀成功"；
- 只提供相关数据，不提供细节；
- 指明死者除自杀外尚有出路；
- 提供救助机构的信息；
- 宣传自杀前的征兆，进行心理教育。

不应该做的：

- 不应刊登死者照片或遗书；
- 不应详细描述自杀的方法；
- 切忌将自杀归结为某单一原因；
- 不应美化自杀行为；
- 不应将自杀归因为宗教原因；
- 切忌相互埋怨。

学校在报道的时候，可以充当协助学生避免自杀的积极角色。学校可以做的事情有：

- 列出学校相关心理、精神健康机构的电话号码及地址，以及预约方式；
- 广泛宣传自杀前的征兆，进行心理科普教育；
- 宣传抑郁与自杀密切相关，以及抑郁症是可治之症；
- 对自杀者的家人表示同情并提供专业救助机构的电话号码，以降低其自杀风险。

第 10 章

学校心理健康课程的设计与实施

徐凤花

一、学校心理健康课程概述

（一）学校心理健康课程的特点

心理健康课程的特点是要通过训练、辅导、暗示、感悟等方式提高学生的心理素质，解决学生的心理困惑，促进学生的心理健康，培养学生的心理品质，这也是现代教育理论和社会发展对每一位教师提出的要求。

- 课程以学生为中心，重视学生的人格塑造，促进学生的心理发展；
- 课程以问题为中心，理论联系实际，帮助学生解决心理困惑；
- 课程以活动为中心，注重心理感悟，塑造学生良好的心理品质。

（二）学校心理健康课程的原则

1. 面向全体、关注个别差异原则

这一原则要求我们在设计心理健康课程的目标和内容、制订课程计划时要着眼于全体学生，考虑大多数学生共同需要与普遍存在的问题；关注个别差异要求教师在了解学生共性的同时，更要注重了解学生的个别性、差异性，对不同的学生区别

对待，特别要关注那些内向、沉静、腼腆、不善于表达的学生，避免他们成为班级里的"观众"。

2. 坚持科学性与实效性相结合原则

要根据学生身心发展的规律和特点及心理健康教育的规律，科学开展心理健康教育，注重心理健康教育的实践性与实效性，切实提高学生心理素质和心理健康水平。

3. 学生主体性原则

在教学过程中，教师要充分调动学生的主体性和创造性，切忌把这门课上成知识的灌输课，应不断发现学生经常遇到的心理问题，并借题点拨，促其自悟，使学生真正领悟问题实质，认知水平得以提高。

4. 灵活性原则

由于不同学校的特色不同，同一学校不同班级的特点不同，同一班级的不同学生，情况也有差异，因此要根据不同对象来设计课程活动，体现灵活性。

5. 同感性原则

心理健康课程的教学成效更多地体现在态度的形成或改变上，是一个情感交流的过程。教师在上心理健康课时，扮演的不仅是老师的角色，更是学生信赖的朋友。教师要使自己处于与学生平等的地位，自觉地意识到并且使学生也意识到双方在人格、权利上是平等的。

二、学校心理健康课程的设计与实施

（一）学校心理健康课程的实施流程

一般而言，一堂完整的心理健康活动课的实施流程包含以下四个主要环节：导入阶段、活动阶段、总结阶段和课后延伸阶段，详见表10-1。

表 10–1　　　　　　　　　　心理健康课程的实施流程

环节	目的与内容
导入阶段（占比 5%）	目的：激发学生参与活动的积极性，让同学们提高兴趣和有所期待，以便更好地配合教学 方法：通常采用热身法、案例法、故事法、游戏法等 注意事项：导入应该与本课的主体有关，形式要根据学生的年龄特点来设计
活动阶段（占比 80%）	这一部分是教学的主体部分，是教学的具体实施，也是课程成败的关键 要始终抓住学生的注意力，与此同时还要注意带给学生强烈的情感体验 这一部分大致包括以下过程：设置情景→引导讨论→催化动力→自我开放→沟通分享→引发领会
总结阶段（占比 10%）	教师要巩固并深化学生的情感体验，强化成果 主要包括以下过程：总结升华→整合经验→促成行动
课后延伸阶段（占比 5%）	鼓励学生将课程中所收获的领悟与成果迁移到日常生活中去，强化教学效果，为下一单元的教学奠定基础

（二）不同学段心理健康课程内容的设置

心理健康教育应从不同地区的实际和不同年龄阶段学生的身心发展特点出发，循序渐进，设置分段的具体教育内容，详见表 10–2。

表 10–2　　　　　　　　不同学段的心理健康课程内容要求

学段	能力要求				
	自我认知	学习能力	人际交往	情绪调适	社会适应
小学低年级（一年级到三年级）	初步了解自己，能够进行简单的自我介绍	初步感受学习的乐趣，养成良好的学习惯	乐于与老师、同学交往，掌握基本的交友礼仪，感受友情，初步形成集体意识	感受学校生活的乐趣，能够表达自己的情绪，通过体验集体生活获得安全感和归属感	适应新环境、新集体和新的学习生活，初步形成纪律意识、时间意识和规则意识，形成正确的角色意识
小学高年级（四年级到六年级）	能够正确认识自己的优缺点和兴趣爱好，在生活中悦纳自己	端正学习动机，调整学习心态，正确地看待成绩，体验学习成功的乐趣	恰当地与异性交往，建立并维持好与异性同伴的关系，扩大人际交往范围	克服学习困难，能够正确地处理厌学等负面情绪，能够恰当地体验和表达情绪	初步形成解决问题和分析问题的能力，产生更多的亲社会行为

续前表

学段	能力要求					
	自我认知	学习能力	人际交往	情绪调适	社会适应
初中	能够客观地评价自己，正确地认识自己青春期的生理变化和心理特征	适应初中阶段的学习环境和学习要求，形成正确的学习观念和学习风格，改善学习方法，提高学习效率	愿意与教师、父母沟通，把握与异性交往的尺度，建立良好的人际关系	正确处理厌学情绪和考试焦虑，能够控制冲动行为，能够进行恰当的情绪表达和体验，掌握基本的调节情绪的技能，能够对自己的情绪进行有效的管理	把握升学方向，初步形成职业规范意识，树立早期的职业发展目标，逐步适应生活和社会的各种变化，着重培养应对失败和挫折的能力
高中	确立正确的自我意识，树立人生理想和信念，形成正确的世界观、人生观和价值观	培养创新精神和创新能力，掌握学习策略，开发学习潜能，提高学习效率，积极应对考试压力，克服考试焦虑	正确认识自己的人际关系状况，培养人际沟通能力，促进人际间的积极情感反应和体验，正确对待和异性同伴的交往，知道友谊和爱情的界限	进一步提高承受失败和应对挫折的能力，形成良好的意志品质	在充分了解自己的兴趣、能力、性格、特长和社会需要的基础上，确立自己的职业志向，培养职业道德意识，进行升学就业的选择和准备，培养担当意识和社会责任感

三、学校心理健康课例

（一）小学低年级心理健康课例

人际关系教育课程《我帮你，你帮我》

理论依据： 本节课《我帮你，你帮我》选自长春出版社《小学心理健康教育》二年级下册第一课，重在培养学生团结友爱的人际交往能力，这也符合积极心理学所倡导的要唤醒小学生友善与爱的积极心理品质，使其学会友善待人，感受到互帮互助的快乐，学会和同学互相帮助，体会友好相处是一种爱的表现。

教学目标

1. 学生懂得生活中大家要互相关心和互相帮助的道理。
2. 学生体会到帮助别人的重要性，愿意主动帮助别人。
3. 学生感受到帮助别人很快乐，能够和同学互相帮助，意识到友好相处是一种爱的体现。

教学重点

1. 学生懂得生活中大家要互相关心和互相帮助的道理。
2. 学生体会到帮助别人的重要性，感受到帮助别人很快乐。

教学难点

学生学会帮助别人，做到互相帮助，友好相处，将爱不断传递下去。

教学准备

PPT、小猪佩奇卡片、眼罩、花朵卡片

教学设计

一、新课导入

（一）教师提出问题：同学们，看看这是谁？

学生：（兴奋）小猪佩奇。

（二）教师提出问题：看来大家都很喜欢小猪佩奇呀，小猪佩奇也很喜欢大家，可是今天她有话和大家说，我们来听听吧。（播放小猪佩奇录音）

学生认真听。

（三）教师提出问题：小猪佩奇怎么了？

学生：小猪佩奇的鼻子不见了，它很伤心。

（四）教师提出问题：现在难过的佩奇急需一个鼻子，谁愿意帮助它呢？

学生：我们愿意。

（五）教师小结：有这么多同学愿意帮助小猪佩奇，这节课我们就来学习和帮助有关的话题——《我帮你，你帮我》。

【设计意图】神秘、有趣的小猪佩奇丢鼻子事件，吸引了学生的注意力，激发了学生强烈的好奇心和参与热情，同时唤醒了学生想要去帮助别人的浅层意识，从而引出课程主题。

二、讲授新课

（一）教师提出问题：我们一起加入帮助佩奇贴鼻子的行动吧。想要帮助佩奇可不是一件容易的事，我们先来看看活动规则：（1）同桌两人剪刀、石头、布，赢者进行活动，其他同学安静观察；（2）参加者需要闭上眼睛完成；（3）参加者只贴一次，完成后迅速、安静坐好。看谁能帮助佩奇贴上最合适的鼻子！

学生进行活动。

（二）教师提出问题：同学们都贴完了，贴得怎么样呢？贴的同学可以给其他同学看一看，并且分享一下，你贴的时候是什么感觉？贴的结果如何？

学生1：我贴歪了，贴的时候很迷茫，不知道怎么贴。

学生2：我贴到了佩奇的身上，看不见，不敢贴。

（三）教师提出问题：你在旁边看同桌贴的时候有什么感受？观察到了什么？

学生：感觉同桌贴的时候什么也看不清，就是随便贴的。

（四）教师提出问题：看来帮助佩奇贴上合适的鼻子还是挺难的。那大家想想，有什么办法能让我们贴得更准确一点呢？

学生1：可以帮助同桌。

学生2：同桌告诉我就好了。

（五）教师提出问题：这个办法听起来不错。下面就请大家用你们认为最有效的方法帮助同桌完成任务。完成后请迅速、安静坐好。

学生进行活动。

（六）教师提出问题：这回大家贴得怎么样？谁来分享一下。这回你贴的时候是什么感觉？结果如何？

学生1：这回我贴的时候同桌帮助了我，我感觉比上一次快了很多。

学生2：这回我贴得很准确，帮助了佩奇，我们很开心。

（七）教师提出问题：你是怎么帮助同桌的？完成任务后你的心情怎么样？

学生3：我告诉了同桌该往哪里贴，同桌贴得很准确，一起完成任务我们很开心。

（八）教师小结：同学们都很聪明，活动中都有所感悟，有所收获。当我们遇到困难时，就会感到迷茫、无助，特别希望别人来帮助我们。如果得到帮助，我们会由衷地感到温暖，而帮助别人的人也会因此感到快乐。可见帮助别人是多么重要呀！由于大家的共同努力，我们帮助佩奇贴上了合适的鼻子，佩奇有话要和大家说。
（播放佩奇音频）

【设计意图】第一次给佩奇贴鼻子时，很多学生都没有贴好，出现的困难激发他们思考怎么才能做得更好、更准确。大多数学生都在自己身上找方法，一时间思考陷入了僵局，只有个别同学想到可以帮助别人，这真实地反映了学生们在生活中缺少主动帮助他人的意识与行为。第二次在同桌的帮助下贴得很准确，使同学们深刻意识到帮助的可贵，从而感受到帮助别人很快乐，被帮助很幸福。

（九）教师提出问题：同学们，生活、学习中不仅要有帮助别人的意识，还要懂得如何帮助他人。你们会帮助别人吗？

学生：会。

（十）教师提出问题：我不信！那我们一起来帮帮这几位同学吧！你会怎么做？怎么说呢？

同学1趴在桌子上，感觉不舒服；同学2不会跳绳。

学生回答。

（十一）教师提出问题：谁能总结一下，我们可以通过哪些方式来帮助别人？

学生：可以通过语言和行动来帮助身边的人。

（十二）教师小结：同学们都很棒，都是能主动帮助别人的小天使！

（十三）教师提出问题：那是不是只要我们帮助别人，就是助人的"小天使"呢？

学生：不是，有时候会帮倒忙。

（十四）教师提出问题：我们来看一个例子。好朋友写作业时遇到了不会的题，同桌给他看答案。这样做对吗？

学生：不对，这样他到考试的时候还是不会做。

（十五）教师小结：同学们说对了，给他看答案，本意是想帮助他，初心是好的，但方法不妥当，这样到了考试的时候他还是不会做，只有真正让他学会，才是帮助他。

【设计意图】灵感来自现实，问题来源于生活。同学之间针对问题展开的小小辩论，是思想的碰撞，能够促进其辩证地看问题，使学生意识到要想真正有效地帮助他人，就要选择恰当的方法。

（十六）教师提出问题：有一朵小花，它也很会帮助别人，关于它还有一个动人的故事呢，大家想听吗？

教师讲绘本故事《彩虹色的花》。

（十七）教师提出问题：大家喜欢这朵光秃秃的花吗？为什么？

学生：喜欢，因为它帮助了很多小动物，不求回报。

（十八）教师小结：说得对！虽然彩虹色的花没有了美丽的花瓣，但是帮助了很多小动物，不求任何回报。

【设计意图】绘本故事《彩虹色的花》，情节生动，富有内涵，能够引导学生动脑思考，总结出喜欢彩虹色的花是因为它愿意主动帮助他人，而且不求回报，每一位同学都愿意向它学习。

（十九）教师提出问题：虽然我们在帮助别人时不求回报，但是面对曾经帮助过我们的人时，我们该如何表达呢？

学生：表达感谢，也去帮助他们。

（二十）教师提出问题：下面我们就一起制作感谢花。在花的中间写上一个曾经帮助过你的人的名字。分享一下，你写的是谁？为什么呢？

学生回答。

（二十一）教师提出问题：大家发现了什么？

学生1：我们可以"连"起来。

学生2：帮助别人可以不断传递下去。

（二十二）教师小结：帮助他人让我们紧密地联结在一起了。

（二十三）教师提出问题：其实不仅是我们，生活中有些人正在这样做，我们来看一下（介绍一些帮助他人的榜样故事）。大家有什么感受？

学生：帮助他人可以传递下去。

（二十四）教师小结：帮助别人是一种爱的表现，生活、学习中一个小小的举动，就会让我们的爱不断传递下去。说不定有一天爱就会回到我们自己身上。

（二十五）教师提出问题：那同学们，当光秃秃的花孤零零地开在大地上时，谁会来帮助它呢？

学生：小动物们。

（二十六）教师提出问题：是呀！当我们主动帮助别人时，有一天，我们遇到困难了，别人也会主动来帮助我们。这就是我们这节课学的《我帮你，你帮我》。

【设计意图】升华主题，让学生记忆深刻，使学生观察、感悟到帮助是可以传递的，帮助别人是一种爱，要将这种爱不断传递下去，感恩帮助过我们的人，同时去帮助更多需要帮助的人。

三、课堂小结

（一）教师提出问题：这节课大家有什么收获呢？

（二）教师小结：这节课我们通过活动感受到了帮助别人很快乐，得到帮助很温暖。帮助别人的方式有很多，比如通过眼神、语言或动作，帮助别人时方法要恰当。帮助别人要不求回报，得到帮助要学会感恩。

（二）小学高年级心理健康课例

自控力教育课程《拒绝诱惑》

设计理念

通过本节课的学习让五年级的学生意识到身边会有很多诱惑，需要通过自己的能力去拒绝它，而这种能力就是自控力。自控力能让人对自身的冲动、感情、需求等进行正确控制。课程从不同的角度出发，使学生感受到缺乏自控力会给自己的生活带来很多影响，甚至会造成伤害；体验到自控力的重要性后，就能够主动学习在不同情景下，应如何做出正确的判断，拒绝外界诱惑。

教学目标

1. 学生意识到自己可以很好地控制自己的行为、需求。
2. 学生体会到自控力并非随时存在，可以适当表达真实情感。
3. 学生学会在面临不良诱惑时如何拒绝。

教学重难点

学生通过学习了解自控力，并且更好地运用自控力爱护自己、保护自己，拒绝诱惑。

教学过程

一、课程导入——憋笑挑战

教师提出问题：我们先来做一个活动，叫憋笑挑战，要求就是在观看视频的过程中不许笑，大家清楚了吗？

学生参与活动。

教师：刚刚有同学一直在笑，甚至有人还笑出了声，想笑却不能笑真的很难受。在生活中，也有很多特别吸引我们的事情，我们想做却不能做。如何拒绝这些诱惑呢？这节课我们就来学习《拒绝诱惑》。

【设计意图】通过憋笑活动让学生感受到忍耐是一件很困难的事情，在生活中，学生经常会遇到充满吸引力的诱惑，这时应该怎么做就是一个值得思考的问题，从而引出本节课题目。

二、讲授新课

（一）教师提出问题：要想拒绝诱惑，我们一定要拥有一种超强的能力，就是自控力。什么是自控力呢？其实就是控制自己言行的能力，那作为五年级学生的你们，在什么时候需要控制自己的行为呢？

学生思考。

（二）教师提出问题：同学们分组讨论一下，在下面这些场景中，我们的言行举止应该注意什么？讨论时间为两分钟（场景一：医院；场景二：马路；场景三：玩具商店；场景四：公交车）。

学生讨论。

（三）教师提出问题：现在我们分小组进行分享，要求是先告诉大家你们组所在的场景，然后再说说处于这种场景下，需要注意哪些事情。

学生：（1）医院：不能大声说话，以免影响病人休息；戴好口罩，以免自己被感染；回家后需要洗手。（2）马路：要看车；不能在马路上玩耍；过马路要看红绿灯。（3）商店：不能随意乱跑；想要的东西家长不给买时，不能大哭大闹。（4）公交车：不要在公交车里打闹；要站稳扶好。

（四）教师总结：原来生活中有这么多需要我们注意的事情，这时自控力就会不断提醒我们。如果我们随心所欲地放任自己的言行，又会如何呢？下面我们一起来看看吧。

你的好朋友在操场上摔倒了，看起来很滑稽，这时你没有控制自己，放声大笑，结果会是什么呢？

上课时，老师正在讲课，同桌跟你说了一些有趣的事情，你被吸引了，结果会是什么呢？

你正在家里做作业，朋友喊你出去玩，你收起作业就去了，结果会是什么呢？

学生：（1）可能同学会生气，不理睬自己；（2）影响自己学习，影响老师讲课；（3）当天作业没写完，或者写到很晚，第二天听课没有精神。

（五）教师提出问题：没有了自控力，这些事情可能会让我们与朋友之间的关系如何？学习效率如何？成绩又如何？

学生认真倾听并思考。

教师总结：看来自控力是必不可少的，但它一定要随时存在吗？比如当你生病难受时，一定要忍住不说吗？或许你更需要他人的安慰。当你看到让你想哭的电影时，一定要忍住不哭吗？或许你需要用眼泪来表达你的难过。所以尽管我们有时的确需要自控力，但有时也可以表达真实的情感。

学生认真倾听。

【设计意图】让学生思考在不同的生活场景中是否需要自控力。学生根据自己的生活常识进行分析，从而意识到什么时候需要自控力，什么时候可以表达自己。

三、知识拓展

（一）教师提出问题：同学们，你们喜欢吃棉花糖吗？

学生思考。

（二）教师提出问题：喜欢就说出来（发给每位同学一小包棉花糖）。有几个小朋友也很喜欢棉花糖，棉花糖就摆在他们眼前，但他们却要控制自己不去吃，这是为什么呢？我们来看看发生了什么事情（播放视频）。

学生认真观看。

（三）教师提出问题：最后这几个小朋友吃到了几个棉花糖？他们在整个过程中都是怎样做的？

学生：有的吃到了1个，有的吃到了2个，有的根本不看，有的摸了摸棉花糖。

（四）教师提出问题：大家对棉花糖这种有吸引力、有诱惑力的东西还是有自控力的，但是很明显每个小朋友的自控力是不同的。我刚刚隐约听到有捏塑料袋的声音，是不是你们也控制不住自己了呢？谁来说说这个过程中的感受？你们在生活中，有没有抵挡住或者抵挡不住诱惑的经历呢？谁能分享一下？

学生认真思考。

（五）教师提出问题：刚刚同学们分享了自己的经历，有的诱惑的确是让人很难拒绝。除了刚才所说的这几个诱惑，我们还会面临哪些诱惑呢？

学生认真思考。

（六）教师提出问题：陌生人为了让你开门给你的糖果、不卫生的小食品等，都属于诱惑。如果诱惑出现时，我们的自控力恰好不足了，该怎么办呢？

学生认真思考。

（七）教师提出问题：如果妈妈感冒了，在家里休息，这时同学来找你玩，你该怎么办？

学生：先做该做的、重要的事情。

（八）教师提出问题：如果去别人家做客，相中了人家的玩具，特别想要拿走，你该怎么办？

学生：想想这样做的严重后果。

（九）教师提出问题：如果有人让你偷拿家里的钱，一起去网吧玩游戏，你该怎么办？

学生：面对不良诱惑，要学会判断，坚决说不。

（十）教师补充：除了这些方法外，我们还可以寻求父母、老师、同学的帮助。

【设计意图】学生通过观看棉花糖实验视频，不仅了解到自己要去抵制诱惑，还能够体验到克制自己的过程。在情景分析过程中，学生能够针对不同场景分析该怎么去拒绝诱惑，从而学会克制自己。

四、课程总结

教师总结：随着我们慢慢长大，面对的诱惑会越来越多，希望同学们能凭借强大的自控力去拒绝诱惑，从而更好地爱护自己、保护自己。

（三）初中心理健康课例

学习教育课程《正视压力，学会减压》

设计理念

随着时代的发展，社会竞争越来越激烈，初中生的学习压力也越来越大，关于学生身心疲劳不堪重负的报道屡见不鲜。学生们不仅面临着忙碌紧张的学习，还要应对中考的挑战，可以说正处于一个重要的发展阶段，这些都使得他们处于无形的巨大压力之下，普遍出现了焦虑、烦躁等不良情绪。但由于初中生应对压力的心理准备不足，抗压能力较弱，因此，对他们开展以压力管理为主题的心理课程是非常有必要且迫切的。

教学目标

知识与技能：了解压力存在的必要性，以及压力与学习效率之间的关系；对自己的压力来源产生明确的认知；掌握缓解压力的方法。

过程与方法：通过团体动力恢复心理平衡；通过倒"U"形曲线图认识压力与学习效率之间的关系；积极探索缓解压力的方法；采用并学会问题探究、合作交流的方法。

情感态度与价值观：树立正确的压力意识，能够正确地看待压力、积极应对压力。

教学重点

正确认识压力与学习效率之间的关系，正确对待压力，掌握缓解压力的方法。

教学难点

了解压力存在的必要性，掌握缓解压力的方法。

教学方法

讲授法、讨论法、游戏活动法。

课时安排

1课时

教学对象

初二

教学过程

一、导入活动——击掌传花

教师背对着大家鼓掌，学生们按次序传花。掌响花传，掌停花止。掌停时，花在谁手中，谁就要为大家表演一个节目。

教师提问：你们在游戏过程中有什么感受呢？为什么一个看似轻松、愉快的活动会给我们带来紧张感呢？因为我们太想在这场游戏中取得胜利，所以，即使是一个如此简单的游戏，也让我们产生了压力。在生活中，很多事情都是如此，在给我们带来快乐、成就感的同时，也给我们带来了压力。甚至有的时候，这些压力会让我们不堪重负。今天这节课我们就来讨论"压力"这一问题。

二、讲授新课

（一）压力与学习效率的关系——倒"U"形曲线

教师讲授：心理学家通过研究发现，压力和学习效率之间呈倒"U"形曲线关系。同学们请看这张示意图，一开始，学习效率是随着压力水平的上升而提高的，但到达中间高峰后，学习效率就随压力水平的上升而下降了。

教师提问：这张图对我们正确对待压力有什么启示呢？

学生思考。

教师总结：压力并不一定会带来消极的后果，所以有压力未必是坏事。中等强度的压力最有利于提高我们的学习效率，适度的压力对我们的成功是必需的。

（二）活动——压力从何而来

活动规则：

1.每位同学的桌子上都有一份表格，教师在表格左侧已经列出压力的可能来源（学生可以补充来源），请学生在表格右侧根据自身情况补充完整，写出导致压力的具体事件。

2. 写完后前后桌八人一小组进行分享。

3. 分享完后请代表总结发言，着重分享压力的来源和相关事件。要求：（1）真实地表达自己；（2）彼此接受、互相鼓励。

教师提问：（1）小组成员的压力都来自哪里呢？（2）当你发现周围的同学和你有着相似的压力，甚至压力比你还大的时候，你有什么样的感受？

学生思考并回答。

教师总结：我们通过这个活动发现了群体共同性：当一件事情由"我"变成"我们"的时候，你会感觉"我并不孤单，我并不是一个人在战斗"，大家心里会有些许宽慰。

（三）活动：心理老师"智囊团"

教师提问：最近，有一位同学前来心理辅导室咨询我，他说："快要期中考试了，我每天都拼命地学习，害怕自己考不好，不敢有半点松弛。可是现在每天都睡不好，第二天没有精神上课，听课效果不好，又影响到做作业的效率……就这样，每天都在痛苦中学习，真不知道该怎么办。"如果你是心理老师，你会怎样帮助他呢？你有什么缓解压力的方法吗？

活动规则：成立心理老师"智囊团"，前后桌八人一组，每组发一张大纸和一支彩笔，选出一名同学做记录，其他成员列举各种可以缓解压力的方法。结束后，老师请每组代表站起来分享，并将各小组讨论的成果展示在黑板上，全班评选出最实用的方法。要求：（1）不评论他人的意见正确与否；（2）尽可能地多出主意。

三、课程总结

教师总结缓解压力的原则：直面问题，正视压力；积极应对，缓解压力。缓解压力的方法包括：（1）积极心理暗示法（引入证明心理暗示的强大力量的案例）；（2）活动转移法；（3）环境调节法；（4）情绪疏泄法；（5）放松训练法（介绍呼吸放松法）。

（四）高中心理健康课例

生涯教育课程《目标照亮现实》

设计理念

青少年正值身心剧烈变化、自我统合与角色混乱相冲突的阶段，在此阶段会遇到不少矛盾，现实与目标之间的矛盾是其中一个。因此，一个明确而又能够实现的目标，能够为其指明未来发展的方向。

教学目标

知识与技能：学生认识到人生目标对未来自我发展的重要性。

过程与方法：学生通过自由联想、小组交流等活动，学会合理地制定自己的人生目标。

情感态度与价值观：学生明确自己未来的方向和目标，树立积极向上的人生理想。

教学重点

学生意识到目标的重要性。

教学难点

学生学会合理地制定自己的人生目标。

教学过程

一、目标的引入——苏格拉底的故事

开学第一天，古希腊大哲学家苏格拉底对学生们说："今天咱们只学一件最简单也是最容易做的事儿——每个人都尽量把胳膊往前甩，然后再尽量往后甩，"说着，苏格拉底示范了一遍，"从今天开始，每天做300下。大家能做到吗？"

学生们都笑了，觉得这么简单的事，有什么做不到的？过了一个月，苏格拉底问学生们："每天甩手300下，哪些同学坚持了？"有90%的同学骄傲地举起了手。

又过了一个月，苏格拉底又问，这回坚持下来的学生只剩下八成。

一年之后，苏格拉底再一次问大家："请告诉我，最简单的甩手运动，还有哪几位同学在坚持？"这时，整个教室里，只有一个学生举起了手。这个学生就是柏拉图。

教师总结：世间最容易的事是坚持，最难的事也是坚持。说它容易，是因为只要愿意做，人人都能做到；说它难，是因为真正能做到的，终究只是少数人。成功在于坚持，这是一个并不神秘的秘诀。在座的同学们，你们有没有想过未来自己的人生是什么样的？你们对于自己的未来有明确的目标吗？

二、目标重要性——现场调查

教师提问：说到人生目标，我们现场做一个调查，在座的同学们，你们有自己的人生目标吗？老师给大家设立四个选项：A.有十分清晰的长期目标；B.有比较清晰的短期目标；C.目标模糊；D.没有目标。现在请大家选择。

教师根据四个选项随机提问八名学生，询问他们的人生目标是什么，以及为什么。

教师提问：为什么要确立目标，目标对我们的人生会产生什么影响呢？带着你们的选项，我们来看看哈佛大学做的一项跟踪调查。

哈佛大学曾做过一项非常著名的关于目标对人生影响的跟踪调查。调查的对象是一群智力、学历、环境等条件都相似的大学毕业生。结果如下：27%的人，没有目标；60%的人，目标模糊；10%的人，有清晰但比较短期的目标；3%的人，有清晰而长远的目标。25年后，哈佛大学再次对他们进行了调查，结果如下。

27%的人，他们的生活没有目标，过得很不如意，并且常常抱怨他人，抱怨社会，抱怨这个"不肯给他们机会"的世界。

60%的人，他们安稳地生活与工作，但没有什么特别的成绩，几乎都生活在社会的中下层。

10%的人，他们的短期目标不断实现，成为各个领域的专业人士，大多生活在社会的中上层。

3%的人，25年间他们朝着一个方向不懈努力，几乎都成为社会各界的成功人士，其中不乏行业领袖、社会精英。

教师提问：看到这个调查结果你们有什么感受？

学生回答。

三、目标的确立——未来畅想曲（生涯幻游）

教师说：确立目标的方式有很多种，以前我们习惯于将目标写在纸上，今天我们换一种方式进行，老师带领大家用生涯幻游的方式来看看未来的自己是什么样的。现在请同学们选择一个最舒服的姿势坐好，闭上眼睛，认真听。

教师播放生涯幻游音频（生涯幻游就是通过带背景音乐的指导语，带领学生想象自己未来的样子，相关资源可以在网络上下载使用）。生涯幻游结束后，请同学们填写"生涯幻游清单"和"20年后我的个性名片"，详见表10-3和表10-4。

表10-3　　　　　　　　　生涯幻游清单

1. 天花板的颜色是：
2. 我感觉地板的温度是：
3. 我穿的衣服样式是：
4. 和我一起吃早餐的人是：
5. 我住的房子是：
6. 我乘坐的交通工具是：
7. 同事们称呼我是：
8. 我工作的内容是：

续前表

9. 我下班之后的活动是：
10. 和我一起吃晚餐的人是：
11. 对于这一天的工作与生活，我的感觉是：
12. 临睡前，我许的愿望是：
13. 如果用三个字来形容自己的一天，这三个字是：
14. 对于这一次生涯幻游，我的感受是：

表 10-4　　　　　　　　　20 年后我的个性名片

姓名：	职业：	职位：
主要成就和贡献：		

学生填写完毕后，教师随机请几位学生分享他们的"生涯幻游清单"和"20 年后我的个性名片"上的内容。

【设计意图】让学生对自己的未来进行畅想，并鼓励学生分享自己的幻游情景，协助其了解自身的期待与价值观，以规划未来。

四、目标内化——践行目标

教师说：老师给大家五分钟的时间，每四个人为一组，进行小组内讨论：如何实现目标？

小组讨论结束后，每组派一名代表进行总结性发言。

教师总结：一个人要想实现目标，首先，目标要符合实际，其次，要将目标转化为实际行动，最后，要坚持不懈地行动。

五、目标的封存——人生梦想的守候

教师把学生填写的"20 年后我的个性名片"现场封存在档案袋里。

教师总结：老师把你们的个性名片封存在档案里，如果你们愿意，如果你们 20 年后还记得今天确定的人生目标，那我欢迎你们到时来老师这里，领回你们今天种下的梦想，看看有多少人实现了自己的梦想！

【设计意图】让学生产生一种仪式感和使命感，同时深化主题，延续教学效果。

第 11 章

心理健康测评与心理成长档案的建立与应用

梁冠琼

教育部办公厅 2021 年 7 月发布的《关于加强学生心理健康管理工作的通知》中明确提出了有关"做好心理健康测评工作"的要求："积极借助专业工具和手段，加快研制更符合中国学生特点的心理测评量表，定期开展学生心理健康测评工作，健全筛查预警机制，及早实施精准干预。……县级教育部门要设立或依托相关专业机构，牵头负责组织区域内中小学开展心理健康测评工作，每年面向小学高年级、初中、高中开展一次心理健康测评，指导学校科学运用学生心理健康测评结果，推动建立'一生一策'的心理成长档案。"鉴于此，本章主要介绍学生心理健康测评的组织开展以及心理成长档案的建立与应用，以供中小学心理教师在工作中参考。

一、心理健康测评的组织开展

（一）心理测评量表的选择

在心理测量学领域，通常使用评定量表（rating scales）作为测量工具来量化观察中所得印象，并在发展中逐渐囊括了各种自陈量表，与心理测验（testing）的本质也逐渐接近。无论是量表还是测验，均可以作为测量不同心理特征（能力、人格、成就、兴趣、情感等）的工具。

心理测评之所以在临床心理卫生和教育等工作中被广泛应用，主要在于其客观、数量化、全面和经济等特点。一般来说，科学的心理测评工具都具有一定的客观标准，哪怕是由评定者主观评价或自评者主观描述的，也因为标准相对客观而具有相当的客观性。数量化的结果便于进行统计学处理、分析和比较，研究结果表达也更符合科学要求。相较于观察和会谈，心理测评能够在短时间内更全面地评估所测内容方方面面的情况而避免遗漏，在节约时间和人力方面也有着得天独厚的条件，方便在大规模人群中迅速进行整体的摸查了解。因此，在筛查预警及大规模了解心理健康水平方面，心理测评有着很大的优势。

1. 选择科学的量表

心理测评量表通常会依照心理测量学的原理和心理统计的技术进行编制，而有效、科学的心理测评量表还需要进行一系列标准化过程，量表的标准化特征和程度决定了一个量表能否投入使用及其品质情况。因此，在量表的选择过程中，除了需要了解编制过程是否遵循了心理测量学原理和是否规范使用了心理统计技术（通常来说，在专业期刊、杂志发表或收录于量表手册等专业书籍的量表相对符合要求，而待发表的量表则需要了解其研发过程），还需要对其标准化特征进行考察，即量表的取样、常模、信度和效度，以确认是否适用于当前的测评目的及人群。最后也需要考虑量表的实施方法是否有特殊要求以及测评时长，如是否符合中小学年龄群体的阅读理解能力或注意力时长等。

2. 选择符合测评目的的量表

除了对标准化特征进行考察以确保使用量表的科学性外，满足测评目的需要也是考量的重要内容。在"关于政协第十三届全国委员会第四次会议第3839号（教育类344号）提案答复的函"中，教育部对《关于进一步落实青少年抑郁症防治措施的提案》进行了答复并要求"将抑郁症筛查纳入学生健康体检内容，建立学生心理健康档案，评估学生心理健康状况，对测评结果异常的学生给予重点关注"。《教育部等五部门关于全面加强和改进新时代学校卫生与健康教育工作的意见》中有关强化心理健康教育的内容中提到，"开展生命教育、亲情教育，增强学生尊重生命、珍爱生命意识。培育学生积极心理品质，保持乐观向上心态，引导学生树立健康理念，自觉维护心理健康，掌握正确应对学业、人际关系等方面不良情绪和心理压力的技能，提高心理适应能力，做到自尊自信、理性平和。加强重大疫情、重大灾害等特殊时期心理危机干预，强化人文关怀和心理疏导"。因此，中小学阶段的心理测评需要满足以下三方面的目的需要：抑郁症筛查；生命安全筛查；学业、人际关系等方面的不良情绪和心理压力评估、心理适应能力评估等。具体来说，心理测评的量表需要包含抑郁情绪和抑郁症相关方面的筛查评估、心理危机特别是自杀自伤等危机倾向的筛查以及心理适应等方面的内容。

3. 常用的心理测评量表

以下推荐的量表仅作参考，各教育部门、学校和心理老师可以根据自身情况结合上文谈到的选择量表的注意事项加以选择。

（1）常见的抑郁情绪或抑郁症相关量表

贝克抑郁量表第二版（Beck Depression Inventory-II，BDI-II）。BDI 是最常用的抑郁自评量表，由认知治疗先驱之一亚伦·贝克（Aaron Beck）等人于 1967 年编制，研发以来有过多次信效度研究。1996 年出版的第二版量表 BDI-II 适合 13~80 岁的人群进行自我评估，共计 21 题，可以在 5 分钟左右完成，主要评估抑郁症状及其严重程度。

自评抑郁量表 & 抑郁状态量表（Self-Rating Depression Scale，SDS & Depression Status Inventory，DSI）。SDS 是美国杜克大学威廉·庄（William Zung）教授于 1965 年编制的自评量表，用于衡量抑郁状态的轻重程度及治疗中的变化，共 20 个条目，操作方便，能有效反映抑郁状态的有关症状及其严重程度和变化。如果受测者文化程度较低无法完成，可以使用 1972 年增编的与之相应的检查者版本 DSI，将自评改为他评。

儿童抑郁量表（Children's Depression Inventory，CDI）。该量表由科瓦奇（Kovacs）于 1992 年编制，是国外最常用的评定 7~17 岁儿童抑郁症状的测量工具，具有良好的信效度，并有国内相关本土化研究。该量表共 27 题，评估时段为近 2 周。

汉密尔顿抑郁量表（Hamilton Rating Scale for Depression，HDRS/HAM-D）、**流调用抑郁量表**（Center for Epidemiological Survey, Depression Scale，CES-D）等量表也在临床上被广泛应用，但由于它们主要应用于成年人，故不做介绍。以上量表均有国内译版，测评均针对一或两周内的抑郁情绪及相关表现，由于影响人情绪的因素很多，情绪存在波动性，因此评估抑郁情绪及症状表现的量表都只能对施测当时的情况进行评测，结果时效性比较短。特殊时间节点如需了解学生的抑郁情况需要再次施测，而不能以一次测评结果预测长期情况。国内硕士毕业论文中可搜索到自编量表，如王晓刚编制的**青少年学生抑郁自评量表**等，详见参考文献。此外，国内自行开发的信息化心理健康服务体系产品中也不乏自主产权研发的量表，如"徕希系统"中的**近期危机风险相关量表**以及**青少年问题行为量表**中的抑郁维度等。

（2）生命安全筛查量表

生命安全筛查即用量表筛查出可能或疑似存在心理危机的学生。虽然存在有关自杀评定的量表，但鉴于儿童青少年生理心理发展的特点，直接使用可能存在一定的被暗示性，而自评量表缺少解释澄清的过程，因此不推荐学校直接使用相关自杀量表，而是经过一定测评筛选后，对筛选出的学生进行一对一访谈，以评估相关自杀、自伤倾向和风险。

国内目前有徐凯文博士编制的**长期风险量表**和**近期风险量表**等相关学生心理危机风险评估量表。"徕希系统"中的"青少年心理危机快速筛查方案"包含这些量表，所有测评量表均由研发团队基于此前丰富的危机筛查干预和心理咨询经验，结合对多所学校上百位一线教职工和心理老师的调研与学生访谈完全自主研发。这一测评方案的主要目的是进行青少年心理危机的快速筛查，配合对筛查检出的重点关注学生的地面访谈，可以较为精准地识别近期和长期发生心理危机风险较高的学生，以便及时干预和预防校园心理危机事件的发生。

（3）不良情绪和心理压力评估、心理适应能力评估量表

儿童行为量表（Child Behavior Checklist，CBCL）及其青少年版本——**青少年自评量表**（Youth Self Report，YSR）是评定儿童青少年行为和情绪问题的系列量表。YSR 适合阅读水平高于小学五年级的青少年。除此之外，**中学生应对方式量表、学生生活应激问卷、青少年生活事件量表、应对方式问卷、青少年学习倦怠量表**等都可以根据学校具体需要和学生具体情况使用。

"徕希系统"中的"青少年心理素质成长普测"方案包含与青少年心理素质与成长发展相关的各量表，量表涉及同学们生活的方方面面，如对青少年常见的心理行为问题、网络游戏使用、应对方式和学业压力的评估；对青少年成长中的重要关系，即师生关系、亲子关系、同伴关系的了解；对偶像及自我发展的探索以及对他们所处国家和时代、校园文化等方面的调研等。该方案的主要目的是对影响青少年心理发展的各个方面进行广泛了解，不仅涉及青少年的心理行为问题，也探查他们成长中积极的资源与背后的成因，以期对青少年的全面发展和成长及心理问题的有效干

预提供指引和建议。

需要提醒的是，随意使用不科学的量表或与测评目的不一致的量表不仅可能无法达成上述测评目的，如遗漏可能存在危机或可能患有抑郁症的学生（假阴性）或标记大量实际并不存在困扰的同学（假阳性），还有可能在测评过程中由于测评项目表述不符合使用者的年龄、认知加工能力或注意力时长而造成测评结果不准确或对受测者造成伤害。此外，由于很多成熟量表来自国外，不仅在研发目的上可能与当前的测评目标不符合，而且文化背景因素、翻译准确性、条目内容、表达方式或常模老旧等情况都有可能影响评估的结果。用几十年前的标尺来衡量当下的青少年，测评结果的准确性或许会大打折扣。因此，"积极借助专业工具和手段，加快研制更符合中国学生特点的心理测评量表"势在必行。

（二）心理测评的科学实施与结果解读

科学的施测方式对于保证测评结果真实可靠至关重要。

1. 测评前的知情同意

实施测评前，受测者有权对测评有所了解并决定是否参与测评。由于中小学生尚未成年，因此参与测评的学生及其监护人都需要对测评知情同意，即施测人员对测评的目的、过程、可能的影响和结果以及测评结果的保密及保密例外进行提前的告知、解释并征得同意。测评前的动员和介绍能够帮助学生及其家长了解测评的意图、理解测评过程、打消例如隐私泄漏等顾虑，更重要的是动员学生们积极参与测评并真实作答。

2. 科学施测

组织施测前需要统一考虑场地、时长和人员的组织，对施测人员（即主试）也要进行相应培训。例如，每位主试负责的人员不宜过多，以能够随时解答学生在测评过程中的疑问为准；测评前需要对指导语和测评内容有一定的了解，施测中应该认真讲解指导语，并掌握常见疑问的标准回应。测评时间需要依照量表建议的施测时间执行，施测过程中要注意秩序的维护，尽量保证每位学生的答题隐私，避免交头接耳、对测评题目相互讨论的情况。施测过程万一引发个别学生的情绪反应，需要由相关专业人员将其带离至隐私环境中进行适当安抚。

3. 科学解读和运用测评结果

量表结果的分析和解读要求非常熟悉量表的各种性能，包括量表设计使用的目的和对象、常模、样本特征及局限性、信效度指标以及划界分值等，知悉量表结果分数的转换和意义。在有条件的情况下可以针对每位学生的测评结果给予适应他们阅读和理解情况的反馈。需要提醒的是，测评结果的准确性受到诸多因素的影响，单一测评结果并不能作为做出诊断和得出结论的依据，而是需要配合其他的心理评估方法（如一对一的心理访谈），对测评反映出的问题进行进一步澄清和了解。对测评结果呈阳性或异常的学生，也需要注意避免对其标签化，而更需要注意结果保密。很多测评具有实效性（如与情绪有关的测评只能反映参与测评当前和两周内的情绪状态），不能仅依靠一次测评的异常结果就对学生的困扰"定性"。

（三）心理测评后的评估访谈

如上所述，根据心理测评结果标记筛查出的阳性学生，需要配合一对一的评估访谈来进一步澄清其具体问题。访谈的主要目的有以下几点。

- 结合学生的答题情况，具体了解反映出的心理困扰和危机情况，例如抑郁情绪的程度和表现；评估是否存在疑似抑郁症状；了解心理危机的具体危险，评估自杀、自伤、攻击倾向的风险性等。
- 及时对存在危机或抑郁发作情况的学生进行心理干预，对于需要突破保密协议的危机情况，要在评估中与学生做好相关知情同意，告知学生哪些信息会突破保密协议而告知家长并尽量取得学生的配合。必要情况下要及时转介医院或建议学生就医。对于需要心理咨询的学生，要落实后续的咨询预约。
- 与学生建立良好的关系，向学生介绍学校的心理支持资源和服务，了解学生可能的社会支持和积极资源，为后续可能的咨询辅导和干预工作奠定基础。

在邀请和组织访谈的过程中，既要考虑保护学生隐私、避免受访学生被标签化对待，又要尽可能真诚、避免欺骗。可以考虑混合其他访谈目的或者混合一部分测评阴性的同学一起参与评估访谈。访谈前，访谈人员需要对受访学生的测评结果以及邀请过程和表述有所了解，并清楚危机情况下进行干预的流程。在评估过程中，需要清楚介绍访谈的目的以及保密和保密例外相关的情况，尽量与学生建立好信任关系。鉴于此，建议由学校的专职心理教师或有经验的兼职咨询师等临床心理工作者进行。

第11章 心理健康测评与心理成长档案的建立与应用

（四）心理测评与其他心理健康服务

测评结束后，根据测评及访谈评估结果，心理教师需要对存在心理服务需求的学生进行跟踪服务和及时干预：对于存在心理危机和疑似患有抑郁症等精神障碍的学生及时进行危机干预和转介就医；对于需要心理咨询的学生安排校内的心理咨询服务或推荐转介校外专业机构。对于明确存在较高自杀、自伤风险的学生，心理教师应该依照信息有限分享的原则向部分一线教师、领导和家长突破保密协议。除了提供心理咨询等服务外，心理教师还需要定期跟进学生情况，家校会商合作，保证学生的生命安全。

二、心理成长档案的建立与应用

（一）心理成长档案的作用与功能

教育部发文的另一要求是建立"一生一策"的心理成长档案。这份档案能够记录和收纳学生在校期间所有心理健康发展的信息，便于了解学生心理发展的脉络、跟进学生心理困扰的处理和应对。由于中小学心理教师每人负责的学生数量巨大，心理成长档案的建立能够帮助老师们更高效地回顾和识别个体学生、集成信息，并且记录学校心理健康服务的工作轨迹，做到"雁过留痕"。在遇到一些司法纠纷时，学生的心理成长档案也能够作为学校和心理老师履行服务职责的关键证据。心理老师之间的工作移交等也会因为每个学生的档案而更加清晰有序。

如果心理成长档案可以数据化、电子化，那每位学生在校期间心理素养各个方面的发展变化都能够清晰呈现，便于心理老师为不同特点的学生提供针对性的心理健康服务。除了单个学生的心理成长脉络外，心理成长档案也能够在学生间进行群体对比，而这种本土化的数据积累，也能够反映出不同地区甚至每个学校在不同时间节点学生心理健康的发展特点和特殊需求，以便学校研发和推出适合本校学生心理健康的教育和服务。

（二）心理成长档案的组成

学生心理成长档案包含该学生心理健康发展的所有相关信息和记录，既包括其参与的历次心理测评数据和结果，也包括其接受的心理健康服务，如测评后的心理评估访谈记录、心理咨询记录、危机干预记录，以及有关学生心理健康状态的家校沟通记录、学校各方老师会商沟通的记录等等。此外，一些积极的心理健康素养和品质培养内容也可以包含在这份档案中，例如参与的社会劳动实践、生命教育等内容。学生的心理成长档案并非只记录困扰和问题，也记录他们的应对方法、得到的支持帮助和发展成长。

（三）心理成长档案的保密与使用权限

心理成长档案中涉及的学生心理健康情况，无论是测评数据还是各项心理健康服务的记录，都属于个人隐私并需要严格保密的信息，非专业人员不能够随意查看。学校相关领导和一线老师可以掌握自己负责区域学生的整体心理情况，但学生个体的心理成长档案仅限专业人员查阅，心理教师需要向其他非专业领导和同事做好相关伦理和法律的科普教育工作。

心理成长档案需要细致严谨地保存，纸质版记录需要储存在安全上锁的橱柜中，电子版记录需要采取措施保护信息安全。如果涉及第三方服务机构，学校需要与机构签署相关数据安全的协议，尽可能确保学生心理成长档案的各项信息不会被外泄和误用。

三、信息化的心理测评与心理档案

随着各类电子设备和网络通信的飞速发展，越来越多信息化产品取代了传统模式。心理测评的信息化改变了传统纸笔测试的方式，不再需要耗费纸张和人力手动计分，各种心理测评也都开发了线上版本，测评变得更加高效和便捷。高校的新生测评实践中发现，使用电子化信息系统进行心理测评可以极大地提升参评率，无论是在网页端还是手机端进行测评，都更加符合当代人的信息处理习惯。中小学如果使用信息化系统实施心理测评，可以根据本校实际情况，组织学生批量前往机房或统一使用笔记本进行测评。如前文所说，电子档案使得数据分析、对比、统计更加清晰可视，更有利于积累学校本土的数据以及地区数据，得到地区甚至本校的更新常模，进而更加有针对性地对学生的心理特点和需求进行评估干预。

（一）记录书写标准化

信息化系统存储各项心理健康服务的记录时会提供相应的表单，例如徕希心理开发的信息化心理健康服务体系产品中就包含心理咨询记录或是危机干预的模板。如果系统开发遵循了较高的专业标准，这些记录模板本身对心理老师的专业工作就是一种提醒，督促大家在工作中收集必要信息、进行必要评估，并对工作过程进行客观的记录描述。对于一些专业工作还在起步阶段的心理老师来说，这可能是提升专业素养的有效支持。对于学校来说，相对标准化的记录能够在面对一些纠纷和争议时保护学校、规避风险。

（二）信息集成与统计

信息化使得信息集成和统计成为可能。心理老师调取某个学生的心理档案即可查看到其既往所有心理健康的相关数据，这在某些情况下可以助力心理老师开展相应工作。例如，在进行危机干预前，提前了解学生的情况可以帮助老师准备接下来的评估和干预工作。不同心理老师之间的个案转介也能够通过系统更加便捷地操作，咨询预约等流程也可以借助信息化技术得以轻松实现。

此外，由于信息的数字化转换，学校能够获得更多学生心理健康方面的数据，针对心理健康工作开展的统计也便于掌握和评估心理老师的工作量。如前文所说，学校逐渐积累的心理健康大数据能够协助心理测评得到更加准确的效果，同时更有针对性地提供服务。例如，如果发现在某一时间节点，求助心理咨询的人数有所增加，并得到相关聚焦的议题和诉求，心理老师就可以在类似时间节点到来前预防性地开展有针对性的心理教育工作。

（三）信息化系统的使用伦理

信息化系统由于接触大量数据的便捷性使得数据安全和保密变得尤为重要。

第一，需要向信息化系统的提供方就数据存储和安全保密达成协议，确保学校数据在网络中的安全保密性。在采购和选择心理测评服务时，建议学校一定要去了解其有关数据安全的保密措施，并在购买服务协议里清晰写明。建议不要随意使用没有正规来源的网络心理测试，因为如果造成学生测评数据大规模泄露，对学校和学生都会带来极大的负面影响和信任危机。

第二，需要对所有学校账户使用者进行有关安全和保密的教育提醒，叮嘱账户使用者保管好个人密码，特别是能够掌握大量个体信息的专职心理老师。

第三，学校的各个账户应该做好数据分层和账户权限设定，学生的个体测评数据及心理健康各项记录等仅供相关专业人员（即学校的心理老师）查阅修改，而学校相关领导和一线老师则可以掌握负责的群体（如某一年级或某一班级）的数据情况，只有在明确学生有严重自杀、自伤、攻击等风险，或涉及侵害未成年人案件需要强制报告等情况下，才可以突破保密协议，将相关内容告知其他非专业老师。在选择采买相应信息化服务系统时，尽量选择用户功能权限有所划分的系统。在相关老师离岗后，也应当及时对其账户进行注销或禁用，防止校外人员对学生信息的查看。

第四，使用信息化系统时，尽量减少任何文档的下载、导出、打印，必要情况下也需要做好纸质版记录的储存保管和销毁。

第五，如果学校心理健康服务涉及第三方社会机构，建议学校就数据安全签署详细的协议，除了使用法律手段保护学校和学生的隐私数据安全外，还要尽可能减少第三方对学生全部数据的接触和使用。

第 12 章

家校共建：如何与家长合作交流

陈 杰

一、家校合作的意义及现状

（一）家校合作的概念

家庭教育是所有教育的基础，家长是孩子教育的第一责任人，而学校教育是基础和重要补充，学校和家庭密不可分。教育是个系统工程，所谓"大教育系统"，即学校、家庭、社会的结合最终发展成为组织性较高的广义的教育系统。家校合作是时代的呼唤，也是大教育体系建构的必需。

家校合作是一个发展的概念，是家庭教育与学校教育相互配合的双向循环活动，以促进青少年全面发展为目标，家长参与学校教育，学校指导家庭教育，相互配合、相互支持。

（二）家校合作的意义

苏联教育家苏霍姆林斯基曾说过："只有学校教育而没有家庭教育，或者只有家庭教育而无学校教育，都不能完成'培养人'这一极其艰巨而复杂的任务。"学校教育与家庭教育是社会的两大教育系统，对人一生的发展起到相当重要的作用，学校和家庭要建立起融洽、双向的合作关系，形成一股强大的教育力量，切实为青少年的发展奠定坚实的基础。具体而言，家校合作的意义有以下几点。

- 有利于培养学生良好的行为习惯；
- 有利于学生健全人格的培养；
- 有利于提升家庭教育能力；
- 有利于形成良好的师生关系；
- 有利于优化学校教育环境。

（三）我国家校合作的现状

自20世纪以来，家校合作已成为世界范围内的教育改革和发展重要趋势。在倡导"共育"的背景下，学校和家长交往的程度不断加深，互动的频率不断增强，但随之也出现了一些由于教育观念分歧、沟通效果不佳、合作内容单一而引发的矛盾冲突。

1. 教育观念存在分歧

在家校合作中，教师和家长在教育观念上的分歧主要体现在人才观、儿童观及合作观三个方面。

在人才观方面，教师经过系统性的专业学习后，基本形成了这样的认知：只要能够满足社会需要，不管个体是在某方面学有所长，还是全面发展，就都是人才；职业没有高低贵贱之分，只有对社会的贡献大小不同。而在家长的认知中，往往只有脑力劳动者才能称得上人才，如果从事的是基层体力工作，哪怕是技术工人也算不上人才。

在儿童观方面，当前我国教师普遍持有民主、科学、儿童为本的儿童观，但相当一部分家长还保留着传统的思想，认为孩子是家庭的附属品和父母的私有财产。这就导致学校教育和家庭教育中往往会存在民主与专制、科学的爱与溺爱之间的冲突和矛盾，这在独生子女的教育中表现得更为明显。

在合作观方面，一般来讲，教师通常愿意与家长合作，对合作持积极态度；而一些家长却认为教育是教师的事，对教师存在着较强的依赖感，对家校合作的重要性认识不足。

2. 合作内容单一

家长会、电话沟通、家长讲座等是家校合作最常规的形式。但在实践过程中，常常存在形式大于内容、合作内容单一等问题，没有真正发挥出共促发展的作用。

对于教师来说，开家长会有利于教师从侧面了解学生的习惯和爱好，更好地做到因材施教；对于家长来说，参加家长会既是对教师工作的一种支持，也是一个了解孩子的学习和日常表现的机会。但在家长会上，教师往往会把重点放在汇报孩子成绩和在校表现上，缺少与家长面对面进行交流的机会，家长获得的可能只是简单的、零散的印象。

3. 随意性强，计划性差

家校合作活动计划是实现家校合作目的的基本保证。系统、周密、科学和具体的计划不仅是活动开展的指南，而且能对活动的顺利进行起到促进作用。然而，有些学校缺乏家校合作的整体计划，校、级、班各层面的家校合作难以相互配合，难以形成时间上的连续和效果上的强化。还有一些家校合作活动的目的性不强，准备不足，组织不得力，收到的效果必然微乎其微。这样的家校合作活动会极大影响教师和家长对家校合作的积极性。

4. 阶段性强，连续性差

在时间上，许多学校的家校合作活动仅仅围绕几个大的时段进行，如学期初、学期末与节假日等，其他时间则偃旗息鼓；在内容上，由于缺乏整体的合作活动计划，随意性、盲目性很强，难以前呼后应。阶段性强、连续性差还表现在幼儿园、小学与中学的家校合作活动缺乏一贯性。往往是幼儿园、小学开展较好，而中学则有所淡化。

二、家庭教养方式的类型

每个家庭都有自己个性化的教养方式，正是通过父母对子女的教养行为，社会的价值观念、行为方式、态度体系及道德规范才能够一代代传递下去。对于家校合作来说，教师及时了解学生家庭的教养方式，会有很大的帮助。

一般来说，父母教养方式分为两个维度：一是父母对待孩子的情感态度，即接受－拒绝维度；二是父母对孩子要求和控制的程度，即控制－容许维度。在情感维度的接受端，家长以积极肯定、耐心的态度对待孩子，尽可能满足孩子的各项要求；在情感维度的拒绝端，家长常以排斥的态度对待孩子，对他们不闻不问。在要求与控制维度的控制端，家长为孩子制定了较高的标准，并要求他们努力达到；在要求与控制维度的容许端，家长宽容放任孩子、对孩子缺乏管教。

根据这两个维度的不同组合，可以形成四种教养方式：权威型、专断型、放纵型和忽视型。不同的教养方式无疑会对孩子的社会性发展和个性形成产生重大影响，详见表12-1。

表 12-1　　　　　　　　　　　家庭教养方式的类型

教养方式	维度类型	表现方式	可能后果
权威型	接受+控制	父母树立权威，对孩子理解、尊重，与孩子经常交流并给予帮助的一种教养方式	儿童期：心情愉悦，幸福感强；高自尊和高自我控制 青少年期：高自尊，高社会和道德成熟性；高学术和学业成就
专断型	拒绝+控制	父母要求子女绝对服从自己，对子女所有行为都加以保护监督的一种教养方式	儿童期：焦虑，退缩，幸福感低；遇到挫折易产生敌对感 青少年期：与权威型相比，自我调整和适应性较差；但与放纵型和忽视型相比，常有更好的在校表现
放纵型	接受+容许	父母对子女抱以积极肯定的态度，但缺乏控制的一种教养方式	儿童期：冲动，不服从，叛逆；苛求且依赖成人；缺乏毅力 青少年期：自控力差，在校表现不良；与权威型或专断型相比，更易产生不良行为
忽视型	拒绝+容许	父母对子女缺少爱的情感和积极反应，又缺少行为要求和控制的一种教养方式	儿童期：在依赖、认知、游戏、情绪和社会技巧方面存在缺陷；有攻击性行为 青少年期：自控力差；学校表现不良

（一）权威型教养方式

这是一种理性且民主的教养方式。权威型的父母认为自己在孩子心目中应该有权威，但这种权威来自父母对孩子的理解与尊重，来自他们与孩子的经常交流以及对孩子的帮助。父母以积极肯定的态度对待孩子，及时热情地对孩子的需要、行为做出回应，尊重并鼓励他们表达自己的意见和观点。同时他们对孩子有较高的要求，对孩子不同的行为表现奖惩分明。

这种高控制且在情感上偏于接纳和温暖的教养方式，对儿童的心理发展有许多积极影响。这种教养方式下的儿童独立性较强，善于自我控制地解决问题，自尊心和自信心较强，喜欢与人交往，对人友好。

（二）专断型教养方式

专断型父母则要求孩子绝对地服从自己，希望子女按照他们为其设计的发展蓝图去成长，希望对孩子的所有行为都加以保护监督。这也属于高控制型教养方式，但在情感方面与权威型有显著的差异。这类父母常以冷漠、忽视的态度对待儿童，他们很少考虑儿童自身的要求与意愿。他们会对儿童违反规则的行为表示愤怒，甚至采取严厉的惩罚措施。

这种教养方式下的学前期儿童常常表现出焦虑、退缩和不快乐。他们在与同伴交往中遇到挫折时，易产生敌对反应。与权威型相比，在这种教养方式下长大的儿童在进入青春期后，自我调节能力和适应性都比较差。但有时他们在校的学习表现比放纵型和忽视型教养方式下的学生要好，而且在校期间的反社会行为也较少。

（三）放纵型教养方式

这类父母和权威型父母一样对儿童抱以积极肯定的情感，但缺乏控制。父母放任儿童自己做决定，即使他们还不具有这种能力，例如，任由儿童自己安排饮食起居，纵容儿童贪玩、看电视。父母很少向孩子提出要求，如不要求他们做家务，也不要求他们学习良好的行为举止；对儿童违反规则的行为采取忽视或接受的态度，很少发怒或训斥儿童。

这种教养方式下的儿童大多很不成熟，他们随意发挥自己，往往具有较强的冲动性和攻击性，而且缺乏责任感，合作性差，很少为别人考虑，自信心不足。

（四）忽视型教养方式

这类父母对孩子既缺乏爱的情感和积极反应，又缺少行为方面的要求和控制，因此亲子间的互动很少。他们对儿童缺乏最基本的关注，对儿童的行为缺乏反馈，且容易流露厌烦、不愿搭理的态度。如果儿童提出诸如物质等方面易于满足的要求，父母可能会对此做出应答；然而对于那些耗费时间和精力的长期目标，如培养儿童良好的学习习惯、恰当的社会性行为等，这些父母则很少去完成。

这种教养方式下的儿童与放纵型教养方式下的儿童一样，具有较强的攻击性，很少替别人考虑，对人缺乏热情与关心，这类孩子在青少年时期更有可能出现不良行为问题。

三、家校沟通的技巧与方法（学校篇）

（一）怎样发挥家长志愿者的作用

在国外，家长志愿者早已非常普遍。家长发挥各自优势，一方面通过亲身体验和参与活动了解学校的最新动态，成为沟通学校与家长之间的桥梁；另一方面也利用自身专业特长与资源，弥补学校教育的不足，为孩子的成长营造一个良好的氛围。

每个学校都应重视家校合作，积极发挥家长志愿者的作用，开展"家长志愿者进校园"活动，可以包括以下方面：家长志愿者参与学校教育教学管理工作，例如听课、管理大课间、巡视教学区、参与教研组备课活动；与任课教师沟通，了解班级情况、学校发展情况。家长志愿者也可以积极参与学生活动，包括升旗仪式、消防安全演习、学校文化节、体育节等大型活动，积极筹备，协助管理；举办公益课堂、讲座等，向学生宣传科普知识；担任社团指导教师，如"陶瓷"兴趣小组指导教师等。

家长志愿者带着任务参与每一次进校活动，他们不仅要参与，还要思考，为学校工作提建议，为学校谋发展，使家校拧成一股绳，群策群力。家长志愿者作为一种全新的家校合作模式，其优势显而易见。那么如何建设好家长志愿者队伍，发挥他们的积极作用呢？

1. 建立培训制度，加强服务指导

家长志愿者来自各行各业，文化层次参差不齐，因此首先有必要对他们进行系统的培训。通过分阶段、分层次，有计划、有组织地对家长志愿者进行培训，引导他们树立正确的教育观念，明确家长志愿者的职责、要求等。如家长志愿者是应该做听众，还是辅助者，这些都要根据具体的教学活动予以说明。明确这些内容是保证家长志愿者顺利有效地完成教学管理任务的重要前提。

2. 搭建共育平台，汇聚管理智慧

向家长志愿者全方位开放，为他们搭建众多合作平台，让家长志愿者参与学校教育教学管理的方方面面。在学校层面，定期召开家长志愿者会议，设立"校长接待家长志愿者日"，让家长志愿者畅所欲言，充分发表对学校工作的意见建议；组建家长志愿者监督队，协助巡查校园周边及放学高峰时段的交通疏导，以及巡查学生早晚自习的表现和监督教师教学情况等；学校还可以邀请家长志愿者参与学校举办的体育节、艺术节，以及各种大型比赛，借助家长的力量让各项活动更加精彩。在班级层面，可以邀请家长志愿者当一天"班主任"，全天参与班级管理工作；让家长志愿者走进课堂，参与班级学习；聘请家长志愿者担任校外辅导员，组织班级亲子活动，开展社会实践；成立爱心家长小分队，让家长志愿者挂钩帮扶班级困难学生等。

3. 建立表彰机制，激发参与热情

学校要有计划、有措施地开展家长志愿者活动，更要有评比表彰。可以在每学期初都举行优秀家长志愿者经验交流会和新志愿者加入仪式。学校对于每位家长志愿者都要给予充分的肯定和赞扬，这既能激励家长志愿者活动的开展，又能吸引更多的家长投身于志愿者服务中，推动学校家长志愿者工作跃上新台阶。

（二）如何调动家长积极参与学校活动

1. 充分利用好家长会

家长会是家校合作重要的沟通方式之一。开家长会可以使家长更好地了解学校、了解自己孩子的学校生活，同时也可以使学校更好地了解家长、了解学生在家里的情况，从而形成合力，更好地培养和教育学生。

2. 充分利用现代化的通信手段

现代通信手段多种多样，如QQ群、微信群等，从一年级入学开始，就可组建班级QQ群、微信群。班级群是家长教师共同交流的有效平台。在群里，教师向家长宣传家庭教育的重要性和一些主要的教育方法、家庭教育的途径、可采取的措施等，及时解答家长的疑问，共同进行学生行为的规范和管理，提高家长的素养，优化家庭环境，为学生受到优良的家庭教育提供条件。

3. 充分做好家访工作

网络的发展让传统的家访活动逐渐被取代，但是，家访作为一种有效的家校沟通方式，有着不可替代的作用。老师与家长一起交流孩子在家在校的表现，找出孩子的闪光点与不足之处，制定适合孩子的教育方法，孩子也能从中感受到老师对他的鼓励与肯定，这无形中就会激发家长配合学校工作的积极性。

4. 充分利用家长讲师团

家长为了上好一节课，会精心筹划，准备教具，制作课件，内容更是五花八门，丰富多彩，有剪纸、包饺子、制作贺卡、动画制作、手指画、武术……家长课堂既能够展示家长深厚的功底，为学生树立榜样，又能够丰富课堂内容，对学校教学起到难得的补充作用，满足学生个性发展的需要，更让家长通过备课、上课感受到了教师工作的辛苦，对教师工作多了一份理解和敬佩。这样新颖的课堂自然也会成为学生最期待、最喜欢的课。

（三）拓展家校沟通渠道

家校沟通的形式往往比较单一，从学校层面出发，要积极思考如何拓展渠道进行相互沟通，才能更有利于学生的发展、学校的发展。

- 可以利用活动的契机，邀请家长参与，让亲身体验调动家长合作的积极性和主动性。
- 指导家长开展亲子活动。就家庭教育中的共性问题或某个突出的问题，与家长进行对话交流，加强家校间的联系。
- 倡导家长组织校外综合实践活动。综合实践活动本身就具有综合性强、活动形式灵活等特点，仅靠学校和教师本身并不能达到良好的效果，将家长纳入其中，让其发挥一定的作用，不仅可以提升家长参与学校活动的积极性，还为家校间的沟通拓宽了渠道。

四、家校沟通的技巧与方法（教师篇）

（一）如何让家长对孩子有准确的认识

孩子在家庭中备受家长的关注，家长对孩子的回应是及时的，甚至是无条件的，然而在学校，老师、同学不会过度关注某一学生，每个人都有自己视角，必然不会在孩子需要时就去满足他。当孩子不知道怎样去处理问题时，就容易与他人出现矛盾。联想到孩子在家中的表现，家长就会想当然地认为是其他人的问题，进而导致误会甚至不当的言行。

作为教师，要想解决这一问题，扭转家长的错误认知，就要有方法地告诉家长孩子在学校的表现。从孩子的优点入手，与家长建立融洽、信任的关系，再逐步过渡到缺点和不足。还可以设计活动，邀请家长和孩子共同参与，在活动中让家长了解孩子平时的表现。比如玩"石头剪刀布"，谁输了就原地蹦三下，赢的孩子可以找到与自己关系好的同学抱一抱。看看谁跳的最多，谁被拥抱的最多，谁拥抱别人最多。这样的活动能够让家长观察到，自己的孩子是否得到了他人的拥抱；当孩子输的时候，会不会很好地面对挫折。

除此之外，教师还可以组织一些育儿专家展开讲座、家长分享会，让家长了解正确的育儿理念和方法，知道自己对孩子的认识与孩子在学校的表现是有出入的，这样才能够帮助孩子更好地成长。

（二）如何面对"高需求"的家长

"老师，孩子会着凉，能不能别开窗户""老师，咱们班的饮水机是不是应该更换了"。作为教师，我们经常会遇到一些"高需求"的家长。一般来说，需求多的家长可以分为以下几类。

- **易焦虑的家长**。尤其是一些新生家长，他们的孩子可能会产生一些不适应的状态，他们也会因此而焦虑，所以会通过"提要求"的方式来希望能够更好、更全面地保护孩子。
- **对学校教育理念不了解的家长**。有些家长文化程度较高，认为自己很懂得教育孩子，从而经常向老师提出自己的意见和建议。
- **不信任学校的家长**。当家长不认可或者不够信任老师时，就会担心孩子在学校的状态，就会通过提要求来"监督"老师的行为。

作为教师，我们要耐心对待家长的意见。如果家长提的建议和要求，老师本身已经做得很到位，那就要考虑家长的需求可能不在于事情本身，而在于和老师之间的沟通及关系上，如果是这样，老师需要及时和家长沟通，澄清误会，重新建立起互相信任的关系。如果的确是教师的疏忽，那么就需要进行自我反思，及时改正，以免出现更大的问题，也让家长感受到老师的积极态度，从而增进家校之间的关系。

除此之外，老师还要多关注"高需求"的家长，可以让他们参与一些活动的组织，他们善于观察班级中存在的问题，也能够在参与过程中体会到老师的不易，逐步了解学校的教育理念，学会换位思考，从而更好地进行家校合作。

（三）如何赢得家长的信任

老师给家长留下的第一印象非常重要。家长一旦了解老师，知道老师的做事风格，并且该风格有所成效，就会对老师产生信任。要想做到这一点，老师可以从以下几个方面入手。

- 在与家长沟通时，说话简单明了，温和而坚定，让家长感受到与老师沟通能更好地了解孩子。
- 在班级里，切实做到关心、爱护学生。只有学生感受到了老师的爱，在家长面前才会表现出对老师的喜欢。获得家长信任的一个前提就是获得学生的喜爱。
- 具备过硬的专业能力。要想取得家长的信任，就要让家长看到自己的教学能力及管理能力。

（四）如何与家长保持恰当的关系

教师与家长之间的关系是平等、互相尊重的。有时，家长可能会向老师提出一些不恰当的请求，比如以自己参与班级活动、为班级做贡献为由，请求老师让自己的孩子当班干部。面对这种情况，老师要切实做到公正公平，坚守自己的立场，明确拒绝家长的不合理要求。在平时的沟通合作中，老师也应注意与家长保持单纯的关系，不以职务之便谋取私利。这不仅是教师职业道德的要求，也能使教师得到家长的尊重，从而不再提出不合理的要求。

五、家校合作的新型方式

（一）开设家长大讲堂

家长进行家庭教育的水平参差不齐，学校可以定期邀请专家进行主题性的讲座。在每期家长大讲堂开始前，学校可以进行调研，统计家长们迫切需要解决的问题和困惑，根据反馈进行归类整理，并邀请相关专家进行有针对性的专题讲座，如"如何做好爸妈""为什么要进行正面管教""该如何面对小升初"等。

（二）设立分层家长会

可以设置全校、全年级、全班等不同层次的家长会。全校性的家长会，内容是向家长报告学校的工作计划，汇报教育成果以及该学期准备开展的一些大型活动等，拉近学校和家长的距离；全年级家长会一般是向家长汇报一学年的教育目标以及家校合作的教育要求，邀请部分学生家长参与学校的教育与教研活动，并组织讨论听取家长的意见和建议；以班级为单位的家长会便于家长和教师双向交流，共同研究针对孩子的家教问题。

（三）定期开展家长开放日活动

学校可以定期邀请家长来校参观，参加学校的活动，增进家长对教育工作的感性认识，让家长了解教育内容，掌握教育方法，体会教师工作的艰辛，从而更加尊重教师的劳动，对孩子的教育更有耐心。家长在观察学生集体活动时，能够从不同侧面认识自己的孩子，发现孩子与同伴的差距，帮助孩子发扬优点、克服缺点，进一步改进家庭教育。

（四）开设家长微课程超市，家长学生双向选择

学校可以向全体家长发放"家长微课程开发意向表"，了解家长的特长爱好和职业才能，征询其开发微课程的意向；也可通过家委会、家长会、学生家访等途径进行宣传发动，调动更多的家长参与开发课程的热情，充分挖掘其潜能。同时，依托班主任的独特优势，积极推荐能够提供丰富课程资源的家长参与。在此基础之上，学校对有课程开发意向的家长进行分类，构建家长微课程资源库。比如，可将课程分为"艺术类""健康类""文史类""科普类""活动类""综合类"六大学习模块，形成一个由家长开发并实施的、适合学生发展的课程学习模块组合。

第 13 章

学校团体辅导

申玲晓

团体伴随着每个人的人生轨迹，对一个人的成长与发展有着重要的影响。学校教师都具有丰富的与学生团体打交道的经验，比如带领学生班级、开展党支部组织生活、给学生上课、指导兴趣小组练习等。这些工作有些效果很好，有些则没有达到我们的期望。团体工作效果如何，与团体带领者是否了解并掌握团体辅导的规律有关。通过学习本章，你将了解团体辅导的作用，同时提高对各类团体的带领能力以及团体工作的效能。

一、团体辅导概述

（一）团体和团体辅导的定义

团体是指由两个或两个以上的人组成，为了达到共同的目标，经由彼此间互动而产生相互影响的个人的集合。并非多人聚集在一起就叫团体，团体除了需要有规模之外，还需要团体成员有共识，即具有共同的目标、理想、兴趣、价值观，志同道合，荣辱与共；团体互动有时是正向的（如互相依存、彼此鼓励和支持），有时是负向的（如责备与攻击），有时冷漠而缺乏互动。正向互动越多，说明团体越健康、越有活力。此外，团体还要具有大家共同遵守的契约和规范。团体可以满足人们的多种心理需要，如使人们获得安全感、踏实感、归属感，得到支持和力量。

团体辅导是在团体情景中提供帮助与指导的一种助人形式。它是通过团体内的人际交互作用，促使个体在交往中通过观察、学习、体验，认识自我、探索自我、接纳自我，调整和改善与他人的关系，学习新的态度与行为方式，以发展良好的生活适应的助人过程。一般而言，团体辅导由1~2名带领者主持，根据成员问题的相似性，组成团体，通过共同商讨、训练、引导，解决成员共有的发展议题。团体辅导的规模因参加者的问题性质不同而不等，少则3~5人，多则十几人到几十人。团体辅导为参加者提供了一个良好的社会练习场所，创造了一种信任、温暖、支持的团体气氛，不仅可以使成员通过相互观察和反馈，反省和深化自我认识，还可以使其成为彼此的社会支持力量。

（二）团体辅导与个别辅导的异同

1. 团体辅导与个别辅导的相同点

- **目标相似**，都是为了帮助来访者了解自我和接纳自我，促进自我发展、自我统合和自我实现。
- **原则相似**，两者都强调提供接纳、宽容的气氛，消除来访者的紧张和顾虑，促使其自由地表达自己，培养自我发现、自我选择和自我决定的能力。
- **技术相似**，两者都需要心理专业人员熟练掌握接纳、同感、澄清、反馈、面质等技术。
- **对象相似**，两者的对象都以在生活中遇到了一些发展性困难的正常人为主，他们需要通过一些专业的帮助来解决人生中的问题。
- **伦理准则相同**，都强调辅导过程中的伦理道德和专业守则，尊重来访者的权利和利益，遵守保密原则，认识到助人者的个人局限性和辅导方式的局限性。

2. 团体辅导与个别辅导的不同点

- **互动程度不同**，个别辅导是一对一的人际沟通，心理互动有深度，但广度有限；而团体辅导中成员之间的人际互动是丰富而有广度的，但心理互动的深度不及个别辅导。
- **助人氛围不同**，团体辅导可以形成"我助人人，人人助我"的心理氛围，而个别辅导中的来访者主要是被帮助的对象，不容易体现出其助人作用。

- **问题类型不同**，个别辅导更适合心理困扰较大的个人，而团体辅导在人际关系调适方面更有优势。
- **辅导技术不同**，团体辅导要求带领者具有较好的敏感性和观察力，不仅具有个别辅导的基本技术，还要具备团体辅导特有的技术，以促进团体动力的形成和发展，使成员在团体中获得成长。
- **工作场所不同**，个别辅导需要的空间为 10 平方米左右，有两把舒适的椅子或沙发、一个小茶几，房间布置得安静舒适即可；团体辅导所需的空间则要大得多，甚至还需要一些特别的设施和布置。

（三）团体辅导的优势和局限

1. 团体辅导的优势

- **团体辅导影响广泛**。因为团体辅导是多向沟通的，在团体中，每个成员不仅自己接受他人的帮助，也可以帮助其他成员，还可以从多个角度洞察自己，同时学习、模仿其他人的适应性行为。团体成员之间的相互支持也减少了对带领者的依赖。
- **团体辅导效率高**。相比个别辅导，团体辅导通常是 1~2 名带领者同时指导多名成员，节省时间与人力。
- **团体辅导效果容易巩固**。团体辅导创造了一个近似真实的社会生活情景，为成员提供了社交的机会。成员在团体中的实践和改变成果很容易迁移到日常生活中去。

除此之外，团体辅导特别适用于人际关系不佳、需要进行社交训练的人，能够帮助其改善人际关系。

2. 团体辅导的局限

- **团体辅导不可能适用于每个人**。在团体情景中，个人深层次的问题不易暴露，比如对于依赖性过强的人、有社交障碍的人、自我封闭的人或过于自我中心的人等，团体的助人功能可能会受到限制，这些成员在团体中难以获得好处，他们甚至还可能妨碍团体的发展。

- **团体辅导对成员的个体差异难以照顾周全**。在团体中，由于成员的个性和问题不同，团体带领者分配给每个成员的时间和精力会有所区别，那些融入快、投入多的成员通常收获更大，而那些比较被动的成员收获就少些，个别成员的需要可能被忽视，所以同一团体中每个成员的体验和收获是不同的。
- **团体辅导可能会给某些成员带来伤害**。在团体中，某些成员可能在没有做好充分准备的情况下，因为团体压力而被迫进行自我表露，从而受到伤害，产生新的问题。成员在团体中分享的个人隐私也可能在事后被无意泄露，给当事人带来不便；此外，有些不称职的带领者也可能在团体中给成员带来负面影响。
- **团体辅导对带领者的要求很高**。它对带领者的人格特质、专业训练、技术方法、临床经验和伦理道德等方面都有很高的要求。

二、团体辅导的目标与功能

（一）团体辅导的目标

为了取得预期的结果，团体辅导必须要有明确的目标。团体目标为团体和成员提供了发展方向，可以帮助成员聚焦于某一方面。此外，团体目标还能为带领者提供一把量尺，用来评估团体辅导的效果。团体辅导的目标可以分为一般目标、特殊目标和过程目标。

1. 团体辅导的一般目标

一般目标是指无论为哪种特殊目的而组成、实施的团体辅导，尽管针对不同的人群具体目标有差异，但是在团体练习过程中都可以达成的共同目标，主要有以下几方面：

- 可以帮助成员通过自我探索的过程认识自己、了解自己、接纳自己，对自我有更适当的看法；
- 能够帮助成员通过与他人沟通交流，学习社交技巧，提升社交能力；
- 可以帮助成员培养责任感，敏锐地觉察他人的感受和需要，更善于理解他人；
- 可以培养成员的归属感与被接纳感，建立和提升安全感，以及面对生活挑战的信心；
- 能够增强成员独立自主和抉择的能力，促进其处理生活中的一般发展性问题，解决冲突矛盾；
- 能帮助成员澄清个人的价值观，协助其做出评估、修正与改进；
- 能够帮助成员增强自我方向感，培养独立自主、自己解决问题和选择的能力，同时促使他们把这些能力迁移和应用到日常生活和工作领域中。

2. 团体辅导的特殊目标

特殊目标是指特定团体辅导针对成员的类型所要专门达到的独特目标，比如减压团体的特殊目标是缓解压力，自信心训练小组的特殊目标是增强自信心，亲密关系训练团体的特殊目标是改善亲密关系、掌握沟通交往技能等，网络成瘾团体的特殊目标是帮助成员从网络依赖的泥淖中挣脱出来。

3. 团体辅导的过程目标

过程目标是指在整个团体辅导过程中，成员需要经历的各个发展阶段的不同目标。团体创始阶段的目标通常是协助成员相互认识，了解团体的目标和结构，建立团体的契约等；团体过渡阶段的目标是协助成员分享感受和经验，促进成员之间的信任，帮助成员觉察彼此的感受和行为；团体工作阶段的目标是协助成员检视自我的情绪和困扰，学习有效的社会行为，获得问题解决的方法，激发自我成长；团体结束阶段的目标是协助成员总结和巩固已有成果，制订今后的成长计划，将团体中所学应用于实际生活。

（二）团体辅导的功能

团体辅导具有教育、发展、预防和治疗四个方面的功能，这些功能相互联系又相互渗透，在团体辅导过程中共同发挥作用，使得团体辅导能被广泛地应用。

1. 教育功能

团体辅导的教育功能体现为团体辅导是一个学习过程，成员能够通过相互作用，协助彼此增进自我了解、自我抉择、自我发展，学到新的行为和态度，进而实现自我。团体辅导有助于团体成员的自我教育，也有助于培养成员的社会性，使其学习社会规范与适应社会生活所需的态度和习惯，互相尊重、互相了解，养成少数服从多数的民主作风。参加团体辅导的人常常有共同的人生问题，例如学习力问题、适应问题、家庭沟通问题等等。在团体中，成员能够在带领者的引导下，针对日常生活中的压力和困扰，分享经验、相互学习，以获得正确的观念与恰当的态度，并学习某些策略或产生新的行为，从而发挥潜能，促进适应。

2. 发展功能

团体辅导的发展功能体现在团体辅导能够帮助成员扫除其正常成长过程中的障碍。它不仅能纠正成员不成熟的偏差态度与行为，而且能促进良好的发展与心理成熟，培养健全的人格，协调其人际关系。可以说，团体辅导最大的功能就在于它有益于正常人的健康发展。对于学生来说，理想的团体辅导不只关心问题学生的辅导，更要注意正常学生的引导。针对自我整合、学习适应、亲密关系、生涯选择这些发展性议题，团体辅导能启发和引导正常学生，促进他们自我了解，改善人际关系，学到解决各种发展性问题的方法，比如掌握建立信任关系所需要的技巧和方法，养成积极面对问题的态度，对生活和未来充满希望，积极规划自己的人生。

3. 预防功能

团体辅导的预防功能指成员可以通过团体辅导更加客观理性地了解自身问题和状况，并通过相互交流培养问题识别和处理能力，从而减少心理问题发生的概率；同时，带领者可以在团体辅导中发现那些需要进一步接受个别辅导的学生，并予以转介，预防问题严重化；此外，团体成员对心理辅导也会有更正确的认识和积极的态度，一旦需要帮助就可以主动求助专业机构，从而预防心理问题的发生与加重。

4. 治疗功能

团体辅导的治疗功能更多体现在团体咨询和团体治疗中。由于团体情景比较接近日常生活与现实状况，因此通过团体处理情绪困扰与心理偏差行为，可以收到良好的效果。

三、团体类型

团体的分类依据有很多，根据学校教育的需要，列举以下几种分类方式。

（一）根据团体功能进行划分

- **成长性的团体**。此类团体注重成员的身心发展，协助成员自我认识，自我探索，进而自我接纳和自我肯定。成长性的团体是应用较为广泛的团体形式，比如自我成长团体、才能拓展营等等。
- **训练性的团体**。此类团体注重成员生活能力的提升和正向思维的建立，比如团体人际关系训练、团体敏感力训练、团体亲子效能训练等等。
- **治疗性的团体**。此类团体注重成员经历的解析、人格的重塑和行为的重组，比如精神分析团体、人本主义团体、心理工作坊、家庭系统排列等等。

（二）根据团体内容进行划分

- **结构式团体**。此类团体较为注重团体所要达成的目标，会设置相应的活动，通过活动来引导成员参与学习，因此这类团体具有预定的目标和活动内容，带领者的角色比较明确，团体在预定的目标和方向下进行，成员的自主性和自发性相对较小。学校团体辅导主要是结构式团体。
- **非结构式团体**。此类团体对带领者的要求较高，要求带领者根据成员的需求、团体的动力发展，以及成员间的互动关系来决定团体的目标过程以及运作的方式。带领者的主要任务是催化、支持，指导性行为相对较少。此类团体适合心智比较成熟，并且有表达能力的成人。
- **半结构式团体**。这种团体是介于结构式团体和非结构式团体之间的一种团体辅导形式。它一般有初步设计好的方案，但在团体过程中会给予成员一定的自由度，并不拘泥于已有的程序。常以短程焦点团体的形式存在。
- **结构式团体和非结构式团体的区别**。结构式团体在开始之前目标是确定的，每次活动的内容也大概是确定的，带领者在团体开始之前已经制订好了计划，团体进行过程中会有些微调，但所有的设置都是确定的。非结构式团体只有框架是确定的，参加人员、团体进行的频次是确定的，但每次团体会面要谈论什么、讨论什么，在开始之前没有一个具体明确的目标，而是依据团体发生发展的过程，经由带领者不断地进行催化、促进才发生的。

（三）根据团体的人数进行划分

- **大团体**。团体人数比较多，35~40 个人左右，这样的大团体一般都是研讨会、班级活动等，多属于教育类型的团体。
- **中团体**。人数大概在 20~30 人之间，可以是研讨会，也可以是训练营。
- **小团体**。人数大概在 20 人以下，咨询和治疗性的团体人数一般要更少，控制在 10 人以内，通常是 6~10 人，8 人左右最为适宜。

（四）根据团体的时间安排进行划分

- **密集性的团体**。这类团体进行的时间相对较长，不固定，根据团体动力和人员的情况而定，最常见的是马拉松团体，比如一个连续三天的密集型团体，三天内可能要进行十几轮甚至二十几轮的团体体验，突击完成成员的议题。
- **常态性的团体**。这类团体进行的时间是固定的，每次为 1~3 个小时，连续进行 8~12 周甚至更长的时间，每周通常是 1~2 次。

（五）学校常见的团体类型

1. 学校团体辅导的性质

学校团体辅导多采用结构式团体的形式，通过团体练习，帮助学生深入认识自己，学习新态度、新技能，改善人际关系和适应能力，促进人格成长，提高生活质量，开发心理潜能。

2. 不同目标和任务性质的团体

根据团体的目标和任务性质不同，心理教师通常可以创建以下类型的团体。

- **教育团体**。带领者为成员提供不同主题的信息，然后观察成员的反应和评论。带领者通常围绕团体主题，担当教育和引导讨论的角色。比如结合"怎样更有效率地学习"这一主题，引导学生分享各自的经验，教授学生掌握学习的方法和技巧。
- **任务团体**。为完成特定任务而创建的团体，这类团体的目标很明确，通常只会面一次或少数几次。带领者致力于使团体成员聚焦于任务，并促进讨论和相互作用。主题班会、临时组成的班级篮球队等都属于这类团体。
- **讨论团体**。这类团体的主要目的是为参与者提供交流想法和信息的机会，团体焦点通常是某个话题而不是成员的个人问题。带领者主要充当促进谈话的角色，常见的有读书会和时事讨论团体。
- **支持团体**。这类团体通常由具有某些共同特征的人组成，成员通过交流感受，分享问题和忧虑，共同成长。带领者会适时地营造心理安全环境，促进成员交流体验，相互鼓励、彼此支持，共同面对生活中的课题。
- **成长团体**。这类团体由希望归属于某个集体或者希望更多了解自己的成员组成。成员在团体中尝试探索和发展个人目标，并更好地认识自己和他人、提高人际沟通的能力。团体带领者不仅要知识广博，还需具备心理咨询和团体辅导的专业技能。常见的有新生适应团体、人际关系训练团体等。

四、常用的团体辅导技术

作为一名团体带领者，为了使团体辅导发挥其应有的效用，除了掌握相关的知识和理论之外，还必须了解和掌握团体辅导的各种技术和方法，从而有效达成团体辅导的目标，促进团体成员的成长和改变。

（一）团体讨论的技术

团体讨论是指让团体成员针对一个共同问题，根据资料与经验，深入探讨的技术。

1. 团体讨论的常见形式

在团体辅导中，常见的讨论形式有以下几种。

- **圆桌式讨论**。这是一种比较民主的方式，成员围圆桌而坐，自由发言，彼此容易熟悉，形成和谐的气氛，引发讨论。
- **小组式讨论**。当团体过大时，团体带领者可将团体成员分成若干小组，分别讨论同一主题。每组由一个组长主持讨论，并选出一名秘书记录讨论结果。

然后综合小组讨论结果，在大团体内各组派代表进行交流，其他成员进行补充。由于小组人数少，成员可以充分发言、交流。
- **陪席式讨论**。一般先由一位专家发表意见，作引导发言，然后团体成员针对专家的意见发表自己的见解。
- **论坛式讨论**。先由几位专家或带领者分别阐述各自不同的观点，然后团体成员互相讨论，寻求一个适当的结果。
- **辩论式讨论**。团体成员分成两组，就某个话题分成正反方，然后根据自己所在方的立场，与对方辩论。
- **座谈会**。这种形式以简短的演说方式呈现不同的观点。主持者介绍发言者，提供议题资料。发言者交互发言，结束时对议题做简要总结。

2. 团体讨论的常用方法

- **脑力激荡法**。脑力激荡法是美国人奥斯朋在20世纪60年代提出的一种讨论技术。它是一种可以让成员不受任何拘束自由发表意见的讨论形式，通常参加人数为6~12人。所以，在以班级为单位进行团体辅导时，需要把班级成员分成6~12人的小组进行讨论。一般先有一个开放性的问题，然后大家自由发表意见，这样可以集思广益、群策群力，在很短的时间里提出许多独特的、创新的思想和方法。讨论时必须遵循以下原则：不批评不指责，鼓励自由和创意；人人参与；强调数量，优化整合。此外，脑力激荡法必须有明确的主题，限定讨论时间，并让成员了解程序和规则。带领者需要在讨论过程中营造轻松、合作、接纳的团体气氛，鼓励成员积极参与。时间将近时也要提醒成员，并在结束时让所有成员停止，每组统计数量，先后发言，通过良性竞争激发成员的参与热情。
- **问题揭示法**。问题揭示法是指由带领者将成员要讨论的问题——在黑板上列出，引起参与者的热情，澄清问题、消除误解，让成员自主选择讨论顺序，并将问题分门别类。在讨论过程中，带领者需要营造包容、接纳的良好氛围，鼓励成员积极参与，接纳每位成员的意见，请成员共同来澄清，以增进团体成员之间的互动。
- **菲利普六六讨论法**。这是由美国密歇根州立大学的菲利普提出的讨论方法，即将大团体分成小团体进行讨论及分享。比如六人一组，每人发言几分钟，这样可以让所有人参与，体现平等和尊重，也能让成员充分交流。讨论时间可以视具体情况调整。
- **耳语聚会法**。耳语聚会法与六六讨论法相似，唯一的不同是参与讨论的团体更小，原则上是两人一组进行讨论，这样窃窃私语式的讨论更容易操作，也让成员更容易交流。
- **内外圈组合法**。内外圈组合法又称金鱼缸式讨论法。带领者将所有成员一分为二，一半在内圈，一半在外圈，内圈讨论，外圈观察或者倾听，10分钟后两组交换任务。另一种方法是内外圈的人一一配对进行交流；还可以固定内圈，移动外圈，使成员可以在短时间内与更多人交流。

（二）团体练习的技术

1. 团体练习的概念和种类

团体练习又叫结构式练习，是团体带领者针对团体成员的需要、个人行为、建设性反馈、过程作用和心理的整合而设计的演练性活动，是一种体验式的感受活动。无论是哪一类团体，为了吸引成员积极投入和参与，引发和促进成员互动与成长，带领者常常会安排一些团体练习。

团体练习的种类非常多，目标也不同，有的以自我探索为目标，比如"我是谁""生命线""自画像""墓志铭""生命计划"等；有的以价值观探索为目标，比如"临终遗命""火光熊熊""生存选择""姑娘与水手"等；还有的团体练习是以相互支持为目标，比如"热座""金鱼体""戴高帽"等。

2. 团体练习的常见形式

- **纸笔练习**。纸笔练习是指通过纸笔来表达成员的观念和想法的团体练习，这是在团体辅导过程中使用最广泛、最便捷、最有效的团体练习之一。具体操作办法是通过特别设计的练习用纸，引导成员按照练习所要求的主题深入思考，写下自己的看法，然后以4~8人为一组，讨论交流各自的观点。
- **身体活动**。身体活动是指通过肢体练习的方式来表达某些主题或思想的团体练习，在各类团体中经常被使用。这类团体练习通常用来作为暖身活动，激活团体气氛；有时也可以用来促进团体成员互动，提升团体信任度；有的身体活动还可以改善成员不适的感觉与行为,起到疗愈功能,比如轻柔体操、叩击穴位、肌肉放松、呼吸放松、冥想放松、瑜伽放松等。

- **接触练习**。接触练习指通过成员肢体上的接触来强化彼此感受的团体练习。例如,有些练习要求成员互相接触对方的手、脸、肩膀。肢体接触会带给成员感觉上的刺激,也会增进彼此之间的沟通和信任,提高团体凝聚力。常用的接触练习有:信任跌倒、盲人走路、突围闯关、同舟共济等。需要注意的是,团体带领者在开展这类练习时要注意成员的感受,如果成员觉得不自在、不习惯或不愿意,应尊重成员的反应。

- **美术与工艺**。美术是一种表达内心世界和自我的好方法,绘画作品特别是创意画往往能投射出成员独特的人格特质或想法。团体成员在绘画或工艺练习中自由自在使用的线条、图案、颜色或象征,有时比语言更有意义,更能反映出作者的情感和想法。团体带领者在运用绘画练习时,要配合团体目标选好主题。绘画完成后,邀请团体成员分享自己作品的意义,其他成员可以通过询问等方式,促进当事人探索自己的作品,从而进一步加深团体成员对自己和他人的了解。常用的美术与工艺类团体练习有自画像、家庭树、T 恤衫设计、绘画接力、突破困境等。

- **媒材应用**。团体练习中的媒材含义很广,练习道具如玩偶、橡皮圈、彩色布、跳绳、棋子、彩笔等都是常见的媒材。有时成员在团体中难以用语言充分表达自己,团体带领者就可以通过应用各种媒材来协助成员表达自我。在青少年团体中,媒材的应用往往更加有效,可以充分引发成员的兴趣、参与和投入。在选择媒材时,应尽量选择简单、容易获得、便于使用,同时又有吸引力、新奇、能引发全体成员参与的材料。还有一类媒材是指录音、录像、电影等。团体带领者常常在团体中配合团体目标、单元主题,使用音乐、录像、电影等媒介来引发和激励成员思考问题。带领者选择的媒介内容最好有可观赏性,可以以故事性的方式呈现,也可以呈现出一个冲突情景以便作为讨论的焦点,内容要贴近成员的现实生活经验。此外,时间以 15~20 分钟为宜,方便一次会面中讨论完。

- **角色扮演**。角色扮演是用表演的方式来启发团体成员对人际关系及自我情况有所认识的一种方法。带领者可以通过这种技术协助成员体验积极的、可以成为的角色,并提供可以模仿或认同的榜样。角色扮演类练习特别适用于青少年,不仅可以帮助他们更明确地了解自己和他人的行为,还可以促使他们将个人想法转换成实际行为。

团体采取什么形式的练习，要根据团体目标和成员特点选择。比如，对于中老年人，采用一些动态的团体练习就不适合；对于青少年过多使用团体讨论或纸笔练习也不适宜，需要配合趣味性更强的团体练习。

3. 团体练习的原则

对于团体带领者来说，团体练习只是达成团体目标的一种手段或方法。因此在选择练习时必须配合团体目的和预期结果，并遵循以下原则：

- 团体练习必须符合成员的身心发展特点、成熟度及发展任务与需要；
- 运用团体练习时应考虑团体发展过程、团体动力、过程目标与任务目标；
- 练习的安排应注意逻辑性、层次性与衔接性，考虑场地条件；
- 浅层自我表露的练习安排在初期，深层自我表露的练习安排在后期；
- 学习性的团体练习安排在初期，个人问题解决类的练习安排在后期；
- 正向反馈放在初期，负向反馈放在后期；
- 团体练习要多样，活泼有趣，富有创意，以便引发成员的兴趣，加深学习效果；
- 保持练习的弹性，注意安全性，尊重成员的开放程度；
- 团体练习应该是带领者亲自体验或带领过的，熟悉的；
- 团体练习最好是带领者能力所及，且能提供稳定与持续的支持的；
- 所有成员都能参与，使每个人都有机会表达自己的观点和爱好；
- 非必要时尽量少用身体接触练习，非语言的练习必须配合语言形式的分享和讨论；
- 适当安排家庭作业，鼓励成员练习；
- 选择的练习要考虑到团体的时间是否足够，以免给成员带来遗憾或困惑；
- 选择团体练习时还要考虑到对象的年龄、人数等。

各阶段团体练习示例

促进团体成员相识的练习

谁是谁

时间：大约 20 分钟。

材料："谁是谁"信息卡（信息特征可以根据团体目标和成员的不同而调整，详见表 13-1）、奖品。

过程：给成员每人发一张信息卡，要求他们立即行动起来，在团体中寻找具有信息卡上特征的人。成员拿着卡，走到另一个人身边问他是否具有信息卡上的特征。如果有，就询问他的名字，并填写在信息卡上；如果没有，就继续问下一个人。看谁先将信息卡填满。率先完成者读出卡上的内容，被念到名字者站起来。前三名获奖。

表 13-1　"谁是谁"信息卡

信息特征	符合条件的人姓名
来自天津	
喜欢吃饺子	
有一个 10 岁的儿子	
每天坚持锻炼身体半小时以上	
有五双皮鞋	
喜欢上网聊天	
有时外出旅游	
喜欢交朋友	
对团体心中没底	

知你知我

时间：约 8 分钟。

准备：足够的空间，可以挪动椅子。

过程：带领者先让团体成员在房间里自由漫步，见到其他成员，微笑着握手。给一定的时间让成员自然相遇，鼓励成员尽可能多地与他人握手。当带领者说"停"时，每个成员面对或正在握手的人就成了朋友，两人一组面对面坐下，各自做自我介绍。介绍的内容包括姓名、班级、身份、性格特点、个人兴趣爱好、家庭情况，以及其他愿意让对方了解的信息。每人介绍三分钟，最后漫谈几分钟。当对方做自我介绍时，倾听者要全身心地投入，通过语言与非语言的观察，尽可能多地了解对方。

连环自我介绍

时间：约 8~10 分钟。

过程：两个四人小组合并，八人围圈而坐。从其中一个人开始，每人用一句话介绍自己。一句话中必须包含三个内容：姓名、班级（或学校、小组）、自己与众不同的特征。规则是：当第一个人说完话后，第二个人必须从第一个人开始讲起，第三个人一直到第八个人都必须从第一个人开始讲起，这样做能够使所有人的注意力高度集中，协助他人表达完整正确，并且在多次重复中，不知不觉地记住他人的信息。如图 13-1 所示。

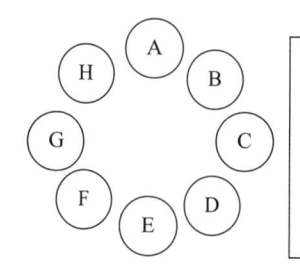

图 13-1 连环自我介绍

寻找我的那一半

时间：约 30 分钟。

准备：用彩色纸剪成三角形或正方形，并一分为二，以及胶水、硬纸板。

过程：团体成员自由抽取裁好的彩色纸，然后必须在团体内找到与自己同色且形状相匹配的另一半。找到后，将彩色纸贴在硬纸板上，并写上两个人的名字，两人自由交谈五分钟，互相认识。然后全体成员围圈坐下，每一对轮流向大家介绍对方，使团体中的每个人都能相识。

棒打薄情郎

时间：约 20 分钟。

准备：用挂历纸或旧报纸卷成一根纸棒。

过程：初次会面，全体成员围圈而坐，轮流介绍自己的名字、兴趣、出生年月等个人资料。每个人都专心去记住其他成员的资料。然后成员站成一圈，选一个执棒者站在圈中间，由他面对的人开始大声叫出另一位成员的姓名。执棒者马上跑到那个被叫的人面前，被叫的人马上再叫出另一位成员的姓名。如果叫不出来，就会受"当头一棒"，然后由他执棒。以此类推，直到大家相互熟悉姓名为止。如果一个人被打三次就必须出来表演，作为惩罚。这项练习很适合青少年，在游戏中相识。

循环沟通

时间：约 30 分钟。

准备：每人一把椅子。

过程：成员通过"1、2"报数，分成两组，里一圈外一圈，里圈人面朝外，外圈人面朝内，一一对应，面对面而坐，轮流做自我介绍，每个人的时间为 2~3 分钟，然后带领者叫停，里圈人不动，外圈人站起来，整体向右挪一位，坐下继续交流，如此循环往复，一圈下来，能够认识很多人。这种方法有点强制谈话的性质，团体动力很快就会有大的变化，成员会非常兴奋。这种快速相识的练习新奇有趣，不过人数不宜太少或太多，太少成不了圈，太多会花费很多时间，且信息不易记住，一圈 10~15 人为宜。

建立相互信任、促进彼此接纳的练习

信任之旅

时间：约 60 分钟。

准备：带领者要事先选择好盲行路线，最好不是平地，而是有一定的阻碍，如上楼梯、下坡、拐弯，室内室外相结合。每人准备一块蒙眼睛用的毛巾或头巾。

操作：团体成员两人一组，一人做"盲人"，一人做"向导"，盲人蒙上眼睛，原地转三圈，暂时失去方向感，然后在向导的搀扶下，沿着选定的路线绕室内外练习。其间不能讲话，向导只能用动作帮助盲人体验各种感觉。练习结束后两人坐下交流当盲人的感觉与帮助别人的感觉，并在团体内交流。然后互换角色，再来一遍，再相互交流。交流讨论集中在以下几方面：对于盲人——"看不见后是什么感觉，使你想起什么""你对你的伙伴的帮助是否满意，为什么""你对自己或他人有什么新发现"；对于向导——"你怎样理解你的伙伴""你是怎样想方设法帮助他的，这使你想起什么"。

戴高帽（也称红色轰炸或优点轰炸）

时间：约 50 分钟。

过程：5~10 人一组围圈而坐。请一位成员坐在或站在团体中央，其他人轮流说出他的优点（如性格、相貌、处事风格）。然后被称赞的成员说出哪些优点是自己以前察觉到的，哪些是不知道的。每个成员到中央被戴一次"高帽"。规则是必须说优点，态度要真诚，努力去发现他人的长处，不能毫无根据地吹捧，这样反而会伤害别人。成员要注意体验被人称赞时的感受如何，怎样用心去发现他人的长处，怎样做一个乐于欣赏他人的人。此练习一般适合比较熟悉的成员使用。

哑口无言

时间：约 30 分钟。

过程：全体围成一个圆圈，然后闭上眼睛回忆一下这周内生活的感受，是疲乏、兴奋，还是焦虑、烦闷。然后睁开眼睛，每个人用手势、表情等肢体语言表达自己内心的感受，让其他成员猜猜动作及表情所反映的感受是什么。被猜者说明他人的猜测是否准确，以及为什么。通过练习，训练成员敏锐观察他人感受的能力。

信任圈

时间：约 25 分钟。

准备：宽敞的场地，8~12 人一组。

过程：成员围成一个圈，邀请一位成员到中间，其他成员手拉手围圈。练习开始时，站在中间的成员闭上眼睛，任意朝某个方向倒下，其他成员必须手挽手，形成保护圈予以保护，不能让其摔倒。他往哪里倒，团体就往哪里去接住他，并将他推到中间的位置。如此倒下、接住，使中间的成员从紧张到变得放松。可以换人到圈内去体验。

信任跌倒

时间：大约 20 分钟。

准备：8~12 人，需要一定的活动空间。

过程：带领者邀请成员两两配对，一人跌倒一人接。当带领者喊"倒"时，一人身体垂直向后倒，脚跟直直倒下，倒到一半时，另一人平稳地接住，然后互换角色，继续进行。完成后在团体内讨论。

猜猜我是谁

时间：约 20 分钟。

准备：白纸，笔。

过程：每人发一张白纸，写下 3~5 句描述自己的句子，如"我是……"，不写名字。写完后将纸叠好，放在团体中间的桌子上。然后每人随机抽取一张，念出纸上的内容，让大家猜猜这一张是谁写的。猜中的人要说明理由。带领者引导团体成员发表自己猜中别人或被他人猜中时的感受。

加强团队合作的练习

突围闯关

时间：约 50 分钟。

准备：8~12 人，足够宽敞的活动空间。

过程：突围时，一位成员主动站在团体中央，作为突围者，其他成员互相勾着手臂形成包围圈。突围者可以采取钻、跳、推、绕、拉、诱骗等方式，力求从圈中突围出来，而包围者尽力不让他出来。一段时间后，突围者若不能成功，可以宣称放弃，换其他成员去体验；如果突围成功就结束。然后成员分享参与突围活动的感受。

闯关时，一位成员站在圈外，作为闯关者，设法打入圈内，可以用推、拉、钻、绕、跳跃、诱骗等方式；全体成员围圈面向外，彼此勾紧手臂，竭力排拒，不理睬闯关者，直到闯关者成功或声称放弃。活动结束后彼此分享。可以讨论的问题如"活动中你是否感觉到团体的重要性""你们或你是怎样成功阻止或进入的""被团体拒之圈外是什么感受""你如何理解堡垒是从内部攻破的""团体在活动中有些什么问题，可以怎样改进""活动对你的生活有哪些启发"。

同舟共济

时间：约 50 分钟。

准备：每组一张大报纸（或其他替代物），每组 8 人。

过程：练习开始时，带领者要求成员将报纸铺在地上，代表汪洋大海中的一条船，所有团体成员必须同时站在船上，一个也不能少，"同生死，共命运"。成员们必须想方设法同时登船。行动之前，团体可以充分讨论，拿出最佳方案，可以人拉人、人背人或叠罗汉。成功完成任务后，带领者可以要求将报纸折叠，面积减半，继续活动，完成后继续折叠报纸……随着难度的增加，成员要付出的努力也越来越大，团队的凝聚力空前提高。在练习的过程中，性别、年龄等因素都会被忽略，全组一条心，练习的结果常常出乎成员们的想象。

解开千千结

时间：约 30 分钟。

准备：宽敞的空间，每组 8 人，可增加到十几人。

过程：带领者让所有成员手拉手围成一个圈，看清楚自己左手和右手边是谁，确认后松手，在圈内自由走动，然后带领者叫停，成员停止走动，伸出双手拉住刚才左右手拉的人，从而形成许多结扣。然后要求成员恢复到起始状况。所有人都不能松手，但可以通过钻、跨、绕来进行解扣。这就要求成员设法解决难题。在克服困难、解决问题后，请成员分享活动中的感受。

画图接力

时间：约 60 分钟。

准备：每组 8 人，1 张 A0 纸（面积约 1 平方米），1 套油画棒或水彩笔，奖品。

过程：带领者介绍活动规则，根据所规定的场景（如"走进考场""我们的学校""未来的学习""成功的日子"等），要求成员在限定的时间内，通过充分讨论，发挥各自的想象力，轮流接力将图画完成。所有成员都要参与其中。成员之间可以提供意见，但不可以代画，每人限时五分钟。结束后，带领者将各组作品张贴出来，邀请每组派代表对图画进行解说。根据各组合作的程度、画作的新颖程度、解说的水平等进行评比，优胜组可获得奖品。

促进成员自我探索的练习

我了解自己吗

时间：80分钟。

准备：每小组8人，为每人准备纸和笔。

过程：发下练习纸，上面的内容如表13-2所示，要求成员认真思考后填写，然后组内分享交流。

表 13-2　　　　　　　　　　　我了解自己吗

请你写下：
1. 性别　　　　　　　　　2. 年龄
3. 你最欣赏自己的优点是什么，请写出 2~3 点
4. 你生命中最重要的人有哪些，请写出 2~3 人
5. 你童年最开心的经验是什么
6. 你在学习或工作中最有满足感的经验是什么
7. 如果危机降临在你身上，你的生命将尽，只剩下 10 个小时，你最想做什么
8. 如果你穿越到了 50 年后，你从空中眺望此处，你的感受是什么，最想对谁说些什么
9. 200 年后，你希望别人怎样评价你
10. 如果"现在"，也就是"让你活在当下"是一个礼物，你最想送给自己的一句话是什么

我的核桃

时间：50分钟。

准备：每组8~10人，每人一个核桃（也可以是柑橘、西红柿、柠檬等）。

过程：给每个成员发一个核桃，让其花10分钟认真观察自己的核桃，尽量调动一切感觉通道，如视觉、听觉、嗅觉、触觉等，可以先用眼睛观察，然后闭上眼睛，感受核桃的触觉特征。10分钟后，将所有成员的核桃混在一起，看看成员是否能找到自己的核桃。然后再次将核桃混合，每个人闭上眼睛去寻找自己的核桃。无论最后有没有找到，都要说明原因。在小组中分享自己的核桃有哪些特点，自己是怎样找到的，找到后的感觉如何，以及找核桃练习对自己有哪些启发。带领者在总结时，可以引导成员认识人和事物的独特性，学习接纳这种独特性，并学习比较的方法。

人生透视

时间：约60分钟。

准备：每人发一张表（如表13-3所示）、一支笔。

过程：带领者发给每人一张表，让大家思考一下，然后填写这张表，10分钟左右完成。填写完毕后，成员在小组内（5~6人）交流。交流分三轮：第一轮轮流介绍自己一年级时的情况，并说明理由；第二轮轮流介绍现在的生活，并说明理由；第三轮介绍对未来生活的展望及理由。成员能够在分析自己、了解他人的过程中增强自觉性，并相互理解、共情。

表 13-3　　　　　　　　　　人生透视

	当我一年级时
兴趣	
问题	
希望	
	我现在的生活
兴趣	
问题	
希望	
	十年后的情形

续前表

兴趣	
问题	
希望	

天生我才

时间：约 60 分钟。

准备：每人发一张"天生我才"练习表（如表 13-4 所示）、一支笔，每组 8~10 人。

表 13-4　　　　　　　　　　"天生我才"练习表

请完成下列句子
在外表方面，我最欣赏自己的（如头发、高度、牙齿等）
我最欣赏的自己对朋友的态度是
我最欣赏的自己对求学的态度是
我最欣赏的一次学业成绩是
我最欣赏的自己的性格是
我最欣赏的自己对家人的态度是
我最欣赏的自己对做事的态度是

过程：带领者介绍活动，请成员先填写"天生我才"练习表，然后在小组中讲述自己所填写的答案，按问题进行，所有人都发言完毕后再继续下一个问题。完成后进行讨论，讨论大纲如下所示。

- 你是否同意"每人都有长处"？为什么？
- 当你做了某件事，比如"帮助盲人安全过马路"或者"考出理想成绩"等，你会欣赏自己吗？为什么？
- 当你"在一个重要约会中迟到了"或者"考试时，完全不懂如何作答"，你会怎样对待自己呢？会责骂自己吗？为什么？

集思广益、互助解难的练习

热座

时间：约60分钟。

准备：每人一个信封，若干张纸条（比人数少一张）。若人数较多，可分成多个6~10人小组。

过程：给每个成员发几张白纸、一个信封，让成员在信封上写上自己的名字，然后将自己目前最苦恼、最想得到帮助的问题写在纸上，每张纸条写同样的问题，如"你对我的印象如何""我怎样才能获得真正的友谊""睡不着怎么办"，并留有足够的回答问题的空间，最后在纸条上写上自己的名字。然后，把写好的纸条发给其他成员，请他们回答。每位成员在拿到他人的纸条后，认真思考，根据自己的经验及体会，怀着真诚助人的爱心进行回答，答案没有对错之分。回答者不用署名。信封放在小组中间的地上或桌子上。成员在回答完毕后，把每个人的问题纸装进他的信封里，完成后，所有成员取回自己的信封，打开一一阅读。最后，成员轮流分享阅读完他人建议后的感想。由于同时得到多个人的帮助，丰富了个人有限的经验，常常使受益者感动不已。

五、班级团体辅导活动设计案例

下面以团体辅导活动"我信任的班集体"为例，探讨活动设计的全过程。

"我信任的班集体"活动主要适用于小学高年级，时长为一课时。

我信任的班集体

（一）活动目标

1. 增进班级成员间的沟通与信任，学习非言语沟通技巧。
2. 消除对班集体的担心和焦虑，建立团体信任感。

（二）活动内容

"热身"歌舞，"信任之旅"游戏，团体讨论。

（三）活动地点

室内与室外活动室。

（四）活动准备

1. 录音光盘。

2. 眼罩每人一个，路障筒（预先设置路障阵）。

3. "团体分享提纲""活动评价表"每人一份。

（五）活动程序

1. 热身：所需时间为 5 分钟，主持人为班主任，需要用的设备为录音机，活动以喜闻乐见的歌曲、舞蹈开场，如歌曲《采蘑菇的小姑娘》。

2. 主题活动：分小组进行团体信任活动——"信任之旅"，所需时间为 15 分钟，主持人为班主任，需要用的设备为眼罩、路障筒。

（1）班主任说明此次活动的目的：让大家体验带领与被带领的感受。

（2）分角色：全体学生分成两组，一组戴眼罩扮演"盲人"，另一组扮演"向导"。

（3）班主任对向导说明带领要点：活动中不能暴露自己的身份，只能用非言语的方式，带领其中一位盲人到室外走一圈，然后回到室内（班主任事先用路障筒布置一条迂回路，路中央可设置一些障碍）。

（4）回到室内后，盲人摘下眼罩，两人相互分享、交流 3 分钟。

（5）角色互换（尽量换新同伴），继续以上（3）和（4）的活动。

3. 团体分享：所需时间为 25 分钟，班主任为主持人，需要用的资料为"团体分享提纲"，内容包括：

- 整个活动过程是否顺利？在活动中遇到什么问题？
- 扮演盲人和向导时有哪些不同的感受？
- 一开始做盲人时，对向导有信心吗？整个活动过程中，你的信任感是增强了，还是减弱了？
- 做向导时，你是如何传递信息的？盲人感受到你的信息了吗？你们是如何进行调整的？你认为自己是个值得信赖的向导吗？
- 本次活动中你最大的收获是什么？

注意：本活动的重点在于团体分享，班主任要让大家充分表达自己的感受。在整个活动过程中，要提醒大家遵守游戏规则，避免事故发生。

第 14 章

家庭心理辅导

申玲晓

《中华人民共和国家庭教育促进法》明确指出，父母或者其他监护人应当树立"家庭是第一个课堂、家长是第一任老师"的责任意识，承担对未成年人实施家庭教育的主体责任，用正确思想、方法和行为教育未成年人养成良好思想、品行和习惯。

家庭心理辅导是影响孩子健康成长的重要因素，本章把家庭心理辅导的基本要求和教育心理学知识融会贯通到家庭教育的方式方法上，并附以案例说明，通过家庭心理辅导，为孩子营造宽松、和谐、健康的成长环境。

一、家庭心理辅导概述

所谓家庭心理辅导，就是在家庭生活中，养育者运用心理辅导的方法对孩子进行心理帮助的过程。这不是严格意义上的心理辅导，只是带有心理辅导功能的心理助人活动。其目标是营造良好的家庭环境，及时发现孩子的心理问题并进行有效干预，使孩子的心灵得到健康成长，最终实现均衡发展。

在家庭心理辅导的过程中，必须考虑孩子的心理发展特征，并在此基础上采取相应措施。

（一）小学阶段的心理特征

1. 认知活动的特征

（1）感知觉的无意识性和情绪性比较明显

在小学阶段，孩子的视觉、触觉、听觉发展都很迅速，但感知活动不稳定，容易受到情绪、兴趣或外部事物的影响。

（2）注意力不稳定，不持久

实验表明，7~10岁的儿童，注意力持续时间约为20分钟，10~12岁的儿童约为25分钟。年龄特征决定他们注意的范围狭小，即在同一时间内所能知觉到的客体数量少，注意分配能力也较差，所以家长常常觉得孩子做事时丢三落四。

（3）机械记忆占优势，擅长形象记忆

小学低年级学生在记忆材料时，习惯逐字逐句地背诵，而不留心所识记材料的意义。小学高年级学生才能做到在理解课文意义的基础上记住这些材料。

（4）以具体形象思维为主要形式，但逐渐向抽象逻辑思维过渡

小学低年级学生以具体形象思维为主要思维形式，只注意事物的具体形象，缺乏概括能力。到了高年级后，思维的独立性、灵活性进一步发展，抽象逻辑思维逐渐占主导地位。

2. 情感意志发展的特征

（1）情感稳定性增强

小学生在入学后，随着集体生活的增多，会增加一些复杂的情感体验，如责任感、义务感、友谊等。他们在集体生活中逐渐学会控制自己的冲动，情感渐趋稳定。

（2）意志行为方面表现为自制力差

小学低年级学生意志的主动性、独立性较差，学习的内驱力不足，需要成人的督促。中高年级学生意志的主动性、独立性逐渐发展起来，克服困难的意志逐渐增强。

3. 个性发展特征

小学低年级学生独立评价自己的能力较差，常以家长、老师对自己行为的评价为标准。从中高年级开始，他们的自我意识逐步增强，逐渐学会比较自己行为和别人行为的差距，但自我评价的能力落后于评价别人的能力。在评价事物时，往往只看到行为的结果，而容易忽略对行为过程、行为性质的评价。

（二）初中阶段的心理特征

初中生年龄多在 11~15 岁之间。我国著名心理学家朱智贤教授如此概括这一阶段的心理特点："这是一个半幼稚、半成熟的时期，是独立性和依赖性、自觉性和幼稚性错综矛盾的时期。"

1. 智力水平显著发展

初中生的抽象逻辑思维开始由"经验型"向"理论型"转化。他们的观察力、记忆力和想象力迅速发展；独立性和批判性凸显，能用批判的眼光看待周围的一切，并往往有自己独立的评价标准。他们不轻信别人的意见，经常刨根问底，会出现"犯上"或"反抗"的行为，也容易产生片面性和表面性行为，这与他们逻辑思维发展不成熟以及经验不足有关。

2. 情感中心转移

初中生在情感上开始与父母分离，情感中心由父母转向同学和朋友，开始选择与自己兴趣、爱好、性格相近的人交朋友，真诚、坦白、亲密是他们交往的宗旨。友谊是他们之间互相鞭策、互相促进、互相帮助的动力。

3. 自我意识增强

随着自我意识的增强，初中生的独立自主性日渐高涨，要求与家长平等对话，获得发言权；希望家长不要干预自己的事情；有时还故意与家长顶撞，甚至表现得蛮横无理，显示出逆反心理。但初中生的自我意识还不够稳定，没有形成关于自己的稳固形象。在评价自己时，他们一方面会夸大自己的能力，突出优点，自我评价过高；另一方面对事物的识别能力不足，看问题时往往片面主观，遇到暂时的挫折和失败，会变得灰心丧气、怯懦自卑、抑郁不振，甚至自暴自弃。

4. 性格发展处于动荡状态

初中生的性格发展存在不平衡、不稳定的问题，在现实问题上尚未形成稳定的态度。在情绪方面，情绪起伏大，易激动，易走极端，做事易急躁、鲁莽。在理智方面表现得不成熟、不稳定，常常不能深思熟虑、沉稳地思考问题。在意志方面，各种行为活动常表现出不稳定的特征，克服困难的毅力也不够强。初中生常常把坚定与执拗、勇敢与蛮干混同在一起，认定的事情很难改变，不容易听别人的劝告。

（三）高中阶段的心理特征

高中生一般在 15~18 岁之间，这是一个生理、心理发展接近成熟，准备走向独立生活的时期。

1. 个性发展趋向成熟

高中生在现实问题上开始形成比较稳固的态度和观念，基本确立了自己的人生观和价值观，自我形象趋于稳定，要求发展自己、独立自主的需求更加强烈。高中生在看待现实时容易理想主义，从而对现实产生不满的情绪，出现一些偏激的观点。他们的情绪情感表现已经基本稳定，出现了主导心境。

2. 自我意识发展提升

高中生自我意识的发展整体呈显著上升的趋势。

在自我评价方面，高中生逐渐学会较为全面、客观、辩证地看待自己、分析自己，既能认识到自己某一心理特点，也能从总体上去把握自己的全貌。

在自我体验方面，高中生的自尊心表现得强烈而敏感。大多数高中生会以各种方式、在各个方面表现自己，期望自己在集体中处于适当的地位，得到较好的评价与重视。同时，在现实中体验到的挫败会导致他们产生自卑感。

在自我控制方面，高中生自控力的来源从以外部为主向以内部为主发展，能够比较自觉地调控自己的行为，不断地用"理想自我"调控"现实自我"。学习和生活的自觉性、计划性逐步加强，但还不够成熟，也不够稳定。

3. 人生观开始形成

高中阶段是人生观形成的关键时期。高中生对人生意义有初步的理解，但这种理解不够稳定。他们对个人理想及人类的共同命运都表现出美好的憧憬和极大的关怀，但其理想缺乏现实的内容，对一些价值观的认识不够全面。

高中生对人生和世界的评价带有明显的个性色彩。大部分人对学习和生活抱有积极的态度，因而学习勤奋刻苦，注意思想品质修养，政治上要求进步。

4. 社会角色显现发展

高中生开始进入职业选择的预备期，经常考虑的重要问题之一就是升学还是就业。他们选择职业多从自身的兴趣、能力出发，从自我方面考虑的可能性更大了。随着生理心理的逐步成熟，高中生能将职业选择与社会价值联系起来。他们的职业选择显现出了他们的抱负水平。抱负水平较高的学生，在生活和学习中有积极进取的勇气，能奋力拼搏；抱负水平较低的，容易丧失生活和学习的信心而不求上进。

二、家庭心理辅导的基本技巧

家庭心理辅导要想富有成效，家长需掌握以下四个基本技巧。

（一）倾听

倾听是指家长全神贯注地听取孩子对问题的讲述，不仅要听懂孩子所说的内容，注意到孩子的情绪表现及所持态度，还要听出孩子在交谈中有意无意省略的部分。

1. 倾听时的要求

在心理辅导过程中，倾听是辅导的基本功，它不仅是家长了解孩子的手段，也是促使孩子的情绪得到疏泄和释放的有效方法。因此，家长在倾听时要专注，不要轻易打断孩子的叙述，并在适当的时候做出回应。家长要注意孩子如何表达自己的问题，如何谈论自己以及与他人的关系，如何对困境做出反应；还要注意孩子随言语出现的各种表情、姿势、动作等，从而对其言语做出更完整的判断。

2. 倾听时易犯的错误

- **急于下结论**。在了解事情的真相之前，急于下结论，提供指导意见。

- **做道德或正确性的评判。**有些家长容易把辅导变成"批斗会",这种做法是不恰当的。家长不要轻易对孩子进行评判,也不要把自己的价值观直接灌输给孩子,而是要循循善诱,让孩子自己意识到是非对错。

(二)探问

探问技术是指家长为了帮助孩子思考并将问题具体化,结合孩子的话题与辅导目标,提出恰当的问题进行询问。在家庭心理辅导中,家长使用适当的探问技术,有利于孩子觉察自己的行为和感受。

1. 探问的分类

探问分为开放式提问和封闭式提问两类:开放式提问没有固定答案,允许孩子自由表达,如"你这次考试怎么样""你跟同学的关系怎么样",这一类问题没有明确答案,完全由孩子自由发挥;封闭式提问则有明确、固定的答案,孩子只能就实际情况加以回答,例如"你考完试了吗""你有几个朋友"。

2. 探问的方式和内容

在辅导的不同阶段,根据辅导的不同要求,探问的方式和内容会有所区别。

(1)澄清问题阶段

这一阶段的目的是澄清问题,所以提问要有助于孩子开放自己、放松自己。下面是一个例子。

孩子:爸爸,我再也不想上学了!我就在家里自学吧,我肯定自己能学好。

家长:这我相信,但你能不能先告诉爸爸你为什么不想上学了呢?

孩子:今天老师在课堂上当着全班同学的面说我是笨蛋,我觉得自己没脸见人了,以后同学们都看不起我,我到学校还有什么意思!

(2)探讨问题阶段

到了探讨问题阶段,为了协助孩子具体、明确地表达,提问要引导孩子把问题具体化。下面是一个例子。

孩子:我们都上高二了,可是老师还拿我们当小孩子看待,要求我们只能服从,不能有意见。这么霸权，亏他还是高中老师。

家长：听起来，你对老师有很多怨气，能告诉我老师做了什么吗？

孩子：这学期我们换了语文老师，上课前，高年级的同学就跟我们说，这个老师非常难搞，对学生特别苛刻，给学生打分全凭他的心情。结果一上课真是这样，每次他都是坐着听同学念作文，只在下课前几分钟点评几句，还总是批评我们。我不知道这学期他到底讲了些什么东西。从头到尾，我不但没学到任何东西，而且还花一大堆时间做了一些莫名其妙的事。

家长：听起来，似乎你碰到了一位不负责任的老师，他不但没负起教学责任，而且还要求你们去做一些没有意义的事情。那你上这门课时的表现如何呢？

孩子：表现？我能有什么好的表现。我就坐在那儿做白日梦，然后将自己当成死人，反正他要的就是这种不会反抗的学生。他一骂我，我就自动将耳朵封住，头低下，让他以为我觉得惭愧，然后我自己爱想什么就想什么。

家长：你觉得很无奈，不得不使用这种方法来逃避自己的感觉与想法。那你觉得我能帮你吗？

孩子：没错，我想从你这儿学到一些方法，来对付这位老师。

（3）设置问题阶段

为了把握孩子的真实态度和情感，设置的问题要有助于孩子进行体验及自我了解。下面是一个例子。

孩子：不知道怎么回事，一听到考试，我就紧张得不得了。就说这次奥数竞赛吧，其实我平时数学很好的，同学有问题都来问我。许多同学都鼓励我报名，可我就是没勇气。结果报名的三位同学都获了奖。

家长：你是因为害怕考试而错过了参加奥数竞赛的机会，那你回忆一下，这种害怕考试的心理，是不是以前就有？

孩子：以前我也不这样啊，每次考试都发挥得不错。我记得好像是年初摸底考试以后就有这种心理了。那次特别想考好，压力特别大，结果考试前就紧张得看不进去书。

这种探问能够引导孩子回顾自己的经验，看到问题的前因后果，从而更深入地了解自己。此外，需要注意的是，家长不要只问自己想知道而非孩子想谈的事情，这样容易岔开孩子的思路，从而无法深入讨论关键主题。

（三）面质

面质是指家长在发现孩子言语与非言语行为不一致、叙述上前后矛盾、逃避自己的感觉或想法时，指出孩子不一致的地方，让孩子意识到自身存在的矛盾，进而对造成问题的原因有所思考和领悟。

运用面质通常有以下几个目的。

1. 协助孩子认识到自己不一致的地方

这些不一致的地方常常是孩子逃避或不愿意面对的经验。家长的面质能促使孩子对其进行反思，产生领悟。下面是一个例子。

孩子：（一脸痛苦）这次期末考试我数学、语文都不及格，我一点都不在乎，反正我也不想考大学。

家长：孩子，你说你一点也不在乎，但实际上你的情绪很低落，爸爸很为你担心，你能不能把你的苦衷说出来，我也好想办法解决。

2. 协助孩子面对冲突，进一步了解自己

下面是一个例子。

孩子：我不想去学校了，同学对我一点也不友好。

家长：说给爸爸听听，是怎么回事？

孩子：今天我无意间伸出腿，刚好施明路过，一不小心就被绊倒了，我哈哈一笑就走了，结果他追到教室骂我，还用脚踢我。

家长：既然你说是碰巧伸出腿绊了他一跤，不是故意的，那你为什么不向他道歉呢？

案例中的孩子在面对冲突时，没有觉察到自己的问题，只看到别人的报复，将责任推卸给别人。家长通过面质技术可以协助孩子认识到自己的问题。

3. 协助孩子了解自己的优点与缺点、资源与限制

下面是一个例子。

孩子：爸爸，我不喜欢妈妈一天到晚要我好好读书。我知道她比我还紧张，因

为她怕我考不上重点中学让她没面子。其实我一点都不着急。虽然我每天花很多时间看电视，可是我心中早就有一套完美的读书计划。现在离中考还有两个月，我打算在最后一个月再开始看书，每天看16个小时，每天读完三本书。这样到考试的前一天，我就可以将所有的书复习两遍。

家长：你是说你早就有一套读书计划，所以对中考充满信心。可是，你说在最后一个月每天看16个小时，看完三本书。我不知道你的耐力如何，能不能一天学16个小时，而且连续拼上一个月？还有，16个小时能不能背完三本书是不是也是未知数呢？如果这些书你都还没有复习过，你的计划恐怕不容易实现。

通过面质，让孩子意识到自己的想法不切实际。

需要注意的是，面质要和心理支持结合起来。面质的目的是澄清问题，促进孩子成长，不能将面质变成家长发泄情绪、攻击孩子的工具。还有，若孩子不愿面对面质中的问题，就不要再追问下去，以免孩子难堪、恐慌，可以在适当的时候再做尝试。

（四）自我表露

自我表露指在适当的情况下，家长将自己对孩子的体验感受或自己的类似经验与孩子分享，协助孩子对自己的感觉、想法、行为以及后果有进一步的了解，并从中得到积极的启示。

自我表露一般有两种形式。一种是家长把自己对孩子的体验感受告诉孩子，这些感受有积极的也有消极的。如"对于你刚才的态度，我非常高兴""你做事老是拖拉，我有些不高兴，也许你有什么原因吧，你能告诉我吗"。第二种是家长表露与孩子所谈内容有关的个人经验，如"提到考试前紧张，我以前也有过类似经验，考试前，我也经常无法看书、做作业，晚上还睡不好……"

家长的自我表露不仅能够增加孩子对自己的信任、拉近亲子关系，还能够让孩子看到家长和他一样，也有这些问题与烦恼。受到家长类似经验的鼓励，孩子也能够比较客观地看待自己。

需要注意的是，家长的自我表露不是目的而是手段，应始终把重点放在孩子身上，自己不要成为主角。一般来说，言语应简洁，因为目的不在于谈论自己，而在于表明自己理解并愿意分担孩子的情绪，促进孩子更多地自我开放。除此之外，家长还要注意不要借自我表露来批评孩子对问题的感觉、想法与行为反应。

三、家庭心理辅导中的认知干预技术

认知干预就是通过改变孩子不合理的信念，进而消除其情绪问题。认知干预技术有很多种，这里主要介绍理性情绪疗法。

理性情绪疗法认为导致孩子情绪不良的根本因素是孩子对外部事件不合理的解释和看法，外部事件只是诱因而非根本。

（一）不合理信念的类型

常见的不合理信念有以下几种。

- 人一定要获得周围环境尤其是生活中每一位重要人物的喜爱和赞许。
- 个人是否有价值，完全取决于他是不是一个全能的人，即在人生的每个环节和方面都能有所成就。
- 世界上有些人很邪恶、很可憎，所以应该对他们进行严厉的谴责和惩罚。
- 如果事情并非所愿，那将非常可怕。
- 不愉快的事总是由外在环境因素所致，不是自己所能控制和支配的，因此人对自身的痛苦和困扰也无法控制和改变。
- 直面现实中的困难和自我所承担的责任是件不容易的事情，倒不如逃避它们。
- 人们要对危险和可怕的事随时随地加以警惕，应该非常关心并不断注意其发生的可能性。
- 人必须依赖别人，特别是那些比自己强大的人，只有这样，才能生活得更好。
- 一个人过往的经历和事件常常决定了他目前的行为，而且这种影响是永远难以改变的。
- 一个人应该关心他人的问题，并为他人的问题而悲伤、难过。
- 人生中的每个问题都有一个唯一正确的答案，如果人找不到这个答案，就会痛苦一生。

（二）不合理信念的特点

1. 绝对化要求

这是一种从自己的意愿出发，认为某一事物必须这样或那样的信念。它通常与"必须""一定要""应当"等强制性字眼联系在一起，比如，"我必须取得好成绩""我对别人好，别人也必须对我好"等。

2. 过分概括

这是一种以偏概全的不合理思维方式，是指将个别事件上升为一般性的结论，把"有时"变为"经常"。比如有的孩子因一次考试失败，就说自己"我真没用，做什么都不行"。

3. 糟糕至极

这是一种把一件不好的事情看得非常可怕、非常糟糕，当作一场灾难，甚至是灭顶之灾的想法。如"我演讲失败太丢人了，以后还怎么见人呢"。

（三）理性情绪疗法的具体操作

理性情绪疗法的治疗整体模型是"ABCDE"，是在埃利斯的"ABC 理论"基础上建立的。埃利斯认为人的情绪和行为障碍不是由外界事件直接引起的，而是由经受这一事件的个体对它不正确的认知和评价所引起的信念，导致在特定情景下的情绪和行为后果，这就是 ABC 理论。在理性情绪疗法的整个过程中，由于与不合理信念进行辩论（disputing）是帮助来访者的主要方法，并获得所设想的效果（effect），所以基于 ABC 理论建立的理性情绪疗法就以"ABCDE"（五个单词的首字母）作为其整体模型。即：

- A（activating events）：诱发性事件；
- B（believes）：由 A 引起的信念（对 A 的评价、解释等）；
- C（emotional and behavioral consequences）：情绪和行为的结果；
- D（disputing irrational believes）：与不合理的信念辩论；
- E（new emotive and behavioral effects）：通过治疗获得的新的情绪及行为。

下面是一个例子。

高二女生小珊，平时成绩很好，但由于期中考试成绩不理想而非常痛苦，并担心自己考不上大学。学习时常感到焦虑，有压力，非常苦恼。

家长使用理性情绪疗法对孩子进行辅导。

诱因（A）：期中考试成绩不理想。
信念（B）：这是一件非常糟糕的事情，我可能考不上大学了。
结果（C）：整日紧张焦虑，非常苦恼。
辩论（D）：首先让孩子明白，对自己不合理的认知和评价是导致考试焦虑的原因，通过改变这种不合理的认知，来减轻或控制考试焦虑。然后与孩子分析其观念是否真实客观、符合逻辑，请孩子自己作答。小珊的自我辩论如下：
（1）"我可能考不上大学"有无事实根据？
（2）"如果没有考上大学，将来就一切都完了吗？"
效果（E）：孩子通过自我辩论，心里感到轻松多了，紧张情绪得以缓解。

四、家庭心理辅导中的行为矫正技术

行为矫正技术是家庭心理辅导中比较常用的方法，一般采用正负强化来改变或塑造人的特定行为。使用这一技术时，要求明确辅导目标，找准关键问题，并集中力量予以解决。下面介绍几种常用的行为矫正技术和方法。

（一）系统脱敏疗法

系统脱敏疗法的具体操作是诱导孩子缓慢暴露在导致恐惧或焦虑的情景下，并通过心理的放松状态来对抗恐惧、焦虑情绪，从而达到消除恐惧、焦虑的目的。

（二）满灌疗法

满灌疗法是指强制性地要求孩子直接接触所害怕的对象或情景，并要求他尽可能坚持一段时间，此时孩子会伴有强烈的情绪反应，当情绪达到极限就会向反面转化，最后达到恐惧减弱和消退的目的。

满灌疗法的理论依据是，是孩子的回避和逃避造成了他们对恐惧对象的焦虑和紧张，一旦他们能勇敢直面恐惧对象，不回避不退缩，焦虑和紧张情绪反而会减少。

（三）宣泄疗法

这指的是让孩子把过去某个情景或某个时候受到的心理创伤发泄出来，以达到缓解和消除消极情绪的目的。家长可以主动引导孩子回忆过去所经历过的场面，体验当时的情绪反应，通过这种方式让孩子将消极情绪宣泄出来。常用的宣泄方法有空椅子技术、倾诉、情感宣泄、行为宣泄等。

（四）自信训练法

行为疗法认为，因缺乏自信而恐惧是由逃避行为引起的，是"逃跑"引起了恐惧情绪。家长需要引导孩子直面恐惧对象，并积极参与其中，以消除焦虑，适应环境。常用的自信训练法有找优点训练和角色扮演法等。

（五）行为契约法

行为契约法是指为了矫正某个不良行为，家长和孩子通过协商达成协议，作为矫正计划，彼此遵守。契约明确规定一个阶段的目标、方法和步骤。建立契约时要注意的是，行为问题要一点点矫正，逐步进行。对于违反契约的情况要有有效的制约措施，并且双方要有监督彼此的权利和义务。

（六）行为塑造法

行为塑造法的原理是操作性条件反射。行为塑造法采取逐步晋级的方法，在孩子完成期望的行为时，给予奖励，以增加期望行为出现的次数，通过塑造新的行为来取代不良行为。

在使用行为塑造法时，一方面要有明确的目标行为，使孩子知道自己的努力方向，另一方面要循序渐进，不要给孩子太大的压力。家长要把一个大目标分解成一系列小目标，目标之间的变化不宜太大，以免孩子不易实现而受挫。除此之外，还要选择合适的强化物，当孩子做出接近目标的行为时，立即给予强化。家长需随时注意观察孩子的反应，以便进行适当的调整。

五、如何激发学生的学习动机

如何激发学生的学习动机，是很多家长和老师面临的难题，下面介绍一些激发学习动机的原则和方法。

（一）应遵循小步子原则

小步子原则指的是将学生的学习目标分解为具有逻辑联系的许多"小步子"，迈出一小步，获得一个小的成功，这样每一次小的成功，就成为下一次改变的动力和基础。小步子原则的目的在于控制学生的学习过程，及时给予反馈，以降低错误率。

（二）对学生进行成败归因训练

归因是指孩子对自己或他人的行为进行分析，指出其性质或推断其原因的过程。归因分为内归因和外归因。家长要帮助孩子建立积极的归因模式，比如将成功归因于自己的能力强而不是运气好，从而增强自豪感和自信心，产生愉快的情绪体验；将失败归因于内在、可控的因素，即努力不够而不是能力不强，这样孩子就会对未来充满希望，避免产生沮丧、绝望的情感。

（三）恰当运用强化法

强化法建立在操作性条件反射的原理上，若一个行为得到奖赏，那这个行为重复出现的频率就会增加，得不到奖赏的行为出现的次数就会减少。

强化法涉及四个基本概念：正强化、负强化、惩罚和消退。正强化是指为了能建立一个适应性行为模式，采用奖励的办法，使这种行为模式反复出现。负强化是指对于符合目标的行为，撤销或减弱原来存在的消极刺激或条件，以使这些行为发生的频率提高。例如，当学生违反校规校纪时，对他进行扣分处分。过段时间学生纠正了自己的错误行为，为了巩固学生的良好行为，就撤销之前的处分。

惩罚是指当不适当的行为出现时给予惩罚，以消除此行为。消退是指某种不良行为出现时，不予理睬，让这种行为自行消失。例如，二年级的小明上课总喜欢做鬼脸，老师和同学都不理睬他，慢慢地，他做鬼脸的次数就变少甚至消失了。

（四）注意提升学生的自我效能感

自我效能感是个体对自己完成某方面工作能力的主观评估。自我效能感水平越高，个体对自己成功完成任务就越有信心。

班杜拉等人的研究指出，影响自我效能感的因素有以下几个方面。

- **过去的成功经验**。提高自我效能感最重要的资源就是过去的成功经验。对于学生来说，成功经验就是他们学习上的"闪光点"，可以增强他们的自我效能感。
- **替代经验**。当看到别人完成某一任务时，自己也会变得更加自信。比如，看到其他同学通过努力取得了好成绩，就会觉得自己通过努力也可以取得好成绩。当学生与所观察的人情况相似时，替代经验最为有效。
- **口头说服**。当个体总能获得外界的关心和支持时，他的自我效能感就会增强，尤其当评价来自有威信或对个体来说比较重要的人。励志型演讲者就经常采用这一策略。

（五）恰当调整学生的动机水平

耶克斯-多德森定律指的是，动机的最佳水平随任务的性质不同而不同：在比较简单的任务中，工作效率随动机的提高而上升；而随着任务难度的增加，动机的最佳水平有逐渐下降的趋势。

在面对复杂的学习任务时，家长应引导学生适当降低动机，从而更有利于学生的发挥；而在学习任务比较简单时，应引导学生提高动机；对于难度适中的任务，学生应将动机维持在中等强度。

（六）改变对分数的态度

分数是衡量学生学习程度的一个重要标准，但并不是唯一标准。如果家长"唯分数论"，就会导致孩子急功近利，不利于孩子的全面发展。

在某种程度上，孩子重视分数能促进他们努力学习，但是，有两种极端情况要注意：一是孩子过分重视分数，而忽略思想品德、心理健康等方面的发展；二是在多次考试不理想后，孩子可能会放弃努力，以降低学习带来的焦虑。

六、人际关系辅导

良好的人际关系不仅能使孩子心情愉快、积极乐观，还能提高其学习效率，促进其认知、情感和个性的健康发展。下面我们从亲子关系、同伴关系、师生关系三个方面，探讨家长如何帮助孩子提高人际交往能力。

（一）亲子关系辅导

和谐而稳定的亲子关系是孩子心理健康的重要条件，家长应做到以下几点：

- 遵循中小学生的心理发展规律进行教育；
- 充分考虑孩子的感受和需要；
- 多倾听孩子的心声。

（二）同伴关系辅导

小学生对于朋友的定位还没有成型，不知道如何进行同伴交往，更不懂得如何化解人际冲突。在这一时期，家长不要对孩子的交友行为进行过多干涉，但必要时要引导孩子化解矛盾、解决问题，使孩子的社交能力逐渐提高。

进入青春期后，学生与父母、老师等成人群体的关系开始疏远与淡化，取而代之的是与同龄人之间的交往。这个阶段的孩子也容易变得孤独寂寞，出现"青春期孤独"。对此，家长应帮助孩子寻找孤独感产生的真正原因，引导他们走出困惑，同时也要充分地认识到，青春期孤独是心理成熟的一种标志，它意味着一个人开始把关注点从外界事物转移到自身，思考"我是谁"的问题，思考人生的意义与价值。这也有助于青少年选择志同道合的朋友，加深与他人的联结。

（三）师生关系辅导

孩子能否与老师建立良好和谐的师生关系，很大程度上取决于家长。家长必须引导孩子明确教师的地位，自觉树立尊师风尚。

孩子对老师产生负面情绪，通常是因为不能忍受老师冷淡自己，或不能接受老师的批评而产生抵触心理。当家长了解这种抵触心理后，首先要给孩子创造一种宽松自由的心理氛围，允许孩子表达对学校和老师的看法。要让孩子懂得，对老师有意见很正常，但表达时要运用一些技巧，最好是在事后跟老师解释，消除误会，这样既能避免矛盾的激化，又能让老师更好地了解自己。

其次，家长要积极地与老师交换意见，了解孩子在学校的表现，同时也让老师了解孩子在家中的行为。只有家长与老师步调一致、有的放矢地对孩子施以有效的教育，才能避免孩子对老师产生抵触情绪，以达到共同教育的目的。

最后，当家长与老师意见相左时，要避开孩子交换意见，否则会让孩子无所适从，造成家庭教育和学校教育相互排斥或抵消的不良结果。

七、生活辅导

生活辅导的主要目的在于培养学生健康的生活情趣、乐观的生活态度和良好的生活习惯，发展有益于身心健康的兴趣爱好，树立正确的消费观念，提高生活自理能力。

（一）消费辅导

如何合理消费是当前中小学生教育的一项重要内容。家长要对孩子进行理财训练，教育孩子养成正确的理财观念，让孩子懂得劳动的意义与金钱的价值。

那么，该如何引导孩子选择更可取、更合适的消费方式呢？

首先，要了解孩子的需求，并帮助孩子分清哪些需要是首要的，哪些是次要的，哪些是当下必须满足的，哪些是可以从长计议的。其次，让孩子了解家中的经济状况，共同商议一些关于家庭收支安排的事项。最后，教孩子一些具体的消费技巧。

（二）休闲辅导

休闲辅导是指运用有关心理健康教育的理论和技术，帮助学生确立正确的休闲观念和态度，获得必备的休闲知识和技能，以及学会选择有益的休闲活动方式，从而获得充实而丰富的休闲生活，发展才能与个性的一种教育活动。

培养青少年正确的休闲观，需要从以下两方面入手：一是引导学生合理安排闲暇时间，用有限的闲暇时间有选择地去获取有益、有用的信息和知识；二是要消除

"消磨时光、排遣郁闷"的低层次休闲观,引导学生将闲暇生活价值化和生动化。要做到这些,家长必须率先垂范,做文明休闲的榜样。

八、挫折教育

为了使孩子能健康地成长,更好地面对人生道路上的风雨,更好地适应纷繁复杂、竞争激烈的社会,对其进行必要的挫折教育是家长不容忽视的课题。家长应做到以下几点:

- 让孩子意识到挫折是不可避免的,是普遍存在的;
- 让孩子意识到挫折的两面性,从挫折中获益;
- 让孩子保持适中的自我期望水平;
- 培养孩子积极乐观的人生观;
- 引导孩子学会对挫折进行合理归因。

第 15 章

积极心理学在中小学心理健康教育中的有效实施

倪　锐

一、积极心理学与积极教育

积极心理学是 21 世纪以来在美国兴起的心理学研究领域，是一门研究幸福的学科，引导人们以积极、建设性的心态面对生活，提高幸福感。积极心理学有三大基石：一是研究积极情绪；二是研究积极特质，其中最主要的是优势和美德，当然，能力也很重要，如智慧和运动技能等；三是研究积极组织系统，例如民主的社会、团结的家庭以及言论自由等，这些是美德的保障条件，美德又能进而增强积极的情绪体验。

把积极心理学引入教育领域，就是积极教育或积极教育学。积极教育是积极心理学与教育学的结合。积极心理学创始人塞利格曼提出了幸福人生的五个因素（PERMA），这五个因素也是积极心理学的五个支柱，分别是：

- 积极快乐的情绪（positive emotion）；
- 沉浸其中的投入（engagement）；
- 美好的人际关系（relationships）；
- 有意义和目的的事情（meaning and purpose）；
- 有收获和成就的感受（accomplishment）。

PERMA 不仅能帮助人们感到快乐、满足，还能带来更高的生产力和健康水平，以及一个幸福的人生。在 PERMA 的基础上，我国的本土化实践中还将"积极自我"模块加入到了积极教育领域。

二、提升品格优势

"优势"是积极心理学研究的核心所在，而品质是一个人成长发展的核心，并将在一生中持续发挥重要作用。积极心理学提出 6 大美德与 24 种品格优势，如图 15-1 所示。

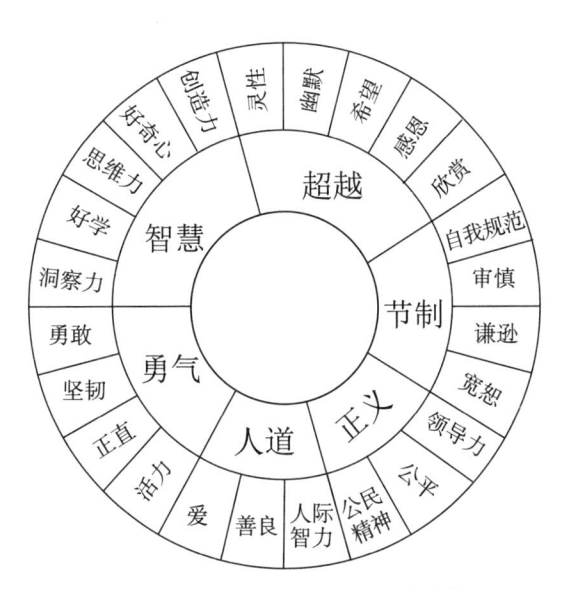

图 15-1　6 大美德与 24 种品格优势

马丁·塞利格曼在《持续的幸福》一书中指出，积极心理学有五个支柱，而这五个支柱的基石，就是品格优势和美德。在实现"蓬勃人生"的过程中，这 24 种优势支撑着所有五个元素。你要运用你最强的优势，以获得更多的积极情绪、更多的意义、更多的成就，以及更好的关系。关于美德与品格优势的具体内容，详见表 15-1。

表 15-1　　　　　　　　　　美德与品格优势的具体介绍

美德	品格优势
智慧——使获取和应用知识成为必要的认知品格优势	创造力（独创性、原创力）：思考新奇和有效的方法来概念化和实现事物，包括但不仅限于艺术成就 好奇心（兴趣、寻求新奇、对体验开放）：对当前体验过程本身感兴趣，找到引人入胜的主题和论题，开拓与发现 思维力（判断力、批判性思考）：全面全方位地考虑问题；不急于下结论；能够依照事实证据调整思路；公平衡量所有的证据 好学：自发地或者正式地掌握新技能、论题和知识；和好奇心有很强的联系，但更包括系统地增加自己的知识 洞察力（智慧）：能够给他人以明智的忠告；能够以一个对自己和别人都合理的方法来观察诠释世界
勇气——展现意志以完成目标，和面对内部外部对抗的情感品格优势	勇敢（英勇）：不屈服于威胁、挑战、困难或者痛苦；面对反对意见仍然能够弘扬正确事物；在处于少数的时候也据理力争；包括身体上的勇敢但不仅限于此 坚韧（毅力、勤奋）：善始善终，面对障碍坚持不懈，执行力强，享受完成任务 正直（真实、诚实）：坚持真理，表述诚恳真挚不虚伪，对自己的情绪和行为负责 活力（热情、富有激情、充满活力、有能量）：兴奋而有能量地对待生活，不半途而废或者三心二意，用探险的态度生活，感到活力和活泼
人道——可对他人友善相待和帮助的人际品格优势	爱：珍惜和他人的亲密关系，特别是相互关爱、分享，和人亲近 善良（慷慨、培育、关照、同情、利他、友善）：为他人帮忙或者做善事，帮助别人，照顾他人 人际智力（情商、社会智能）：了解自己和他人的动机和情感，在不同的社交情景下举止得体，明白如何让他人认同
正义——作为健康的社会生活基石的公民品格优势	公民精神（社会责任、忠诚、团队合作）：在团队中表现好；对团队忠诚；并能做好自己的分内事 公平：以公平和公正态度对待所有的人，不让人感觉对他人有偏见，给予每个人平等机会 领导力：鼓励自己所在的团队完成任务并保持团队和谐，组织团队活动并了解团队状况
节制——避免过度放纵的品格优势	宽恕：宽恕做错事的人；接纳他人弱点；给他人第二次机会；不报复 谦逊：不以自己的成就而骄傲；不炫耀；不认为自己比别人更特殊 审慎：对自己的选择谨慎；不过分冒险；不鲁莽行事而后悔 自我规范（自我控制）：规范自己的感情和行为；自律；控制自己的胃口和情绪

续前表

美德	品格优势
超越——锻造我们同宇宙更广泛的联结和给生命带来意义的品格优势	欣赏（敬畏、惊喜、崇敬）：注意并欣赏美丽、卓越和生活多领域的杰出技能：自然、艺术、数学、科学和日常生活种种方面 感恩：明白和感激美好事物的发生；花时间表达感激和感恩 希望（乐观、前瞻、未来取向）：期望未来的美好并努力去实现；相信可以带来美好生活 幽默（游戏感、玩心）：笑容和开玩笑；为他人带来欢笑；看到光明的一面；制造（未必说出来）玩笑 灵性（虔敬、信仰、目标）：对宇宙的更高目的和意义有清晰的信念；在大图景中明白自己的位置；用对生命的意义的信念来塑造行为和提供宽慰

塞利格曼在《真实的幸福》一书中还指出，优势必须是可以后天培养的。如果一项特质主要由先天决定，那就只能叫天赋，而不能称为优势。所有这 24 项优势，都必然是人们可以通过后天的努力来提升的。任何一个人，只要他愿意付出努力，采取正确的方法，就可以提升自己的优势。

三、积极心理学在中小学心理健康教育中的应用

（一）积极教育的内容

中小学积极教育的基本内容包括三个方面：一是积极情感体验（包括生活、学习、自我和人际）；二是积极人格塑造（包括积极行为的能力和潜力等）；三是班级、学校和家庭等积极的社会支持系统的构建和运用。基本目标就是为学生的生存与发展提供积极的心理保障，引导学生学会对人、对事、对己、对自然的积极态度、技巧和能力；充分开发潜能，培养乐观向上的心理品质。

（二）积极教育优秀课例

积极教育团体活动课《我也很棒》

活动目的：帮助学生了解消极标签的危害，改变消极标签，学会在日常生活中给自己贴积极标签的方法，从而形成积极的自我意识和自我评价。

活动材料： 每人两张 A4 纸；铅笔或水性笔若干；一个空纸盒。

活动关键词： 标签；自我认识；消极标签。

活动步骤

步骤 1：故事导入

心理学家曾做过这样一个实验：用一块透明挡板把一个大水箱从中间隔开，两边分别放入一条饥饿的鳄鱼和一群鲜活的小鱼。

鳄鱼立刻向小鱼猛冲过去，结果未能如愿。它不甘心，重新发动攻击，仍然无果，反复攻击后，鳄鱼撞得头破血流，彻底绝望，于是不再白费力气，躺在水中一动不动。

这时，心理学家将挡板撤掉，小鱼在鳄鱼眼前游来游去，可鳄鱼麻木迟钝到了极点，完全无动于衷，最后被活活饿死。这个实验验证了 20 世纪心理学最重要的发现之一——自我意象。

人们通过不断的心理暗示和潜意识作用，在自我认识过程中给自己贴上类似"成功"或"失败"的标签。

教师总结： 心理学家普遍认为，这些标签会直接影响一个人的成败。一旦给自己贴上某种标签，人就会按照标签所代表的意象去塑造自己，使自己某方面的情绪和行为不断得到强化。你给自己贴了什么样的标签呢？

步骤 2：我的标签

请同学们想想，自己身上贴得最牢的标签是什么，让大家各写下一个标签，来描述自己是一个什么样的人，然后将大家所写的内容收集上来。

比如：

- 我是一个自卑的人；
- 我是一个多愁善感的人；
- 我是一个爱发火的人；
- 我是一个很勤奋的人；
- 我是一个乐意帮助他人的人。

步骤 3：认识消极标签

随机选取同学们的标签与全班同学分享（不公布学生姓名），并对标签进行如下分类：

- 积极标签:"我自信""我勇敢""我积极进取"等;
- 消极标签:"我自卑""我胆小""我害羞""我不行"等。

教师总结: 经常听到同学们说:"我胆子太小,我不行""我不善于言谈""我很容易紧张""我过于谨慎""我太粗心""我很多愁善感"……这些自我否定的、贬义的描述性词语,就像"标签"一样贴在自己身上。那么,这些消极标签会给我们带来什么呢?

接下来,教师讲了两个故事。

故事一: 中学生小 A 很爱画画,但有一天老师说他画得不好,没有画画的天赋,他就对自己没有了信心,从此放弃了画画。别人问他为什么,他就说:"我画得不好",后来甚至说"我一向画得就不好"。

故事二: 第二次世界大战期间,美国心理学家在一批行为不良、纪律散漫、不听指挥的新士兵中做了如下实验:让他们每人每月给家人写一封信,说自己在前线如何遵守纪律、听从指挥、奋勇杀敌、立功受奖。

结果,半年后,这些士兵发生了很大的变化,他们真的像信上所说的那样去努力了。这种现象在心理学上被称为"标签效应"。

步骤 4:全班交流——"标签与我的故事"

请个别同学发言讲述自己与标签的故事。

教师总结: 消极标签对人的影响体现在以下几个方面:(1)使人不能恰当地评价自己;(2)使人失去自信,产生自卑感;(3)使人不敢再次尝试。因此我们要设法撕下它、丢掉它。

步骤 5:撕下消极标签的方法

教师示范: 你们会撕吗?老师先撕给大家看看,我的标签是"我是一个很平凡的人"——其实每个人都是平凡的,平凡的我可以有自己独特的生活,做一个快乐的人!同学们,你们学会了吗?

学生发言: 我做事认真,工作负责……这些都是我的优点;能力是可以提高的,通过勤奋练习和不断尝试,弱项很可能变成我的强项……

教师总结: 同学们说得很对,原来我们并没有那么差,我们不自信时,很可能是消极标签在作怪。撕掉消极标签是我们战胜自卑、增强自信的有效手段。以后被他人或自己贴消极标签时,我们该怎么办?

学生: 撕掉它!

教师： 同学们说得很好，我这里还有一招要与大家分享——就是多给他人和自己贴积极标签！

步骤6：为你我贴上积极的标签

（1）小组内互相贴上积极标签（要实事求是）；

（2）给自己贴上积极标签；

（3）分享（按学号抽五名同学大声念出给自己贴的积极标签）。

步骤7：教师建议

教师建议：（1）尽可能不用贬义的自我描述，而代之以鼓励性话语，如"我过去曾经认为自己不行……"代之以"看来也不一定都是这样，让我来试一试……"（2）多使用积极的自我描述，如"我语文学得好""我数学最近学得比较轻松"。（3）当发现自己又说自我否定的话时，就大声告诫自己，不要说"我就是这样的"，而是说"我曾经这样"；不要说"我不行"，而是说"只要我现在努力，是可以办到的"。（4）所有消极标签都是害怕失败、回避尝试的结果。因此，你们应该勇敢地找一些自己以前不愿做、不会做、不敢做的事情，花时间认真地尝试一下。让自己完全沉浸于崭新的活动中，品尝一下挑战生活、挑战自我带来的充实和快乐。

活动点评

从小学升入初中，或者从初中升入高中后，很多学生在新的环境中都容易适应不良。一些学生在与他人的不恰当比较中产生了"我不行"的思维模式，进而容易形成自卑心理。因此如何引导学生正确认识自我、重建自信就成了心理辅导课的主要内容。本节课从心理学故事入手，引导学生认识自我标签，重点让学生认识到消极标签的危害及消除方法，通过对学生典型的消极标签进行现场消除，提高学生对自我的认识——原来我并没那么差，都是消极标签在作怪，撕掉它就可以重拾自信。

本节课的主要环节是：认识消极标签——了解消极标签的危害——撕下消极标签有招——贴上积极标签有术——战胜消极标签的拓展。通过一系列的游戏和活动使学生体验、感悟并获得心灵的成长，助人自助，积极应对今后的学习生活。

幸福课《感恩的习惯》

设计目的

在这节课中，学生需要思考如何养成并使用一系列感恩的习惯，感受与他人之间的联结，从而强化积极的感受，提升整体幸福感。要把关注点从自己身上移开，转向外部因素，这可以为我们建立起一座安全基地，并且以此为基础，在社会情景中发展和维持积极的人际关系。这样做能够赋予我们能量，让生活更加富有成效，降低焦虑水平。教师要向学生介绍"感恩"这一概念，及其对于维持心理/情绪健康及幸福感的重要性；同时，还要帮助学生认识到运用感恩习惯的最佳方式和时机，养成感恩的习惯。

在本次课程开始前，教师可以收集关于"带回家的习惯任务"的反馈，要求学生说明他们是否认为这一活动有效（见附件）。

教学过程

一、热身活动

在这一活动中，教师首先为学生提供若干个"24种优势品质"的标签贴，然后让学生在标签上写出自己认为具有这一优势品格的同学的相关事件与积极评价。接下来，学生可以在教室里自由走动，将标签贴在相应的同学身上。最后，学生轮流将这些标签从自己的衣服上撕下来，粘贴在黑板或者大号白纸上。由于所有的评价都是积极的和赞扬性的，所以能够为每一名同学制造出一个积极卷轴。关键在于，我们应该强调并且加强自己的自尊，同时强调定期为每一个人提供积极反馈的重要性。

学生可以每天实践这个幸福的习惯，从而维持自己的幸福感。

二、感恩策略清单

1. 三件好事：要怀有感恩之心

要求学生在下面的方框中（如表15–2所示）写出昨天发生在自己身上的三件好事，同时说明为什么它们让你感觉不错。

表 15–2　　　　　　　　　　　　　三件好事

第一件好事： （例：昨天是我几年以来睡得最好的一晚，所以今天感觉活力四射！）
第二件好事： （例：昨天和两位好朋友一起吃了午餐——再次见到好朋友的感觉很棒！）
第三件好事： （例：昨天回家待了一会儿，和母亲聊了会儿天。我们两个人在一起真的很开心。）

教师总结： 所谓的感恩远不止说一句"谢谢你"那么简单，它意味着不要对所有的事情都觉得理所当然，同时要能够欣赏生活，并且对生活充满感激之情。懂得感恩的人，通常会更加幸福、健康和充实。心怀感恩能够帮助我们应对压力，甚至会对心率产生积极的影响。因此，我建议你们每天写下三件发生在自己身上的好事，可以是任何让你感觉美好或者因此而感恩的事物。正常情况下，即便某一天十分不顺利，我们也能够从中找到让自己感觉不错的事情。对世界心存感恩，并不是对坏事视而不见——相反，它意味着我们将更多的注意力放在积极的事物，而不是消极的事物上。

2. 我的致谢清单：我要感谢的是……

要求学生完成以下任务：想想所有曾经帮助过和支持过你的人，写一份致谢清单（如表 15-3 所示），说明他们是如何助你一臂之力的。

学生之间可以互相分享自己的看法，从而认识到认同他人、感激他人的重要性。

表 15-3　　　　　　　　　　我的致谢清单

姓名	他们曾经如何支持 / 帮助过我

教师总结： 这一活动再次强调，为什么我们应该对生活中的一些人心怀感恩；总有一些人将我们的幸福放在心上，对于他们的善行，我们必须加以重视。

3. 赞美卡片

请学生为上一环节致谢清单中的某个人或所有人写赞美卡片，向他们表达感激之情。

三、教师提问并总结本节课

1. 在这节课中，我们学到了哪些关于幸福的知识？
2. 我们是否掌握了更加有用的策略或技巧？
3. 是否每个人都感到自己获得了支持，心理上较为舒适？

附件：

带回家的习惯任务——致谢信

研究显示，向他人表示我们的感激之情能够大幅提升我们的幸福感。这样做对于感恩对象同样具有积极的作用，而且能够加强双方之间的关系。

你对谁真正怀有感激之情？

想出三个曾经对你的生活产生过积极影响、你很感激的人。

这些人可以是你的家人、老师、朋友，也可以是其他人。

- 第一个人：他是谁，你为什么感激他？
- 第二个人：他是谁，你为什么感激他？
- 第三个人：他是谁，你为什么感激他？

现在，从中选择一个人，然后向他表达你的感激之情。或许你之前对此人并未充分表达你的谢意。

想想这个人对你产生了哪些影响，然后写一封信，告诉他：

- 你具体感激他什么？
- 他曾经如何帮助过你？
- 这段经历对你产生了哪些影响？

你可以自行选择这封信的形式，但是，在写信的过程中，一定要真正感受到你对对方的感激之情。

如果条件允许，尽量和对方见一面，将致谢信当面读给他听。或者，在把信寄出或发送电子邮件后再打个电话。

（三）积极教育的其他练习

葡萄干练习

这是一个典型的正念练习。所谓的正念，就是要"活在当下"，将更多的时间倾注到我们的内在和周边的人或事上。它并非要改变事物，而是接受事物的本来面目，不论其更好还是更坏。正念能够大幅提升我们的专注程度，有助于促进我们的人际关系，同时还可降低压力或者焦虑。它甚至对慢性疼痛等生理疾病亦有疗效。

过程如下：拿起一颗葡萄干，放在你的手心里，仔细地观察它，就像是有从来没见过葡萄干的外星生命要造访地球，而你将向对方介绍这种食物一样。当你观察葡萄干时，要尽可能地注意到进入你脑海的所有想法和影像。要知道，那些只不过是想法而已，要时刻将注意力返回到葡萄干上来。要注意手里这个物体的颜色。它的表面看起来怎么样？是充满褶皱还是比较光滑？用眼睛和手指去探索手里的物体，是干燥还是湿润？注意一下阳光照在这个物体上的样子。然后将葡萄干放在鼻子附近，是否有什么味道呢？用你的眼睛、手指和鼻子去探索。你的注意力是否还在你手中的葡萄干上？如果是这样，那么，当你准备好之后，请将葡萄干放进你的嘴里。你注意到自己的嘴里分泌出口水了吗？要尽可能地将注意力放在葡萄干上，同时关注自己的思绪。你是期待着尽快吃掉这颗葡萄干，然后吃另一颗，还是专注于嘴里的这颗葡萄干呢？轻轻地咬一下这颗葡萄干，品尝它的味道。慢慢地咀嚼，同时注意每一种感觉。在你咽下这颗葡萄干的时候，首先要注意自己吞咽葡萄干的意图。然后，感受葡萄干滑下你的喉咙，进入你的胃。你能否感觉到自己的身体和几分钟前相比刚好增加了一颗葡萄干的重量呢？

正念放松法

闭上双眼，静止不动，同时想象着你正躺在温暖的阳光之下，你的身体感到完全放松下来了，非常平和。

当你舒服地躺在软软的草地上，阳光渗透到你的肌肉之中，十分温暖，你的整个身体都放松了下来。

你能够感到温暖的阳光照射在你的双腿上，让它们放松下来了。之后，你可以让腹部的肌肉也放松下来。

接下来，你感受到阳光照射在你的肩膀和双臂上，同时，在绿草铺就的地毯上进一步放松。

现在，你感到阳光温暖地照射在你的脸上。接触到阳光的那一刹那，整个脸部都放松下来了。

然后，放松你的额头、你的脸颊、你的双眼以及你的嘴唇。放松，放松，放松。

幸福比例

美国心理学家芭芭拉·弗雷德里克森（Barbara Fredrickson）曾经调查过所谓的幸福比例：日常生活中，积极情绪与消极情绪的"理想比例"是 3∶1——这一比率最能确保幸福。因此，每出现一种消极情绪，你都要确保自己拥有三种积极情绪，这十分重要！

连续记一周日记，然后统计你每天在记录中所使用的积极和消极的词语或者短句，计算出每天的"幸福比例"，可使用表 15-4。之后，思考这一比例对你、你的生活方式以及生活体验有什么启示。

表 15-4　　　　　　　　　　幸福比例计算表

时间	积极的词语或短语	消极的词语或短语	幸福比例	这对我有什么启示
星期日				
星期一				
星期二				
星期三				
星期四				
星期五				
星期六				

第 16 章

教师的心理健康与维护

侯 静

国运兴衰，系于教育；教育大计，教师为本。教师这一特殊的职业群体，肩负着为国家培养未来高素质人才的重任。近年来，教师群体的心理健康状态不断引发社会关注。《中小学心理健康教育指导纲要（2012 年修订）》明确指出："要重视教师的心理健康教育工作……要把教师心理健康教育作为教师教育和教师专业发展的重要方面。"2017 年，国家卫健委等 22 个部门联合印发《关于加强心理健康服务的指导意见》，强调了加强心理健康服务的重要意义，并提出加强对职业人群的心理健康服务。

一、教师心理健康的重要意义

教师是素质教育的核心，其工作的对象是发展中的人。因此，教师的心理健康具有重要的意义。

（一）心理健康的教师才能培养出身心健康的学生

古人说："师者，人之模范也。"在学生的成长过程中，教师是参照，是榜样。一个心理健康的教师能够在生活和教学中乐观地面对一切问题，用正确的价值观去引导学生，用积极的情绪去影响学生，学生因喜欢而模仿，从而逐步形成健康的心理。而一个情绪消极、价值观有偏差的教师，则会对学生的心理和行为造成不良的影响甚至是伤害。

（二）心理健康的教师才能与学生形成和谐的师生关系

心理健康的教师能够友好平等地对待学生、尊重学生，更容易与学生建立起和谐的师生关系，形成开放、宽松的学习气氛。而心理不健康的教师，往往对待学生不够体贴，经常采用不合理的态度和方法来处理问题，不能够正确地理解学生的心理和行为表现，从而导致师生关系僵化，师生矛盾激化。

（三）教师心理健康可以提高教师的工作效率

如果教师的心理健康状况良好，那么其在智力、情感、意志等方面的发展也会是健康、良好的。在这种状态下，教师能够更有精力和能力去面对周围环境带来的压力和挫折，有效地化解外部的危机和困难，在教育教学中更好地发挥创造力，从而提高自身的工作效率。

（四）教师的心理健康有利于其自身的生理健康

心理健康与生理健康密切相关。一方面，一个人的生理健康水平会影响心理健康水平。人的躯体性疾病、生理缺陷会给人的心理状态带来负面影响，使人产生焦虑、忧愁、烦恼、抑郁等不良情绪，影响人的情感、意志、性格，乃至人际关系的和谐。另一方面，心理健康水平也会影响生理健康水平。乐观、愉快、自信、平和的心态有助于提高人的免疫能力，使人有效地抵抗疾病的侵袭，从而促进身体健康。而心理上的不健康，如长期的过度焦虑、忧虑、烦恼、抑郁、愤怒，会导致生理上的异常或病变，引发心身疾病。

二、教师的心理健康状况分析

（一）教师心理健康状况及表现

早在 2000 年，美国压力研究机构列出的 10 个压力最大的职业中，城市中学教师就名列第一。香港也曾将教师职业列为压力最大的职业中的第二位，仅次于警察职业。

近年来，很多学者都对教师的心理健康状况进行了实证研究。2014 年，胡海燕等人随机调查了大连市 362 名中小学教师的心理健康状况，发现除人际敏感和偏执外，其余因子均显著高于全国常模，有 18% 的教师有轻度心理问题，2.2% 的教师有中度及重度心理问题。

2015 年，余秋梅等人对云南部分地区 460 名教师进行了心理调查，结果发现云南省中小学教师心理健康状况不容乐观，中小学教师 SCL-90 总均分及各因子分均显著高于全国成人常模，强迫症状和人际敏感问题突出。

研究发现，教师的心理问题具体表现在以下三个方面：生理心理方面，会出现失眠、抑郁、记忆力减退等症状；人际关系方面，表现为人际敏感、自卑、嫉妒、猜疑，在学校常常批评、打击学生；职业行为方面，会出现职业倦怠、体罚学生等行为。

由此可见，教师的心理健康不容忽视。

（二）影响教师心理健康的因素

关于教师心理健康的影响因素，很多研究者提出了自己的看法，大多是从社会因素、学校因素和个人因素三个角度来分析。

1. 社会因素

首先，社会对教师职业抱有很高的期待。由于职业的特殊性，社会和家长普遍对教师抱有很高的职业期待，从而提出了更高的标准和要求。一旦教师没有达到某种要求，或者出现某些社会问题，如社会抱怨青少年道德水平不如从前，家长便会指责学校没有提供足够的教育来促进孩子的健康发展。而这些针对教育的指责，大多都被具体化到了教师的身上，使教师承受着巨大的压力。

其次，层出不穷的教育改革让教师难以适应。新课改、高考改革等教育改革，打破了教师原有的教学模式，向教师提出了更高的挑战。近期，"双减"政策实施，很多教师认为"双减"后，"平衡工作与个人生活"的压力明显增加。

最后，教师承担着多重角色，导致教师角色混乱，压力过大。教师是知识的传授者、生活的照顾者、人生的指导者、家长的代理人、团队的领导者及心理的维护者。每种角色都承担着相应的责任和要求。除此之外，教师还有生活中的角色，如妻子或丈夫、父亲或母亲、儿子或女儿，还承担着操持家务、教养子女、孝敬长辈的职责。工作中的多种角色和社会家庭中的多种角色相冲突也常常成为教师心理压力的主要来源。

2. 学校因素

学校的管理改革和管理机制，以及领导个人的管理风格，都会影响教师在学校的心理反应。除此之外，对升学率的过度追求，教育的公利化倾向，教师的精神需求被忽视，以及教师的高付出和无法与之匹配的低回报，都会导致教师心理问题的产生。

3. 个人因素

生物学因素。首先，性别因素的影响表现为，男教师的心理健康水平要略高于女教师。其次，年龄因素的影响主要反映在处于不同年龄阶段的教师心理健康状况有所不同。国内的研究表明，心理问题的发生率与年龄成反比，青年教师心理问题的发生率高于中老年教师。还有学者认为"教龄越长，心理问题越多"。

人格特质。影响教师心理健康的常见人格类型有两种。一种是 A 型人格。其特征是具有极端的竞争性，缺乏耐心，渴望获得成功。具有 A 型人格的教师，常有强迫性的过度负担。他们对自己有不现实的期望，因此常承担很重的工作负担，而且很容易出现心理困扰。另一种是外控型人格。其倾向于把原因和行为控制因素归于自身以外的因素。外控型的教师，很少能采取合理的策略来应对挑战，他们不是积极地解决问题，而是通过抱怨来回避问题。

个体的认知风格。个体的认知风格决定着他对于消极事件的解释是积极的归因还是消极的归因。如果教师经常处于消极归因的状态，势必会影响其心理健康水平。

三、教师心理健康的标准

教师心理健康的标准是衡量教师心理健康状况和水平的依据。作为一个社会群体，衡量教师的心理健康应遵从一般人的心理健康标准，因为他们也是社会中的成员，但是教师职业的特殊性又决定了其自身所独有的衡量心理健康的标准。

在众多教师心理健康标准的研究中，俞国良教授的观点影响较大，他认为教师心理健康的标准包括以下几个方面。

- **对教师角色认同**。即能够接受自己作为教师的这个角色，认同这个职业，并高兴地接纳。
- **有良好和谐的人际关系**。在与他人交往时能够客观对他人进行评价，和他人交往中积极态度多于消极态度，并能真诚地与人沟通。
- **能正确地了解自我、体验自我和控制自我**。能正确认识自己，正确地监控自己、评价自己，并能进行积极的自我调适。
- **具有教育独创性**。能够根据学生特点创造性地进行教育教学。
- **在教育活动和日常生活中均能真实地感受情绪并恰如其分地控制情绪**。不仅能正确认识自己的情绪表现及对学生的影响，还能很好地调节自己的情绪。

四、教师心理健康的维护

教师心理健康的维护是整个学校心理健康教育的重要组成部分。心理教师应根据自己的专业优势和能力，通过一系列途径和方法，对教师进行心理维护，帮助教师掌握自我心理发展和自我心理调适的方法，促进和维护教师的心理健康水平。

（一）教师心理健康维护的目标与原则

1. 教师心理健康维护的目标

教师心理健康维护的总体目标是维护和提高全体教师的心理健康和心理素质，发展教师潜能，增强教师职业幸福感。具体目标可分为三个层次，即预防性、发展性和维护性。

预防性目标是指面向全体教师的，旨在防止各种心理问题发生，使教师具有基本心理自我保健能力和自助能力的目标。发展性目标是指面向无心理问题和有发展潜力的教师，旨在优化其心理素质，促进其职业心理素养的形成与发展的目标。维护性目标是指面向进行过心理咨询或治疗的教师，旨在防止心理问题的再次发生且向着更健康的方向前进的目标。

2. 教师心理健康维护的原则

原则的制定需与学校心理健康维护的实质精神相一致，并具有自身独特性。

- **着力于"协同开展"**。即教师心理健康维护工作与学生心理健康维护工作同步进行，并与学校的教育教学、心理健康教育结合起来。
- **注意各层次目标的结合**。把对教师心理素质的提高、维护与预防相结合。
- **面向全体教师，着重发展**。教师的心理健康问题是普遍存在的，但每个教师也是心理成熟的个体。因此教师心理健康维护一要面向全体教师，二要体现教师的发展和人格的完善，促进教师职业成熟度和专业化，形成自助能力。因此，教师心理健康维护的核心不是健康问题，而更多的是职业成长问题。
- **坚持维护方法的多元化，坚持教育性与个性的结合**。每一种维护方法、模式或理论都有其局限性。因此，教师心理健康维护应根据不同的教师个体、不同的问题，具体考虑应采用的方法或模式。

（二）教师心理健康维护的途径与内容

教师心理健康维护的内容和方法应以积极心理学理论为指导，重点关注教师工作和生活中积极的主观体验，采用积极的方法，寻求积极的意义，塑造积极的人格。

1. 建立教师心理档案

教师心理档案的建立是维护教师心理健康的重要手段。通过建立教师心理档案，能够及时准确地了解和掌握教师的心理现状、特点与规律，从而为学校科学化管理提供心理学的经验性依据。同时，教师心理档案也为教师提供了了解自己心理健康状况的科学参考。

教师心理档案的建立应遵循以下原则。

- **自愿性原则**。教师本人在经过了解心理档案建立的过程及方法之后，自愿参与建档和测试。
- **客观性原则**。搜集的资料必须符合事实，准确可靠，还要多方位地综合测评。
- **动态化原则**。教师的心理状态并非一成不变，它会随着环境、经历、年龄的变化而变化。因此，应随时补充、更新相关的心理资料。
- **保密性原则**。教师心理档案可能涉及教师的个人隐私等敏感问题，不宜公开。

- **系统性原则**。教师的心理健康受诸多因素的影响，其心理状态是多种因素共同作用的结果。因此，应从系统的角度出发，尽可能运用多种方法收集多方面的资料，做到信息全面而充分。

心理档案的内容应包括人口学资料和心理学资料。

- **人口学资料**。即个人基本情况、身体状况、家庭情况、生活工作情况以及诱发性、应激性的社会生活事件。
- **心理学资料**。即相关测评量表，如反映教师心理健康状况的SCL-90症状自评量表，反映教师职业倦怠情况的职业倦怠量表，反映教师工作满意度情况的工作满意度量表，诊断教师是否感到幸福的总体幸福感量表（GSB），反映教师社会支持情况的社会支持评定量表，反映影响教师心理健康的主要生活事件的生活事件量表（LES），反映教师人格特征的艾森克人格问卷（EPQ）等量表，以及相关调查资料，如心理压力调查等等。

2. 开展心理健康讲座

开展心理健康讲座是对全体教师进行心理健康教育的主要途径之一。讲座内容以贴近教师生活、切实可行的主题为佳，可分为预防性内容和发展性内容。预防性内容涉及预防职业倦怠、心理压力调适、消极情绪调整等方面；发展性内容可以从提升自我意识、增强幸福感受、发展职业生涯等方面来选择主题。具体内容如下。

（1）教师职业倦怠

教师职业倦怠是教师常见的也是比较突出的心理问题。心理教师可以通过讲座引导教师了解什么是职业倦怠，它有哪些表现，如何在工作中识别和预防教师职业倦怠，等等。

教师职业倦怠是指教师不能顺利应对工作压力时所处于的情绪、态度和行为的衰竭状态。体现在以下三个指标上：情绪衰竭、去个性化和个人成就感丧失。情绪衰竭指的是个体的情绪和情感处于极度疲劳状态，其特征是缺乏活力，工作热情完全丧失，有一种情绪资源耗尽的感觉，经常伴随着挫折、紧张，使人在心理层面上认为无法致力于工作。去个性化指教师以一种消极、否定、麻木不仁的态度对待自己的学生。而个人成就感丧失则是指教师倾向于对自己产生负面的评价、感觉无助以及自尊心下降。教师职业倦怠在身体、智力、社会和情绪等四个方面均有不同的表现，严重地威胁了教师的身心健康，制约了教学质量的提高，对学生也会产生很多负面的影响。

有学者从积极心理学的角度去研究教师的职业倦怠，发现个人的应对方式与职业倦怠有一定的关系。具有积极主动应对方式的个体更容易化解内外压力，降低应激水平，较少产生倦怠；而具有被动退缩应对方式的个体，则会对应激事件产生较多的倦怠情绪。

主观幸福感对职业倦怠也会产生很大的影响。个体的主观幸福感越强，对生活的满意度就越高。良好的主观幸福感会更多地激起对生活和工作的热情，对工作的激情一旦迸发出来，职业倦怠便无处藏身。

因此，心理教师可以从应对方式和提升主观幸福感等积极的方式入手来引导教师缓解职业倦怠。

（2）心理压力调适

教师是高压力的职业。过度的工作压力对教师的工作、身心健康及生活质量都会产生消极影响，严重的还会导致职业倦怠。所以，为了预防压力过大产生的影响，心理教师可以引导教师们正确认识压力，了解压力产生的过程，认识工作和生活中的压力源，清楚人在压力下的生理反应和心理反应，从而识别压力。心理教师还可以通过介绍不同的压力应对方式，让教师了解到人在压力面前不是无能为力的，而是可以主动应对的。

（3）消极情绪调整

我们从大量研究中可以看出，压力会导致教师出现大量的情绪问题，如焦虑、抑郁、愤怒、嫉妒和自卑等，这些消极情绪又会导致教师在工作中出现一系列的认知和行为偏差，比如只看到学生的缺点，人际紧张，以及因为一件小事就愤怒不已，等等。那么，对于消极情绪的调整，一方面要指导教师接纳和理解自己的情绪，另一方面要引导教师体验到积极的情绪，学会积极的调整方法。

心理教师可以运用积极情绪的理论来帮助教师调整消极情绪，比如利用情绪ABC理论引导教师了解情绪的产生不是因为正在经历或已经经历的事件，而是取决于个体对这一事件的认知模式。每种情绪都反映了个人未被满足的需要，所以教师要学会接纳情绪，并主动调整认知，改变情绪，积极行动。

心理教师还可以通过一些积极情绪训练法来强化教师体验和发展积极情绪。如每天记录三件好事；用感恩练习（感恩日记或感恩拜访）增加教师的幸福和满足感；通过品味生活，放慢生活的节奏，享受那些看似琐碎的生活细节及其蕴含的积极体验，可以通过跟他人分享、祝贺自己、沉浸在当下、细数自己的幸运、翻看旧照片、书写过去美好的事情等不同形式来品味；可以通过正念练习感受当下，让教师体验积极情绪，并放大和延长教师的积极体验；还可以进行冥想练习——既能拓宽思维，又能提升积极情绪。

（4）提升自我意识

自我意识是指个体对自己作为客体存在的各方面的认识以及感受，包括客观的自我评价、积极的自我悦纳和健康的自我形象。它是心理健康的重要标志之一。

教师的自我意识与一般人的自我意识有共同点，但它更强调教师在教育情景中，在从事教师职业中所表现出来的对自己及自己与学生、同事、领导、学生家长之间关系的认识与评价、情感体验和自我调控等特点。

心理教师可以通过讲座引导教师正确地认识自己，悦纳自己，从而完善自己。讲座可以通过"我的自画像"，让教师尝试描述画像中自己的相貌、性格特点、能力优势及体现，以及对自己的期待等方面，从而观察自己，并通过其他同事的描述和评价发现自己的优缺点，扩大对自己的认知，对自己做出客观的评价，进而绘制发展蓝图，不断培养自我效能感。

心理教师还可以引导教师回顾总结身边的支持系统，包括家人、朋友、同事、学生、陌生人还有自己等，他们在哪些时候给予了自己什么样的支持和帮助，在活动中体验和感受拥有的力量和幸福。

（5）增强幸福感受

幸福是生命的一种基本需求，也是人生的终极追求。积极心理学之父塞利格曼在《真实的幸福》一书中提到，幸福感不仅有助于身体健康和人际关系，还有助于我们在应对不幸时构建身体资源。塞利格曼认为真正的幸福来源于对自身所拥有优势的辨别和运用，以及对生活意义的理解和追求，是可控的。因此心理教师可以引导教师通过发现生活中的幸福瞬间来体验幸福感受，通过正念，觉知当下，不带评判地细细品味身边的幸福，还可以通过泰勒·本－沙哈尔（Tal Ben-Shahar）提出的"幸福汉堡模型"来引导教师平衡现在和未来，并不断发掘自身的优势，提高自身的幸福潜能。

(6) 发展职业生涯

教师的生涯发展与学生的生涯发展同样重要。帮助教师制定生涯发展规划可以增强教师对职业发展的理性认识，提高教师自身发展的自觉性、计划性和创造性，减少盲目性和随遇而安，对于教师突破职业生涯中的挫折与危机也具有重要的意义。

心理教师可以引导教师从认识什么是生涯、什么是教师生涯规划入手，帮助教师了解教师生涯规划具体包括对教师职业的选择、对教师职业目标与预期成就的设想、对成长阶段步骤以及环境条件的考虑等内容，明确影响教师生涯规划的主客观和不可预期的因素。通过活动"'当前的我'和'将来的我'"，引导教师思考"我是谁""我能干什么"，并对自己的能力与潜力进行全面的分析和总结。心理教师还可以指导教师尝试用"5W1H规划法"①来制订生涯规划。

心理教师还可以根据"生涯彩虹"和古典的"生涯四维度"等理论设计活动，帮助教师进行生命思考，合理进行生涯规划。

3. 组织教师心理工作坊

针对有共性问题的部分教师，心理教师可以预防性和发展性为目标，采用心理工作坊的形式对其心理健康进行维护。

工作坊是一种体验式、参与式、互动式的学习模式，可以利用团体辅导的各种形式来进行，如专家讲座、同伴启示、维护点评、小组讨论、头脑风暴、角色扮演、游戏体验、绘画投射等。通过团体讨论、角色扮演、行为训练、集体分享、教师点评，使教师获得感悟和内省，并将所学方法、技巧及时运用到自己的工作和生活中去。

以团体辅导的形式开展教师心理工作坊，要根据本校教师的实际需求设计辅导方案，并遵循以下原则：

- **匹配性原则**：带领者要选择自己熟练的、有把握的活动；

---

① 5W1H规划法：做什么（what），即明确一个时期的具体任务和要求；为什么做（why），即明确计划的原因和目的，或者目标、战略；何时做（when），即规定计划中各项工作的起始时间；何地做（where），即规定计划的实施地点，了解计划实施的环境条件和限制条件；谁去做（who），即明确实现计划的相关部门或人员；如何做（how），即明确实现计划的措施，以及相应的政策和规则，对学校资源进行合理的分配和使用，等等。

- **目标性原则**：方案中既要有具体的阶段目标，也要有长远的终极目标；
- **操作性原则**：方案要紧扣目标，切实可行；
- **一致性原则**：方案中包含的各环节的活动要前后一致，循序渐进；
- **安全性原则**：方案的设计与选择要考虑到实际的安全性。

下面以长春市二实验中学心理教师康成的教师团体辅导设计为例，向大家具体展示方案设计的各个环节。

"心理减压，健康人生"工作坊

设计目标：通过活动促进教师对自我心理问题的关注，缓解内在心理压力，以平和的心态面对生活和工作。

训练的主要内容：教师自我意识训练，心理压力及不良情绪的调适，人际沟通能力的训练，等等。主要从心理过程和个性心理两大角度着手。

实施过程：大致分为三个阶段。一是团体氛围建设阶段；二是深入探索和问题解决阶段；三是团体结束阶段。每一阶段都由若干活动组成。工作坊共进行六次，每次50分钟，一周一次，场地以学校心理健康教育中心各团体功能室为主。

具体实施

第一阶段：前期准备

对全体教师进行工作坊参加意愿程度调查、教师心理压力调查，根据调查结果进行成员的选择，并向入选人员发出入选通知，通知内容注重人性化设计，如："亲爱的××，十分感谢您对我们工作的支持，主动参与教师心理工作坊活动，现选定您为'心理减压，健康人生'工作坊团体成员，并诚挚地邀请您于×月×日下午第八节课到校心理健康教育中心参加第一次团体活动，希望准时到达。再次对您的参与表示感谢！"

第二阶段：团体辅导方案的实施

在实施过程中，除了按照方案（详见表16–1）有计划、有步骤地进行相关活动，还要注意根据实际进展情况及教师设想的改变进行相应的方案调整，以最大限度地发挥教师团体辅导应有的作用。

表 16-1　"心理减压，健康人生"工作坊方案

次别	单元名称	活动目标	活动内容
一	初相识	了解团体规则，表现自我，增进了解，投入团体	签订承诺书 个性名片 自我介绍
二	初相识	认识情绪及自我情绪的变化	抛物换名 情绪脸谱
三	情绪源头	认识到消极情绪的感染作用及如何避免消极情绪，建立积极情绪	大风吹 情感传递
四	情绪方法	寻求调节情绪的方法	让自己笑起来
五	认知调节	了解情绪变化的本质，意识到哪些是非理性信念导致的不良情绪	迈向圆心 情绪 ABC
六	结束团体	回顾团体，思考收获	放松回顾 成员反馈

第三阶段：教师心理健康水平提升的评估及成果的形成

进行心理测验的后测、团体辅导效果自我评估调查，运用 SP3313.0 统计软件对相关数据进行处理，比较前后测差异，对团体辅导对教师心理健康水平的影响进行验证。

除了开展团体活动以外，教师团体辅导还可以借助沙盘来实现辅导目标。心理教师可以引导教师们通过选择沙具、摆放沙具、分享感受等活动，让教师与自己的潜意识沟通，进行自我觉察和感悟，进而表达内心世界和对现实的期望和想法。

教师心理工作坊的第二种形式是开展教师专题研讨。心理教师可以组织教师在工作坊中讨论教师压力产生的原因及自己的应对办法，提高大家对压力管理训练的认识，从而正确地应对压力，保持健康情绪。也可以采取集体讲座与分批小组讨论交替的形式进行专题研讨，内容可以包括"压力与健康的关系""认知在压力中的作用""压力应对策略"以及"新入职教师的角色调整"等等。

与心理健康讲座相比，教师心理工作坊因其具有参与人数少、成员间互动充分等优势，从而能更好地解决一些教师们共有的问题和烦恼。

4. 对教师个体提供心理咨询服务

学校设立的心理咨询室，除了为学生提供咨询外，还应为有心理问题或心理障碍的教师及时提供心理维护、行为矫正或心理训练。心理教师可以通过讲座宣传心理咨询的作用，消除广大教师对心理咨询的误解和防备心理。还可以通过调查问卷结果的反馈，增强教师求助动机，从而主动寻求帮助。针对教师的个体心理咨询要遵循心理咨询的相关伦理，对于过分熟悉的同事和朋友，心理教师不适合为其提供心理咨询，应转介到相关部门。另外，针对教师的个体心理咨询最好不要涉及有利益交织的事情。

5. 在校园中创建积极的心理氛围

清华大学心理学教授彭凯平说："多说一些积极的话，多说一些向上的话，平时念一些'心灵鸡汤'对我们都是有帮助的。这里面有温馨的、温暖的、健身的作用，是有价值、有意义的。"当然，彭教授在这里说的"心灵鸡汤"是基于积极心理学的、普适的、可以操作的、积极向上的内容。心理教师可以充分利用校园网络、微信群、QQ群和校报，定期上传或编辑一些积极向上的内容和文章，让教师在轻松愉悦中阅读品味温暖的文章，创建积极良好的心理氛围，达到放松心情的效果。

总之，教师心理健康的维护需要广大心理教师倾注更多的智慧去实践，心理教师之间也应互相学习，分享经验，将教师心理健康的维护工作做得更好。

第 17 章

心理教师的自我成长

康 成

一、心理教师的个人心理成长

中小学心理教师是学校心理健康教育工作开展的核心力量。目前我国心理教师队伍的构成还不够平衡和稳定。一方面，各地区发展不平衡，有的地区绝大多数学校都配备了心理教师，有的地区则未能达到大部分学校配备心理教师的要求，专职心理教师屈指可数；另一方面，心理教师队伍不稳定，除一小部分长期坚守心理健康教育岗位外，大部分人做着做着就脱离了心理教师的岗位，岗位上还经常会出现一些新面孔。这其中不乏有一些被动加入的，也有被动离开的，对心理教师队伍的建设存在不利影响。即便是心理教师配备较为充分的地区，各校心理教师的胜任力也有很大的差别。其中，也存在由心理健康水平不高，甚至心理问题较大的教师来承担心理健康教育任务的现象。这不仅无法满足学生的心理需求，甚至有可能造成负面影响。因此，作为心理教师，有必要关注自我的心理成长，以保证持续、深入地开展好学校心理健康教育工作。

（一）自我心理觉察

首先，我们来做一个练习：请拿出一张 A4 纸，在中间位置画一条大约 20 厘米的横线（如图 17-1 所示），然后在这条横线上标记出从出生到现在为止，让你记忆犹新的重大事件。如果是积极的事件，就标在横线以上的位置；如果是消极的就标在横线以下的位置。然后回顾一下你过往的生命历程，都有哪些人参与，发生了什么事，产生了哪些感受，你当时是如何诠释这些事件的，这些人、事、感受是如何影响你的人生走向的，你现在的哪些观念或个性特征与这些经历有关。

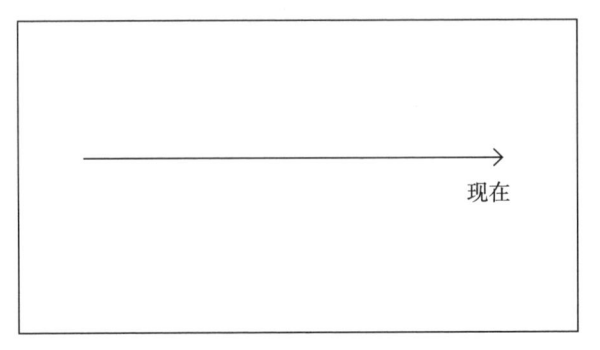

图 17-1　自我心理觉察练习

当我们用心体会这些事件带给我们的影响时，我们就会发现，我们目前的一些生活原则、价值观、人生态度、思考方式等，在某种程度上都受到这些经历的影响，这些事件对于我们的生命走向有着特有的意义。当下，作为过来人，如果我们站在一个全新的角度来审视这些事件，会不会有不一样的解释？如果产生了不一样的解释，我们的人生会有哪些不一样的结果呢？我们在对学生进行心理辅导时，也往往会遵循这样一种态度，即他的生命成长脉络是如何让他成为今天的自己的——有哪些力量在推动，又有哪些局限，如果重新审视，还会有哪些发现。

作为心理教师，我们对学生的心灵引领，一个重要的内容就是认识自我，而促使学生深入地自我觉察则是带领他们认识自己的一条必由之路。但前提是，心理教师首先要有自我觉察的意识和能力，能够通过自我觉察，更好地认识自己、完善自己。

1. 探索自己成为心理教师的内在动机

请你思考，是什么动机使你成为一名心理教师的？是因为当前学生的心理健康问题太多，你想通过自己的努力帮助他们走出心理困境吗？是因为你觉得自己有这方面的天赋和优势，有能力在这方面发挥自己的作用吗？还是因为你自己内心深处有很多未解的困扰，希望通过这份工作来提升自己的生活感受和生命质量呢？当然，你也可能是糊里糊涂地走上了这条道路，或者是被领导安排在这个岗位。不同的动机，自然会产生不同的行为、不同的感受。

2. 在与他人的沟通中进行自我心理觉察

在人际关系中，自我心理觉察是很重要的人际促进因素。反过来，我们也正是在与他人的沟通和交流中增强自我觉察能力的。著名的"乔哈里之窗"通过"自己—他人"和"知道—不知道"两个维度，将自我分成了四个部分，分别是：自己知道别人也知道的部分（公开区）；自己知道但别人不知道的部分（秘密区）；自己不知道但别人知道的部分（盲目区）；自己和别人都不知道的部分（未知区），如图17-2 所示。

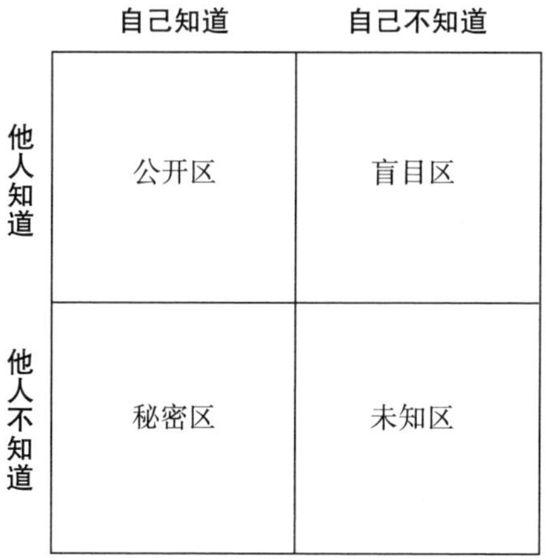

	自己知道	自己不知道
他人知道	公开区	盲目区
他人不知道	秘密区	未知区

图 17-2　乔哈里之窗

现在，请你和伙伴一起做一下这个练习：通过自我觉察以及与他人的交流，填写上图的空白处。

3. 觉察并表达自我情绪

作为心理教师，要具有一定的情绪敏感性，即要敏锐地觉察到学生的细微情绪变化，以及由此所反映的内在心理活动，并把对学生的这种觉察以恰当的语言反馈给学生。这就要求我们必须对自己的情绪敏感，要了解自己的内在感受，并能够做到清晰表达自己的情绪。

现在，请你觉察一下当下你感受到的情绪是什么。用一个词来形容，你会选择哪个词呢？如果用一个数字（0~10）来表示这个词反映出的你真实情绪的程度，你觉得是几呢？

现在，再请你用三分钟的时间把所有你能想到的情绪词都写出来，看看你能写出多少来。这些情绪中，有哪些情绪你经常能感受到，有哪些你一直没有感受到？想象一下，这些没有感受过的情绪在什么样的情景中可能会出现，然后，想象自己置身于这样的情景里，觉察一下自己的情绪，是不是能够有所感受。

在心理健康课上或者心理辅导过程中，我们有时会让学生用颜色、植物或动物来表达自己的感受，这也是我们觉察和表达自己情绪的方式。另外，还可以通过听音乐来感受音乐带给我们的情绪。

情绪本身无好坏之分，因此，我们要学会捕捉自己内心深处真实的感受，并以恰当的方式表达出来。我们要随时随地贴近自己的情绪和感受，并以坦然、真诚、开放的态度接纳它们。只有这样，我们的内在感受才会更加丰富，我们也才能更加准确地去表达我们对学生的理解。

4. 觉察自己的偏见与价值观

再优秀的心理教师也是人，难免会存在偏见或刻板印象。比如有的老师认为女生没有男生聪明，女生更容易抑郁，或者男生都邋遢，等等。面对不同的学生，如果我们在还没有深入了解他们的问题时，仅凭他们的身份就加以揣测，那就是一种偏见。这种偏见有时源于我们的经验，比如如果我们经历过单亲的孩子得抑郁症，便会认为单亲容易导致抑郁。单亲可能会存在导致抑郁的因素，但一听单亲便在脑海里预设孩子很可能抑郁，便不恰当了。有一些偏见可能是细微的，不易察觉。在我刚参加工作时，整个年级的心理健康课都由我来承担，对于不同班级的学生，我在潜意识里就有一种不同的感觉，在不同的班级里，我的状态便有所不同。其实这也是一种潜在的偏见所致。经过20年的教学，时至今日，我已经深刻地领会到，开放地、不加任何先验经验地进入每个班上课，对于我在课堂上的发挥以及学生在课堂上的感受是多么重要！

每个人的价值观都是不同的，对待生活的态度也自然有所不同。价值观会影响我们对学生的态度，也会影响到我们的工作方式。只有我们对自己的价值观有所觉察，才可能看清楚我们和他人之间产生的矛盾或冲突是缘于价值观念的不同，因此不必纠结于谁对谁错，而是共同探讨如何理性面对问题，更好地适应生活。我们可以通过"人生五样"游戏来体验一下，不同的人持有怎样不同的价值观。

请你写出五样对你来说至关重要的事物，然后逐一划掉，代表这个重要的事物在你的生命中消失，看一看你最后留下的是什么，并说一说整个过程中你是怎么选择的，想法是什么，产生了哪些感受。

（二）自我心理完善

当别人问起并得知我们的职业是心理教师时，一般会有两种不同的反应，一种是："心理老师啊，那你的心理一定很健康了！"另一种是："心理老师啊，听说学心理的人心理都有问题啊！"不管是哪一种，似乎都令人不舒服。所以，为了避免麻烦，有时我们会有意回避提及我们的具体工作。

当然，细细琢磨，这两种反应都有其原因。第一种是人们眼中所期待的作为心理教师的理想状态——承担学生的心理健康教育工作，当然首先自己要心理健康。同时，由于从事心理健康教育工作，心理教师一定在不断地追求自己的心理健康，毕竟连自己的心理都没照顾好的人，是没办法去照顾别人的心理的。第二种则认为，只有心理有问题的人才会去学心理学，当然，不可否认，有的人的确是为了解决自身的心理问题才学习心理学的，但能够意识到需要通过心理建设来提升自己，这本身也是一种积极的人生姿态。在心理教师队伍中，确实不乏有较为明显心理问题的人，但由于是心理教师，出现心理问题是不被接纳的，因此更容易被关注到。也有人说心理教师每天要接受那么多学生排放出来的心理垃圾，不抑郁才怪。

在回应这两种反应时，对于第一种，我会说："心理老师也是人，也会出现心理问题。"对于第二种，我则会回应："即便学心理的人心理有问题，也绝对不是因为学心理学才有的""如果听别人倒心理垃圾就郁闷了，那还是修炼的火候不够"。这是我的真实想法，做学生心理健康工作，确实挑战很大，需要我们不断完善自身，具体来说，我们需要从以下几个方面来进行。

1. 涉猎有关自我心理成长的书籍

随着社会的发展进步，物质生活不断丰富，我们已经越来越脱离对物质生活的追求，越来越关注精神生活的质量，因此，目前关于自我心理成长的书籍越来越多。比如由美国著名心理医生斯科特·派克所著的《少有人走的路：心智成熟的旅程》，它引领我们如何面对痛苦，在痛苦中转化和超越，促成心智成熟，帮助我们学会爱，学会独立。这是一本能够很好地促进自我心理成长的书。再比如，积极心理学之父塞利格曼所著的积极心理学四部曲——《真实的幸福》《活出乐观的自己》《教出乐观的孩子》《认识自己，接纳自己》，以及后来的《持续的幸福》。其中对于幸福的研究和解读能让我们重新看待我们所追求的幸福。意义疗法的创始人弗兰克尔所著的《活出生命的意义》，以其在第二次世界大战集中营中的经历和感悟来激发人们思考，生命真正的意义是什么。这些书籍对于我们的心灵是一种滋养，对于我们的人生是一种启迪，能够使我们在与这些精神大师对话的过程中得到心灵的拨节。读一本好书，就像是和一名智者交流，受益颇多。

2. 参加自我心理成长体验团体

每个学校的心理教师人数都不多，大多只有一名，只有个别学校可能有三四名。因此，很多心理教师都处在一种单打独斗的状态，加之很多学校对于心理健康教育不够重视，心理教师的地位相对边缘，导致其在学校内部不太容易形成本领域的心理归属感，并且容易产生职业倦怠。因此，在一定区域内，校际间心理教师之间的交流和支持就显得非常有必要。目前线上的形式也已被广泛应用起来，虽然相较于线下，效果差一些，但它能打破空间的限制，随时随地根据心理教师的需要开展成长小组活动。体验性团体辅导对于心理教师的自我心理成长是一种比较好的活动形式。当然，需要有人能够主动承担起主持和组织的责任。只要有人能够站出来组织，相信很多心理教师都愿意参与进来，因为我们有很多共同的感受、共同的困境、共同的需要，很容易产生共鸣。

3. 感受工作和生活中的心流体验

心理学家米哈里·契克森米哈赖认为心流是一种将注意力完全投注在某种活动上的感觉，心流产生时同时会有高度的兴奋及充实感。米哈里·契克森米哈赖提出，能够产生心流的活动有以下特征：

- 我们倾向去从事的活动；
- 我们会始终专注的活动；
- 有清楚目标的活动；
- 有立即回馈的活动；
- 我们对这项活动有主控感；
- 在从事活动时我们的忧虑感消失；
- 主观的时间感改变——例如可以从事很长的时间而不感觉时间的消逝；
- 不断优化的能力，我们对于所从事的活动是力所能及的，且其具有一定的挑战性，我们可以通过不断的练习来提高克服障碍的能力。

在日常的工作生活中，很多活动都会使我们通过专注于其中而产生心流体验。你想想看，都有哪些活动可以令你产生心流体验呢？

（三）优化自我特质

作为心理教师，我们需要让自己的特质更符合学生的期待。那么哪些特质更容易被学生认可呢？经过实践，我发现以下10种特质需要我们心理教师不断去优化。

一是自信。自信最能体现一个人的心理健康状态，如果心理教师自己都不够自信，那学生要怎么相信老师会帮助他们找到自信呢？很难想象一个不够自信的教师在引导学生讨论"找到自信"这个话题时，学生会有什么样的反应。而且，在课堂上，自信的教师更有可能在无声无息中掌控课堂节奏，也更有勇气去开拓更多的途径开展心理健康教育工作。

二是乐观。乐观不仅仅指站在积极的角度看问题，还包括更客观地看待生活，能够接纳生活中消极的一面。因此，乐观的心理教师不仅能够自己生活安然，还能接纳学生的不同，以开放的心态去面对学生，以及学生的问题。

三是亲和。几乎所有被学生爱戴的心理教师所具有的一个共同点就是亲和力强。我们经常听到学生议论，说"心理老师的性格真好，始终那么温和，在他的课堂里总是让人感觉很舒服"。

四是幽默。幽默是老师的撒手锏，学生最喜欢的就是老师的幽默，因此，作为心理教师，我们要尽可能修炼自己的幽默能力。尽管幽默不是想做到就能做到的，但要有幽默的意识，能够在课堂上以幽默的方式化解问题，回应学生，这会带给课堂别样的氛围。

五是开放。开放首先是一种允许，允许一切既定的存在，即接纳所有事情的发生无论好坏，都有其特定的原因和生成脉络。这样，我们的心态才会更平和。开放其次是一种迎接，即迎接所有一切可能的到来，不惧，不慌。

六是接纳。作为心理教师，要学会接纳生活中所有的不确定，接纳每个人的优缺点。只有这样，我们才能有更宽广的胸怀去包容我们的周遭。乐观、开放和接纳有其相通之处，一个方面做好了，其他两个方面也更容易做到。

七是投入。全身心投入当下生活，沉浸其中，工作的时候把心思放在工作上，生活的时候就用心品味生活的乐趣，如此就更容易产生前面提到的心流。

八是共情。共情要求我们能够切身体会他人的感受、想法，设身处地，并能够将这种感受和想法回应给他人。能够共情的人，才更有可能与他人建立起互相信任的关系。

九是真诚。真诚所反映的是一种真实，即以真实的自己面对他人，不过多掩饰，不回避，表里如一，前后一致，信守承诺。

十是热情。这指的不仅仅是对学生的热情、对他人的热情，更重要的是对生活的热情；也不仅仅是言行上的热情，更重要的是内心的热情——内心对生命的渴望、热忱、好奇，以及珍惜。

二、心理教师的个人职业发展

在中小学，与其他学科教师相比，心理教师的处境相对尴尬：没有专门的编制，没有系统的课程，没有专门的教材，甚至没有自己的工作空间。这些既是我们心理教师面临的挑战，也是机遇：越是不确定的事物，可能性就越多。正因为心理健康教育没有既定的模式，我们才可以百花齐放，各自争鸣，但前提是我们必须对这份事业充满热情。

（一）职业发展理念

心理教师，可多做，可少做，甚至可不做。因为到目前为止，还没有衡量心理教师工作成果的统一标准。但是，作为心理教师，我们是有职业追求的。我们看重的是什么，什么就是我们的职业发展理念，也就是我们为什么要做心理教师。

1. 充分实现自我价值

"天生我材必有用"，我们每个人都有自己的价值，也都有自我实现的需要。马斯洛的需要层次理论认为，自我实现的需要是人的最高层次需要。不同的人，自我价值的实现程度是不一样的。当前，在中小学，需要心理教师做的事情有很多，有的学校领导比较重视心理健康教育工作，便给了我们很多空间，我们也有很多的任务需要去完成，忙得不亦乐乎。我们也正是在这样的忙碌中感受自己的成长，以及自我价值的实现。但是在更多的时候，心理教师都是处在角落里，除了上课似乎没有用武之地。但我们不能甘心如此，更不能堂而皇之地说："学校又没让我做，我干吗去费力不讨好！"这句话里既有被学校忽视的怨念，但似乎也夹杂着一丝丝的暗自庆幸。这样的想法既影响我们自身的发展，也影响学校心理健康教育工作的开展。

2. 促进学生心理健康

目前，学生的心理问题频出，自伤自杀的事件也时有发生，而这仅仅是冰山一角。作为心理教师，我们深知，在我们的学生中间，有太多的隐藏的严重心理问题，他们太需要心理健康干预。当然，这只是我们心理健康教育工作的一部分，更多的时候，我们要着眼于学生的心理发展，促进他们的心智成熟、人格稳定。如果我们把促进学生的心理健康作为我们的责任，把培养未来健康的人才作为我们的天职，至于我们自己如何便不重要了。

（二）自我角色定位

在中小学，心理教师的角色定位还较为模糊。有人认为心理健康是一门学科，因此，心理教师就是上心理健康课的教师；还有人认为心理教师就是学校心理咨询师，主要任务就是做好学生的心理咨询工作……这些看法都过于片面。如何认识心理教师的角色，对于我们在学校开展心理健康教育工作非常重要，因为角色意味着责任，意味着行动，意味着相应的工作。

1. 心理健康的维护者

作为心理教师，首先我们要最大限度地维护学生的心理健康，使学生的心理免受不必要的伤害，如通过家校活动以及教师心理培训等活动的开展，力求使每个学生的家庭教育更加科学合理，每个教师都能秉持正确的教育态度，使用恰当的教育方法。其次是通过心理辅导活动帮助学生走出心理困境，包括个体心理咨询和团体心理辅导活动。

2. 学习生活的辅导者

学生的主要任务是学习，在学习上遇到困难往往会使其产生这样那样的心理问题。通过多年的实践，我发现，学习是学生心理问题产生的最大根源。因此，如何指导学生合理面对学习、成为学生学习生活的辅导者，是我们每位心理教师需要思考的。

3. 职业选择的指导者

如今，越来越多的学校开始重视对学生的职业生涯发展指导，但由于学校没有专门的生涯指导教师，所以相关工作就落到了心理教师的身上。这也是可以理解的，因为生涯发展指导的很多内容和心理健康教育是相通的。尤其是新高考改革以来，实行了选科制，学校对于学生的职业选择指导就提上了日程。因为学生看得越远，认识得越清楚，对眼前学科的选择才会越合理、越明确。

4. 思想品德的引导者

道德教育和心理健康教育是密不可分的，因为学生的品德问题大多源于心理问题，而对学生品德问题的解决，也往往是通过心理上的有效沟通来达成的。否则思想品德教育就只能流于形式，效果也是暂时的。从学生的心理角度去解决所谓的道德问题，对学生的帮助会更加持久深刻。

5. 心理潜能的发掘者

《中小学心理健康教育指导纲要（2012年修订）》中明确提出，心理健康教育的内容要包含对学生潜能的开发。因此，如何通过心理健康教育工作，发现学生的潜能，并使他们相信自己的潜力，通过恰当的方式让学生的潜能得以发挥，是我们每一位心理教师都需要去关注的。

6. 心理发展的促进者

中小学生的心理健康教育工作，主体上还是发展性心理健康教育，即立足于全体学生，着眼于学生的心理健康发展。因此，心理教师要为促进学生心理积极发展、提升自我心理健康水平提供活动支持。

7. 心理健康的示范者

在学生眼中，心理教师的心理一定很健康，因此，我们希望学生在哪些方面的心理、行为健康良好，就首先要努力让自己在这些方面表现得较好。比如如果我们希望学生能良好地控制情绪，就要反思自己的情绪是不是稳定。

8. 学校教育的服务者

学校教育的各个方面都可能会有心理教师的影子——教师业务学习活动中有关心理教育的部分，学生社团中心理社团的部分，主题班（团队）会中心理主题班（团队）会的部分，家长学校中家长心理培训的部分，教师教学中心理渗透的部分，尤其是我们根据学生的心理发展规律和发展现状，为学校整体教育教学规划提供建设性意见的部分……而这些无论哪部分单独来看都不是心理教师工作的全部，当然，这些工作也不可能是心理教师单打独斗就能完成的。因此，我们要清醒地认识到，除了心理健康教育常规活动之外，我们还要为学校整体教育做好服务，为提升学校整体教育质量贡献自己的力量。

（三）专业发展要求

1. 专业理论基础

心理健康教育本身是一门专业，因此有其内在的专业理论系统。无论是专职还是兼职的心理教师，只要从事这方面的工作，就必须掌握深厚的心理健康教育理论基础，包括基础心理学、教育心理学、发展心理学、心理咨询理论等与心理健康教育工作相关的专业知识。只有这样，我们在开展工作的过程中才能做到心中有底，才不至于犯科学性错误。

2. 专业实践能力

仅仅具有专业理论基础并不代表你就成了一名专业性强的心理教师，而只能算一名心理学专业毕业的学生或者一名学过心理学理论的教师而已。要想成为一名专业的心理教师，还需要一定的积淀。如何在心理健康教育的实践中结合所学的理论基础，基于学生的现实心理发展需要，把心理健康教育工作做得有声有色，又有实效，才是最重要的。这需要我们不断丰富自己的活动体验，积累实践经验，形成独特的心理健康教育理念与模式，进而增强专业实践能力。新手心理教师往往缺乏实践能力，这是可以理解的，毕竟没有机会去真正实践。但是如果已经开展心理健康教育工作多年，依旧经验贫乏，或是肤浅，那就需要反思了。有的老师甚至问："心理健康教材怎么用啊，我按照那上面的内容去操作，怎么感觉效果不太好呢？"目前，我还没有见到哪本心理健康教材是可以拿来就直接用的，教材只是用来参考的。更有可笑之事：某位中学心理教师，每次心理健康课的内容，竟然都是要求学生把心理健康教材上的文字逐字抄一遍。这样的教学怎能积累起属于自己的专业实践能力呢？

3. 专业心理素养

专业心理素养是在专业理论基础和专业实践经验不断丰富的基础上，慢慢积淀形成的一种无形的个人素养。它润物无声地潜藏在我们心理教师的一言一行之中。不仅仅是在工作上有所体现，在生活中也会使心理教师表现出和别人不一样的风采。作为心理教师，应该深感庆幸的是，我们所从事的工作本身就是一个自我心理修炼的过程。有人提出，不应该把工作和生活相混淆，工作是工作，生活是生活。但我觉得作为心理教师，需要以生活的态度去工作，以工作的态度去生活，分得太清反而容易隔离我们的真实情感，毕竟工作占据了我们生命的大部分时间。只是我们需要做好自我身心调整，避免身心透支，以提升我们的生命质量。

（四）专业发展督导

尽管心理健康教育工作本身没有固定的模式，但这不等于对心理教师没有要求。从某种意义上说，对心理教师的工作要求应该比其他学科老师更高。因为我们的工作是影响学生的心灵和人格成长。因此，督导就成为我们使自己不断得以提升，使工作不断得以完善的必由之路。

1. 同伴督导

对于心理教师来说，同伴督导更容易实现。同一所学校的几名心理教师可以定期坐下来，就某位老师的工作内容开展督导工作。当然，也可以是不同学校的心理教师定期会面，针对某位老师的某个问题进行交流。除了个体心理辅导案例之外，包括如何上课、如何开展活动，都可以进行深入的交流，彼此给予建议支持。这样的督导氛围更轻松，因为大家没有地位的差别，能够就某个问题各抒己见，使受督导者乃至每个参与者都受到启发，或最终形成共识。

2. 导师督导

找导师为自己督导，是比较常见的督导形式。与同伴督导相比，导师督导更具专业指引性。一般来说，心理教师会寻找在心理健康教育领域经验丰富、成就卓越的督导老师来做督导。不同的督导老师会有不同的风格、理念和方法，因此，针对不同的问题，我们可以寻求不同督导老师的帮助。真正成熟的督导老师也不会把自己的思想或方法强行灌输给受督导者，而是会和其一起去探索，最终实现助人自助的目的。

（五）生涯发展历程

无论怎样，我们的人生终将结束。向死而生，我们知道怎样离开，才能知道应该怎样存在。作为心理教师，我们也要从新手走向成熟，也要面临退休，最终也要离开。那么，在本章的最后，请你安静地坐下来，调整好你的呼吸，以平静的心情去想象，当你离开这个世界的那一天，你希望回头看到一段怎样的人生旅途，其中有多少涉及你当下的心理健康教育历程。请你带着这样的思考和想象，假设已经来到生命即将结束的瞬间，你会为自己写下一段怎样的墓志铭（如图17-3所示）。然后和大家谈一谈写完这段墓志铭后的感受。

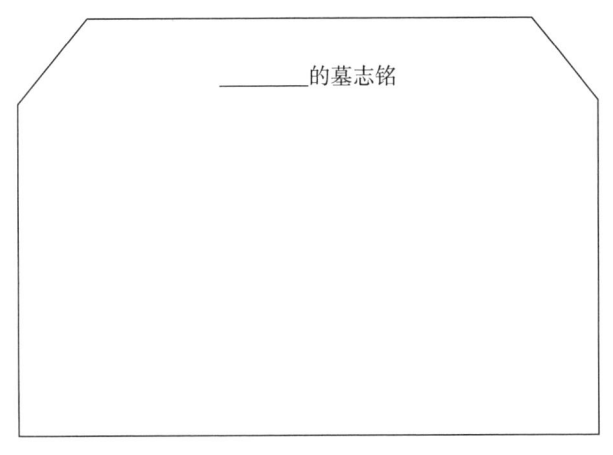

_____的墓志铭

图 17-3　墓志铭

参考文献

著作类

[1]吴增强.学校心理辅导实用规划[M].北京：中国轻工业出版社，2012.

[2]陈家麟.学校心理健康教育：原理、操作与实务（修订版）[M].北京：教育科学出版社，2010.

[3]林崇德，俞国良.中小学心理健康教育指导纲要（2012年修订）解读[M].北京：北京师范大学出版社，2013.

[4]塞缪尔·T.格拉丁.心理咨询——一个综合的职业（第五版）[M].陶新华，等译.南京：江苏教育出版社，2007.

[5]牛格正.谘商实务的挑战[M].台北：张老师文化事业股份有限公司，2009.

[6]俞国良.心理健康教育教学参考（高中）[M].北京：北京师范大学出版社，2017.

[7]中国就业培训指导中心，中国心理卫生协会.心理咨询师[M].北京：中国劳动社会保障出版社，2017.

[8]杰拉德·科里.心理咨询与治疗的理论及实践（第八版）[M].谭晨，译.北京：中国轻工业出版社，2010.

[9]戴维·D.谢弗，等.发展心理学：儿童与青少年（第九版）[M].邹泓，等译.北京：中国轻工业出版社，2016.

[10]苏彦捷.发展心理学[M].北京：高等教育出版社，2012.

[11]劳拉·E.伯克.伯克毕生发展心理学：从0岁到青少年（第4版）[M].陈会昌，等译.北京：中国人民大学出版社，2014.

[12]戴安娜·帕帕拉，等.发展心理学：从生命早期到青春期（第10版）[M].李西营，等译.北京：人民邮电出版社，2013.

[13]丹尼尔·A.休斯.聚焦依恋的家庭治疗：从创伤疗愈到日常养育[M].孙寒，陈东辉，译.上海：上海社会科学院出版社，2021.

[14]罗伯特·J.尤萨诺，等.心理动力学心理治疗简明指南：短程、间断和长

程心理动力学心理治疗的原则和技术（第三版）［M］.曹晓鸥，译.北京：中国轻工业出版社，2018.

［15］沃建中，沈莉.发展心理学笔记［M］.北京：商务印书馆，2013.

［16］杰拉德·科里.心理咨询与治疗的理论及实践（第10版）［M］.朱智佩，陆璐，李滢，等译.北京：中国轻工业出版社，2021.

［17］聂晶.儿童与青少年心理障碍的防治［M］.北京：中央广播电视大学出版社，2014.

［18］麦克·雷夫.ADHD儿童注意缺陷多动障碍家长指南（第2版）［M］.杨健，译.北京：人民卫生出版社，2016.

［19］詹姆士·M.考夫曼，等.儿童和青少年情绪与行为障碍：写给老师和家长的心理学指南（第11版）［M］.凌春秀，译.北京：人民邮电出版社，2021.

［20］克拉拉·E.希尔.助人技术：探索、领悟、行动三阶段模式（第3版）［M］.胡博，等译.北京：中国人民大学出版社，2013.

［21］赖丹凤，赵新刚.心理疏导：助人与自助之路［M］.北京：机械工业出版社，2019.

［22］戴晓阳.常用心理评估量表手册［M］.北京：人民军医出版社，2010.

［23］张作记.行为医学量表手册［M］.北京：中华医学电子音像出版社，2005.

［24］黄河清.家校合作导论［M］.上海：华东师范大学出版社，2008.

［25］王怀玉.小学家校沟通的艺术［M］.北京：中国轻工业出版社，2014.

［26］郁琴芳.家校合作50例：区域设计与学校智慧［M］.上海：华东师范大学出版社，2018.

［27］颜农秋.家庭心理辅导（初中卷）［M］.广州：中山大学出版社，2008.

［28］颜农秋.家庭心理辅导（高中卷）［M］.广州：中山大学出版社，2008.

［29］樊富珉，何瑾，贾烜.辅导员团体辅导工作技能［M］.北京：高等教育出版社，2021.

［30］阳志平，等.积极心理学团体活动课操作指南［M］.北京：机械工业出版社，2009.

［31］马丁·塞利格曼.持续的幸福［M］.赵昱鲲，译.杭州：浙江人民出版社，2012.

［32］蒂娜·瑞伊，露丝·麦康威尔.运用积极心理学提高学生成绩：品格教育校本计划［M］；黄蔚，译.北京：中国青年出版社，2017.

［33］周国韬.心理健康教育与教师心理保健［M］.西安：陕西师范大学出版社，2006.

[34]周国韬,盖笑松.积极心理学与教师心理调适[M].北京:中国轻工业出版社,2012.

[35]盖笑松.积极心理学[M].上海:上海教育出版社,2020.

[36]曾光,赵昱鲲,等.幸福的科学:积极心理学在教育中的应用[M].北京:人民邮电出版社,2018.

[37]邱珍琬.做个合格的咨询人[M].北京:世界图书出版社,2003.

论文期刊类

[1]陈祉妍,杨小冬,李新影.我国儿童青少年研究中的抑郁自评工具(综述)[J].中国心理卫生杂志,2007(06):389–392.

[2]孙晓艳,李怡雪,余灿清,李立明.中文版抑郁量表信效度研究的系统综述[J].中华流行病学杂志,2017,38(01):110–116.

[3]王君,张洪波,胡海利,陈琳,张正红,宇方,李伟斌,魏锁.儿童抑郁量表信度和效度评价[J].现代预防医学,2010,37(09):1642–1645.

[4]汪向东,王希林,马弘.心理卫生评定量表手册[J].中国心理卫生杂志社,1999(增刊).

[5]岳瑛.我国家校合作的现状及影响因素[J].天津市教科院学报,2002(03):50–51.

[6]胡德龙,纪海英.家校合作的意义及实施策略[J].知识窗·教师版,2014(04):78–79.

[7]胡海燕,张丽华,李凤杰.中小学教师心理健康状况调查研究[J].中国健康心理学杂志,2014,22(9):1342–1344.

[8]余秋梅.云南省中小学教师心理健康状况调查与分析[J].中国健康心理学杂志,2015,23(2):201–204.

[9]王维英,陈智强,霍彧,周友焕.中小学教师心理健康现状调查与对策研究[J].江苏教育学院学报(社会科学),2010,26(3):37–39.

[10]孟祥昕,李晓萍.新课改背景下中小学教师心理健康现状及调适[J].唐山师范学院学报,2006,28(3):114–115.

[11]王智.我国教师心理健康研究综述[J].内蒙古师范大学学报(教育科学版),2005,18(1):72–74.

[12]姚本先.论教师的心理健康及自我维护[J].当代教育论坛,2003,08:31–33.

［13］叶一舵.教师心理健康辅导的几个基本理论问题［J］.中小学心理健康教育，2002，12（3）：7–9.

［14］杨颖.建立教师心理健康档案的思考与探索［J］.重庆科技学院学报（社会科学版），2014，10：141–143.

［15］路晓宁.国内中小学教师心理健康研究20年回眸与展望［J］.重庆第二师范学院学报，2017，9：96–100.

［16］杨晓霞，尹丽娜.关于我国中小学心理健康教育教师专业化发展的思考［J］.长春教育学院学报，2010（2）：3–6.

［17］边玉芳，何妍，吴洪健.积极心理学背景下中小学心理教师的角色定位［J］.中国青年社会科学，2018，37（4）：119–125.

［18］周春君.中小学心理教师自我成长的基本路向［J］.基础教育管理，2014（10）：39–40.

［19］陈玉芝.心理教师成长的"大树法则"［J］.中小学心理健康教育，2014（3）：51.

［20］关晓云.教师专业成长的心路历程——心理健康教师个人成长经历［J］.延边教育学院学报，2009，23（6）：145–147.

［21］赖运成.论中小学心理健康教育教师专业成长的内在途径［J］.现代中小学教育，2013（02）：65–68.

［22］贺彩云.心理健康教师的自我成长之路［J］.江苏教育，2017（07）：1.

［23］蔡素文.中小学心理健康教师4C专业成长模式的区域实践研究［J］.江苏教育，2019（12）：7–9.

［24］蔡素文.中小学心理健康教育教师专业构成及成长路径探析［J］.中小学心理健康教育，2013（24）：7–9.

［25］陆小峰.中小学心理健康教育教师专业化发展反思［J］.中小学心理健康教育，2013（06）：16–18.

［26］周春君.中小学心理教师自我成长的基本路向［J］.基础教育管理，2014（10）：39–40.

［27］王晓刚.青少年学生抑郁自评量表的初步编制［D］.重庆：西南大学，2007.

［28］熊戈.简版流调中心用抑郁量表在我国青少年中的效度［D］.长沙：湖南师范大学，2015.

［29］康成.团体心理训练对中学教师心理健康的影响［D］.长春：东北师范大学，2010.

[30]于宏图.中小学教师心理健康问题与对策研究[D].长春：东北师范大学，2013.

[31]徐群.中小学教师心理健康及其维护研究[D].南京：南京师范大学，2004.

[32]吴旭敏.中小学教师工作压力、人格特征对心身健康的影响研究[D].上海：上海师范大学，2018.

[33]吴昊蔚.中学教师主观幸福感、工作压力与领悟社会支持的关系研究[D].石家庄：河北师范大学，2019.

[34]Hussain F S, Dobson E T, Strawn J R.Pharmacologic Treatment of Pediatric Anxiety Disorders[J]. *Current Treatment Options in Psychiatry*，2016，1–10.

附 录

学校心理咨询伦理守则（草案）

总则

学校咨询师具有独特的资历和技能，可以为从幼儿园孩子到高校学生的学术、职业、社交、情感的发展需求提供心理健康服务。以下伦理守则适用于所有学校咨询专业人员。学校咨询师通过提供心理健康服务，倡导一种为所有学生提供最佳学习环境的教育系统。

所有学生都有权：

- 受到尊重，受到有尊严的对待，有机会获得全面的学校心理健康服务；
- 获得必要的信息和支持，迈向自我决定、自我发展和自我肯定；
- 及时获得关于大学、职业及其他高等教育选择的重要信息；
- 保护自己的隐私，咨询师在平衡其他相互竞争的利益时（例如，学生的最大利益、他人的安全、父母的权利），应最大限度地尊重其隐私，并遵守与学校场合中的保密和披露有关的法律、政策和伦理标准；
- 享有一个安全的促进自主和正义的学校环境，免受虐待、欺凌、骚扰和其他形式的暴力。

目的

本伦理守则明确了必要的伦理行为原则和义务，以达到下列目标：

（1）作为所有学校咨询师、学校咨询项目的主管和学校咨询师培训者的伦理规范的指南；

（2）就学校咨询师对学生、家长/监护人、同事和其他专业人员及学校的责任，为其进行自我评估、同行咨询和评估提供支持和指导；

（3）告知所有利益相关者（包括学生、家长/监护人、教师、行政人员和法律人士），学校咨询师的最佳伦理规范、价值观和行为。

第一章 学校心理咨询师对学生的责任

一、支持学生发展

（一）学生应作为独特的个体受到有尊严的对待。

（二）旨在为学生提供短程的咨询，并在学生需要长期临床咨询时，帮助学生和家庭/监护人获得外部服务（例如社会咨询机构、医疗机构的服务）。

（三）不做诊断，并敏锐地意识到对学生的诊断可能怎样影响学生的学业成绩。

（四）承认父母/监护人与家庭的重要作用。

（五）关心学生的学业、职业和社交/情感需求，鼓励每个学生尽可能地发展。

（六）尊重学生及其家庭的价值观、信仰、性取向和文化背景，避免将基于宗教、文化的个人信仰或价值观强加于人。

（七）了解影响学生及其家庭的法律、法规和政策，例如《中华人民共和国家庭教育法》《中华人民共和国未成年人保护法》，努力保护学生及其家庭的权利。

（八）提供有效的、有反馈的干预措施以满足学生的需求。

（九）考虑建立支持网络、全方位服务体系和教育团队，以便最好地为学生服务。

（十）保持适当的界限，并意识到与学生的任何面对面或远程交流的性亲密，无论学生年龄大小都被视为严重违反伦理规范。

二、保密

（一）提高保密意识，向学校工作人员披露学生数据和信息要有适当的理由和程序。

（二）告知学生接受咨询的目的、目标、技术和流程规则。披露包括知情同意和澄清保密限度。知情同意要求学生有理解保密限度的能力、意愿和知识。如果学生有能力同意突破保密条例，学校咨询师应尽可能征得学生的同意。

（三）通过多种途径如学生手册、学校咨询部门网站、学校咨询手册、心理健康课程、口头通知等，以恰当的语言解释保密原则和保密例外的情况。

（四）对信息保密，除非法律要求披露保密信息或为了防止学生发生严重且可预见的伤害。严重且可预见的伤害因人而异，由学生的发展和实际年龄、环境、父母权利和伤害性质决定。对于是否突破保密条例不确定时，应咨询专业督导或者同行。

（五）认识到学校咨询师对学生负有保密的伦理义务，同时也要了解家长/监护人在引导未成年人生活过程中的合法和固有权利。学校咨询师要平衡学生做出选择的伦理权利、确认知情同意的能力以及父母或监护人代表未成年人做出决定的法律权利和责任。

（六）尽可能地促进学生的自主性，必要时使用最适当和最少侵入性的方法来突破保密条例。在适当情况下，让学生参与到关于保密突破的讨论中。建议与同行或督导协商。

（七）清楚地了解保密原则的应用有其限度，下列情况为保密原则的例外：

（1）咨询师发现学生有伤害自身或他人的严重危险；

（2）不具备完全民事行为能力的未成年学生等受到性侵犯、虐待、校园欺凌；

（3）法律规定需要披露的其他情况。

（八）如果需要向第三方披露信息，披露必须满足以下所有条件：

（1）保护学生相关咨询记录的机密性，并认识到电子通信的潜在危险；

（2）传递学生的高度敏感信息（如学生的自杀想法），最好通过面谈或电话，要注意社交媒体的安全性问题；

（3）要有适当的保护措施和协议，使高度敏感的学生信息不会被意外泄露给非必要人士；

（4）向学校相关领导建议可接受的加密标准，用于存储数据和传输数据。

三、建立专业关系

（一）尽可能避免双重关系，因为这可能会损害咨询师的客观性，并增加伤害学生的风险（例如为家人或亲密朋友或同事的未成年孩子提供咨询）。如果双重关系是不可避免的，学校咨询师有责任采取行动，通过采取保障措施，消除或减少对学生的潜在伤害，这可能包括知情同意、会商、督导和记录。

（二）与学生建立并保持适当的专业关系。学校咨询师应考虑将当前学校咨询关系扩展到专业关系之外的风险和好处，比如参加学生的体育比赛。在扩大这些边界时，学校咨询师应采取适当的专业预防措施，如知情同意、会商和督导。学校咨询师应记录突破专业关系的互动的性质，包括互动的基本原理、潜在的利益以及对学生和学校咨询师可能产生的积极和消极后果。

（三）避免与学校工作人员、学生的家长/监护人以及其他家庭成员产生超出专业范围的双重关系，因为这些关系可能会损害学校咨询师－学生关系的完整性。不适当的双重关系包括但不限于，给予直接的处分和/或在行政人员缺失的情况下承担行政职责。

（四）学校咨询师在与学生、家长/监护人或学校工作人员使用社交媒体沟通时，要遵守专业界限、法律、伦理和校规。

四、恰当的转介和推荐（至其他机构）

（一）在帮助学生时与所有利益相关者合作，包括教育工作者和家长/监护人，及时识别学生痛苦的早期预警信号。

（二）当学生需要或请求额外支持时，向学生及其家长/监护人提供外部机构的资源列表。学校咨询师提供多种转介选择或医疗机构名单，并注意不要表示对某一咨询师或机构的认可或偏好。

（三）鼓励家长与外部专业人士面谈，以便做出对学生最有利的决定。

（四）制订一个过渡计划，尽量减少心理服务的中断。

（五）学生保有与学校咨询师协调完成转介过程的权利，也保有在中止与学校咨询师之间工作的过程中，获得来自学校的、其他的、合适的支持服务的权利。

（六）尝试与外部专业机构建立合作关系，以更好地为学生服务。在尝试与相应的外部专业机构合作之前，要与学生和/或家长/监护人共同签署知情同意书。

（七）为内部和外部专业机构提供准确、客观、有意义的数据，以充分评估和帮助学生。

（八）确保提供转介资源时没有利益冲突。如果学校咨询师也在私人/社会咨询机构工作，则不能推荐或接受自己学校的学生进行咨询。

五、开展团体工作

（一）开展短期团体，在其中讨论学生的学业、职业和/或社交/情感问题。

（二）通知学生家长/监护人参加团体活动。

（三）筛选学生加入团体。

（四）将保密性作为团体规范进行宣传，并以保护性的姿态开展工作，以保护未成年人的隐私。

（五）为团体选择主题，清楚了解某些主题不适合学校的团体，并采取预防措施，保护成员免受团体互动造成的伤害。

（六）在基于证据或实践性研究的框架内开展团体。

（七）评估团体参与的结果（包括参与情况和行为以及结果数据），对团体成员进行必要的回访。

六、为学生朋辈支持计划提供帮助

（一）保障参与朋辈支持计划的学生福祉。

（二）督导参与朋辈支持计划的学生，为参与朋辈支持计划的学生提供适当的技能培训。

（三）持续监督提供朋辈支持的学生，并加强他们工作的保密性。

（四）告知参加朋辈支持计划的学生何时需要向成年负责人报告信息。

七、避免学生伤害自己或他人

（一）**家长告知**：当学生有对自己或他人造成严重且可预见伤害的风险时，通知家长/监护人和/或有关部门，学校咨询师应告知学生，自己有向有关部门报告问题的法律、伦理义务。除非为了保护学生而隐瞒这些信息是合适的（例如，如果学生知道有人打电话给家长，他/她可能会采取极端行为），否则咨询师有责任突破保密条例。如果不给家长/监护人机会来干预他们的未成年孩子，后果将非常严重。

（二）**风险评估**：在进行风险评估后，应制订干预计划。当向家长报告风险评估结果时，即使结果显示风险较低，学校咨询师也不应否认伤害存在的风险，因为学生可能会在会谈时降低风险的暴露程度，以避免进一步的检查和/或通知家长。学校咨询师在向家长报告风险评估结果时，要强调对处于风险中的学生采取行动的必要性。

（三）**保护责任**：不要让对自己或他人有危险的学生独自离开。如果家长不提供适当的支持，学校咨询师应采取必要措施向家长/监护人强调提供帮助的必要性，可以向学校提交报告，甚至可以报警。

（四）**突破保密**：当学生披露对自己身体或精神健康造成危险的行为或倾向时，应向其家长/监护人和/或有关部门报告。这种威胁可能包括但不限于身体虐待、性虐待、忽视、约会暴力、欺凌或性骚扰。

八、帮助学生避免或应对校园欺凌、骚扰和儿童虐待

（一）根据《关于建立侵害未成年人案件强制报告制度的意见（试行）》，向有关部门报告涉嫌儿童虐待的案件，并采取合理的预防措施，在通知有关部门时应保护涉嫌被虐待或忽视的学生的隐私。

（二）了解当前法律及学校系统关于报告儿童虐待的程序，以及在报告虐待后保障学生身心安全的方法。

（三）鼓励开展相关培训，使学生和学校工作人员具备识别虐待迹象所需的知识和技能，并了解向谁报告可疑的虐待案件。

（四）通过提供适当的服务来指导和帮助遭受过虐待的学生。

九、做好学生记录

（一）倡导以合乎伦理的方式使用学生数据和咨询记录，并告知管理部门哪些做法不适当或有害。

（二）认识到咨询记录可能会被要求呈上法庭，是心理咨询工作的法律文件，其读者可能包括咨询师本人、咨询机构的管理者、来访者、律师、警察、检察官、法官等，因此必须依照法律和伦理规定书写咨询记录。

（三）咨询记录是对来访者客观情况的记录，包括来访者的主诉、咨询中客观发生的情况和咨询师进行的主要处理。

（四）为咨询记录制定合理的销毁期限，建议为30年。

十、评估、测评和解释

（一）仅使用有效和可靠的测试和评估，注意偏见和文化敏感性，尽可能使用基于中国学生开发的心理测评。

（二）在选择、使用和解释评估方法时，遵守所有的专业标准，只使用学校咨询师胜任力范围内的评估工具。

（三）在使用纸质或电子评估工具和评估程序时，注意保密。

（四）在确定评估的适当性时，考虑学生的发展年龄、语言技能和能力水平。

（五）用学生及其家长/监护人能够理解的语言解释评估措施的性质、目的、结果和潜在影响，并采取合理措施防止他人误用信息。

（六）在使用评估技术进行评估和解释测评工具时，谨慎对待常模之外的学生的表现。

十一、提供虚拟/远程心理咨询

（一）在虚拟/远程咨询环境中遵守与在面对面环境中相同的伦理准则。

（二）认识到并承认虚拟/远程咨询的挑战和局限性。

（三）认识到虚拟/远程咨询保密的局限性并尽量避免泄密（或意外情况），包括意外闯入的围观者。

（四）告知学生及其家长/监护人虚拟/远程咨询的好处和局限性。

（五）指导学生如何参加虚拟/远程咨询，以最大限度地减少和预防由于无法获得肢体语言或其他视觉提示而可能发生的误解。

第二章 对家长/监护人、学校和自己的职责

一、对家长/监护人的职责

（一）认识到在学校环境中为未成年人提供服务需要酌情与学生家长/监护人

合作。

（二）尊重家长/监护人的权利和责任，并在适当的情况下与家长/监护人建立合作关系以促进学生的充分发展。

（三）当协助家长/监护人处理影响学生福祉的家庭困难时，应遵守法律、法规和伦理规范。

（四）提高文化素养和对家庭多样性的敏感性，认识到所有父母/监护人都因其角色和法律规定，对子女的福祉享有权利和责任。

（五）告知家长/监护人，学校咨询师与学生之间的咨询关系具有保密性质。

（六）以客观和关爱的方式向家长/监护人提供准确、全面的相关信息。

二、对学校的职责

（一）为了支持学生，与教职员工和行政人员建立并保持专业关系和沟通系统。

（二）设计并提供系统性的学校咨询项目，这些项目（1）是学校学术责任的重要组成部分，（2）由学生数据驱动，（3）基于学业、职业和社交/情感发展的标准，（4）促进和加强所有学生的学习过程。

（三）倡导在学校咨询项目中排除不适合学校咨询师角色的非学校咨询任务。

（四）与相关领导合作，消除可能妨碍学校或学校咨询项目有效性的障碍。

（五）在学校咨询师的职责范围内，为需要帮助的专业人士提供支持、会商和指导。

（六）将可能对学校人员和财产造成损害的情况告知相关领导，同时在可行与合法范围内遵守与学生之间的保密协议。

（七）提倡管理者聘用合格的、有能力的、有资格的、持有被认证的硕士学位或更高学历的人担任学校咨询师。

（八）提升与文化相关的能力，帮助创造更安全、更包容的学校环境。

（九）根据需要与其他专业人士合作，如特殊教育工作者、校医、学校社会工者、招生人员、管理人员。

（十）负责任地通过正确的渠道尝试纠正不符合职业伦理的工作条件。

三、对自己的职责

（一）保持学校咨询师专业组织的成员资格，及时了解当前的研究情况，并保持在当前学校咨询问题和主题方面的专业能力。学校咨询师应用当前流行的干预措施和最佳实践来保持其技能水平。

（二）遵守职业伦理标准。

（三）在职业生涯中注重职业发展和个人成长。职业发展包括参加学术会议以及阅读学术期刊文章。学校咨询师应定期参加有关当前法律和伦理责任的培训。

（四）监控个人情绪和身体健康并保持健康，以确保最佳的专业有效性。学校咨询师在需要时应寻求身体或心理健康支持，以确保自己的专业能力。

（五）监控个人行为，认识到在这一重要的、被信任的岗位上的专业人员在工作内外必须保持高度谨慎。学校咨询师应识别并避免可能会降低其在学校范围内效率的活动。

（六）当出现伦理和专业问题时，寻求其他了解学校咨询师伦理实践的专业人士的会商和督导。

第三章　学校咨询师管理人员/督导

一、学校咨询师管理人员/督导师支持学校咨询师的方式

（一）采取合理措施，确保学校和其他资源可提供恰当的教职工督导和培训。

（二）采取措施消除学校或组织中可能违反或干扰职业伦理和法律的条件或做法。

（三）监督学校和组织的政策、规定和程序，确保实践符合学校咨询师的伦理标准。

二、对实习学校咨询师的督导

（一）督导师必须是经认证或经验丰富或有专业责任的学校咨询师，必须全面了解学校咨询项目和学校咨询师的伦理实践。

（二）可提供有临床监督的教育和培训，督导师定期就咨询和督导主题与技巧开展持续教育活动。

（三）使用持续的合作督导模式，包括但不限于以下活动：促进专业发展，支持最佳练习和伦理培训，评估受督导者表现，制订改进计划，就具体案例进行咨询并协助制定行动方案。

（四）督导师要在文化上胜任，并考虑可能影响督导关系的文化因素。

（五）督导师不要与无法对其保持客观性的咨询师建立督导关系，包括但不限于与家庭成员和亲密朋友。

（六）督导师应具备履行督导职责和进行在线督导（如适用）的技术能力，应保护所有以电子方式传输的涉密信息。

（七）督导师应了解面对面交流和远程交流的差异以及远程交流的潜在影响，应指导受督导者如何进行远程督导。

（八）督导师应及时、公平和全面地对被督导的咨询师进行评估。

（九）督导师应具备使用评估工具测量实习学校咨询师的能力。

（十）了解受督导者的局限性，并及时向受督导者所在单位传达注意事项。

第四章　伦理投诉和伦理决策

一、伦理投诉

当对同事的伦理行为产生严重怀疑时，以下程序可作为指导：

（一）与学校其他咨询师协商，讨论潜在的违反伦理的行为，并考虑专业的同事是否会将这种情况视为违反伦理；

（二）直接与行为有问题的同事讨论并寻求解决方案，如果行为是违法的、虐待性的、极恶劣的或危险的，应联系学校或社区的相关机构。

二、伦理决策

当面临伦理困境时，学校咨询师和学校咨询项目主管/督导师应使用伦理决策模型，形成学校伦理问题解决方案，具体包括以下步骤：

（一）从情感与理智上定义问题；

（二）依据学校咨询师伦理准则和相关法律；

（三）考虑学生的实际年龄和发展水平；

（四）考虑未成年人及其家长的权利；

（五）遵守善行、尊重、责任、诚信和公正的伦理原则；

（六）与督导师或同行讨论，明确可能的潜在行动方案及后果；

（七）评估所选行动方案的利弊，选择最佳方案；

（八）实施行动；

（九）评估反馈，必要时进行调整。